小学英语教研组可以这样建设

丨给小学英语教学与管理人员的教研组建设指南丨

刁艺姗　冯云开　著

广东高等教育出版社
Guangdong Higher Education Press
·广州·

U0955396

图书在版编目（CIP）数据

小学英语教研组可以这样建设：给小学英语教学与管理人员的教研组建设指南 / 刁艺姗，冯云开著. —广州：广东高等教育出版社，2024. 8
（小学英语课程与课堂实践系列）
ISBN 978 – 7 – 5361 – 7643 – 0

Ⅰ. ①小… Ⅱ. ①刁… ②冯… Ⅲ. ①英语课 – 教学 – 研究 – 小学 Ⅳ. ① G623.312

中国国家版本馆 CIP 数据核字（2024）第 029949 号

XIAOXUE YINGYU JIAOYANZU KEYI ZHEYANG JIANSHE: GEI XIAOXUE YINGYU JIAOXUE YU GUANLI RENYUAN DE JIAOYANZU JIANSHE ZHINAN

出版发行	广东高等教育出版社 地址：广州市天河区林和西横路 邮编：510500　营销电话：（020）87554153 网址：www.gdgjs.com.cn
印　刷	广东信源文化科技有限公司
开　本	787 mm × 1 092 mm　1/16
印　张	17.25
字　数	368 千
版　次	2024 年 8 月第 1 版
印　次	2024 年 8 月第 1 次印刷
定　价	55.00 元

序

2007年，我大学毕业，初加入英语科组。作为新手教师的我，完全不懂一个教研组（或科组）意味着什么，而我又应该为一个集体做什么贡献，或者我该如何从这个集体获取生长的力量。当时的我渴望有相关的人或书可以告诉我该做什么，然而并没有。在十几年前的大环境下，我们都在思考课堂教学的高效，甚少思考一个教研组的成长。

2013年，我被任命为一个新学校的英语教研组组长。经验不足的我面临即将要带领的教研组，感到前所未有的压力。我该怎么去带领这个教研组？这个教研组该如何形成自身的特色？这个教研组在当时的大背景下该如何在实施好国家课程的同时，又能结合学生实际开发自身的校本课程？哪些教研组管理的方法是可以或创新，或舍弃，或保留的……为了把工作做好，我经常使用网上各大搜索引擎检索文献，希望可以有具体的案例，或适合的理论，给予我点滴的启发。然而，搜索到的却是零零星星的信息，对我没有太大的帮助。后来，我和教研组的老师们一同探讨、尝试，有许多新的做法慢慢得到了其他老师的关注，并渐渐得到了领导和专家们的肯定。第一张教学行事历、第一次全新的教研模式、第一节校本课程的教研课、第一个全新的教学设计框架、第一次面向区域的科组展示活动……种种的“第一次”后来都发展成了“无数次”。如今回头再看，过去的十年是一个教研组的成长史，也是教研组内每一位老师的成长史，更是我个人的蜕变史。

2015年，我晋升到教学处，负责三个教研组的管理和发展。这一次，我们把前期相关的做法进行了梳理，并结合三个教研组的学科特色进行了调整，再一次提高了各个教研组的管理效率和质量。2020年，我负责学校教学处的总体工作，统筹并管理学校十大教研组。我们在“双新（新课程和新教材）”“双减（有效减轻义务教育阶段学生过重作业负担和校外培训负担）”“双增（增加学生的户外运动时间和学生在艺术科目上的学习机会）”的大背景下继续思考如何提升教研组的管理效能和如何提高教研组的生长力，而曾经有的各种创新做法又再次得到了全新的运用。

如今，“标准化”的科组文化已经成为区域内领导和专家对我们教研组的精确总结。表格化、图示化在各大科组的运用不仅仅提升了科组管理的效能，更是从根本上更新了每一位教师的底层逻辑，从而提高其工作效率，减少不必要的时间浪费，进而保障了教科研时间。

如今再回望，从2013年到2023年，不知不觉已经十年。这些年，我们英语教研组从零开始，经历过迷惘、失败、尝试，再慢慢摸索出属于自身的教研模式和文化。十年，我们教研组先后获得两百多个区级及以上级别的奖项，从只有4个人发展到了

21 个人，从默默无闻成长到了在区域有一定的影响力。回看这十年，我们细数其间的点滴，稍作梳理，以作后续发展的养分。

不得不说，并不是每一位教师走上教师岗位就即刻能明白教研组的意义。一个良性发展的教研组，能给每一位教师提供生长的机会。每一位教师皆能在教研组内找到自身的生长点。擅长课堂教学的教师、擅长教学设计的教师、擅长课堂观察分析的教师、擅长课堂评价的教师、擅长课后作业设计的教师、擅长课程整合的教师、擅长多媒体技术融合的教师、擅长班级管理的教师、擅长试题分析的教师……没有哪一位教师是“完美”的，大家都需要在彼此的共事中相互提升。因而在一个健康的教研组里，每一位教师都能在教研组这个集体中找到自身立足的位置，又能在集体中学习到自身不足的部分，汲取到生长的营养。

并不是每一个教研组都能打造出独特的模式和风格。一个良性发展的教研组必然有自身发展的模式与风格，不可能是千篇一律对他人模式的复制与粘贴。纵观各地优秀的英语教研组，有的教研组在本土课程的设置上进行创新，持续的研究让它闻名全国，如中国传统文化课程、本土戏剧课程、分级阅读课程等；有的教研组在作业设置与创新上进行了研究，并形成了自身的模式，如自助式作业、多元化作业、多模式作业等；有的教研组在教研模式上进行了改革，如立体说课、单元整体教学、融合教学、跨学科教学、教学评一体化等；有的教研组在学生评价上进行了创新，如多元化过程性评价、沉浸式综合性评价、主题式总结性评价等。但是，甚少研究直指教研组管理内部本身，即如何提升一个教研组日常工作的实效性。它不仅仅决定学校课程实施的效率与质量，也事关每一位教师的专业成长，更与每一个学生的发展紧密联系。

并不是每一所学校都能有高效且持续发展的教研组。过去十年，我们观察过不少教研组。绝大部分的教研组都是墨守成规，数十年保持不变。其间的原因也许是教研组成员的固定化和老龄化，改变不动，即不想改变。也有教研组全是刚毕业的青年人，没有人能够在前面带一带，即不懂改变。更有教研组已经取得相当不错的成绩，维持现状就已经能有良好的绩效，认为不需要改变，即不愿改变。近年来，随着教育教学大背景持续的变化，核心素养的一次次被强调、新课标的推出、“双减”等文件的落实，学校的教育教学只有走上更高效、更有质量的道路才能真正落实“提质减负”。大量新概念的提出需要全体教师去重新学习和更新已有的认知，一个教研组不可能保持不变仍然能发展，唯一应该有的姿态是：常变常新，常变常好。

我们教研组是全国成千上万个教研组中平凡的一个，也许我们不是最优秀的，也许我们还不成熟，但是我们的目标非常简单，就是让更好的我们服务更多的学生。这里的点滴梳理是我们过去十年实实在在的努力和尝试，如果能供您参考并让您有所收获，我们深感荣幸！

刁艺姗

2024 年 2 月

前 言

这是一个最好的读书时代。作为一名教师，我们能在各类平台轻松便捷地买到自己需要的书籍进行“充电”。过去十年，由于工作的需要，我大量阅读市场上有关教育教学的书籍，发现一个有趣的现象：众多书籍中，有教如何做好一名校长的，有教如何做好一名教师的，有教如何做好一名班主任的，却甚少有书籍涉及如何做一名教研组长，更没有一本书是教大家如何组建一个教研团队的。

本书《小学英语教研组可以这样建设——给小学英语教学与管理人员的教研组建设指南》在这样的背景下弥补了这一空缺，便显得弥足珍贵。它是一线的教研组长和教研组管理者过去十年具体教研工作的梳理和凝练，是一个团队的智慧结晶。它不仅是一本教研组建设指南，告诉我们该如何建设一个教研组；同时它也是一部成长史，通过它，我们可以看到一个团队的成长历程。《小学英语教研组可以这样建设——给小学英语教学与管理人员的教研组建设指南》的内容虽然具体面向小学英语教研组建设，但是它的模式可以被其他学科、其他学段的科组复制，值得借鉴。

本书一共有七章，分别是：教研组建设的意义、教研组标识性文化提炼、校本英语课程体系的建构与实施、英语课堂结构的建设与实施、英语评价体系的建构与实施、英语教师专业发展路径探讨、英语教研组科组管理文化建设。通过这七章内容，读者可以从浅入深地明白一个教研组建设的内涵和外延。本书相关理论浅显易懂，案例具体清晰，是一本易读懂、易操作的指南。

第一章围绕着教研组建设的意义，阐述了什么是教研组；教研组建设的作用和意义是什么；教研组的组织框架是怎么样的；国内教研组建设的现状如何。这些最基本的信息让读者明白一个教研组的组建，需要每一位教师了解其基础结构和根本意义。

第二章聚焦教研组标识性文化提炼，尝试说明教研组标识性文化是什么；如何提炼教研组标识性文化；并以一个具体的案例来诠释小学英语教研组标识性文化是如何建设的，清晰的解读让读者了解教研组标识的文化凝练思路和过程。

第三章进一步从上至下厘清关系，告诉大家如何基于国家课程建构校本英语课程体系。同时，本章以一个小学校本英语课程体系为例子，清楚解读其内涵与实施路径，让大家明白教研组课程建构不是高高在上的，而是扎实落地的。

第四章紧扣课堂主阵地，诠释英语课堂理念、模式。同时，本章以一个具体的英语教研组为案例，通过英语学科教学宣言的举例与解读、英语学科学习地图的举例与解读、小学英语学科课堂结构和学科课堂评价的具体例子，一一向读者呈现课堂相关重要因素。

第五章围绕着学校评价框架详尽介绍了英语学科评价体系的构建和实施方式，向读者解读了新教育教学背景下学科评价的新尝试。除此之外，英语课堂中该如何去观课、评课，本章也进行了较为详细的阐述。

第六章从教师发展的角度出发，阐述英语教师发展需要了解的前沿理论，并详细列举了英语教师发展需要阅读的基础书目，罗列了英语教师的基础写作类型。本章还列举了三种教师（名教师、名教研组组长、骨干教师）的发展路径，帮助读者明确在各阶段的成长目标。

第七章厘清教研组常规管理的思路，细说教研组常规管理的作用和意义、教研组常规管理的内容与类型，并分享了教研组常规管理的各种实用表格与制度。本章收集了教研组教师的成长心声，使大家了解到一个好的教研组对于教师成长所起的正面促进作用。

本书的第一、二、三、五、六章由刁艺姗老师完成，第四、五、七章由冯云开老师完成。同时，收录了教研组骨干教师罗苑、陈萍、汪宝妍、陈偲老师的成长心声。感谢她们十年如一日对教研组建设的坚持和用心。同时，得益于各级教研员、专家、领导的支持，本书得以成形，尤其是海港小学先后的三位校长杨和光先生、阮瑜女士和郭建文先生，感谢他们对教研组各项工作的支持和专业的指引。

《小学英语教研组可以这样建设——给小学英语教学与管理人员的教研组建设指南》是笔者首次对教研组建设的做法进行梳理和总结，还有很多不完善的地方，恳请各位同行批评指正。

刁艺姗

2024 年 1 月

目 录

F
E
B
A
English
English

第一章

教研组建设的意义

一、教研组的界定

教研组，即学校内研究教学问题的组织，规模可大可小。教研组的全称是“教学研究小组”，是学校与教师的研发机构之一。它不但是教师专业能力提升的重要舞台，更是教师形成专业归属感与学科能力发展的发源地。

在我国，学校的课程设置基本是按不同的学科进行分类的，因而教研组也一般意义上统称为“学科组”，简称“科组”。在各级各类的学校里，教研组一般是在行政力量的推动下，以学科为单位，遵循一定的原则和规章制度建立起来的。集体教学研究是教研组的主要活动形式，即学科教师基于实践发现教育教学过程中存在的问题，进而借助教研活动对其展开理性的思考，最后提出具体的问题解决方案并付诸实施。

二、教研组的研究内容

教研组工作的内容具体包括以下几个方面。

（一）学习教育教学的方针、政策和指示

教研组应该明晰国家的教育方针、政策、文件或指示，把握教育教学的总方向。习近平总书记强调，把立德树人融入思想道德教育、文化知识教育、社会实践教育各环节，贯穿基础教育、职业教育、高等教育各领域。因此，学科体系、教学体系、教材体系、管理体系要围绕这个目标来设计，教师要围绕这个目标来教，学生要围绕这个目标来学。

（二）研究课程标准、教学大纲、教学材料、教学方法

教研组集中学科教师学习和研讨课程标准、教学大纲、教学材料、教学方法等。核心素养围绕“立德树人”的要求，以培养“全面发展的人”为核心，涵盖文化基础、自主发展、社会参与三个领域。同时，新课标对教师提出了四点要求：①要有执着的教育情怀。②要有扎实强硬的专业素养。③要有娴熟的教育艺术。④要有与时俱进的创新素养。

（三）结合教学工作，钻研教育理论和专业科学知识

2022 年，随着新的义务教育课程标准的推出，教育教学聚焦在“核心素养该如何落实到各个学科的日常教学”中去。鉴于新的研究点，教研组应该保持学习的劲头，随时更新已有的认知，切忌拿过去的方法来教育现在的孩子去面对明天的世界。

（四）总结、交流教学经验，商讨学科教育教学相关活动

教研组对于一个团队的发展和每一位教师的成长有举足轻重的地位。合理地搭建各种平台让教研组教师进行学科交流、研讨、展示、总结、讨论等活动，有利于教师们思维碰撞，共生共长。

三、教研组建设的发展和意义

最初，形成教研组的目的是提高学校教学质量。组织同一个教学任务的教师一起统一进度、集体备课，可以使教师之间的授课和水平比较趋同，可以缩小教师教学能力的差距。

随着教研组的发展，大家发现教研组除了可以研究教学质量，还可以探讨更多学科教学下的行为以及背后的原因，如平行的班级中为何同样的教材和内容，却成绩有好有坏，是学生学的原因还是教师教的原因？ 同一份教案下不同教师的课堂如何完成教学目标？同一个班级中，教学设计如何做到关注个体？……于是，教研组活动开始关注教师的课堂。一开始，只有教研组长听其他教师的课，后来发展到同一教研组内部的教师相互之间观课，最后发展出为了研究一个共同问题而开展的专题性观课、评课。现在，观课和评课已经成为学校各学科教研组教研活动的主要形式之一。

教研组的研究内容和形式也随着课改的持续推进日趋多元化。如今，各个学校的学科教研组是教师研究新课程、新课标、新教材、新教学方法、新教学技术、新教育教学问题的基本单位。教研组应有效帮助教师提高专业能力，形成专业归属感，从而形成良好的职业体验感。教研组已经是实现教师持续性成长的重要载体，也是学校提升办学水平、实现高质量发展的基石。

总体而言，学科教研组的作用主要体现在以下四方面。

（一）管理教学功能

教学是每一个教师的基本权利与义务，是作为教师基本职业素养的要求。教师绝大部分时间都在教学。教育理念也需要依靠教学的具体行为转变为现实。教育教学功能是教研组建设的最核心功能。

（二）指导评价功能

教师在对学生传授知识的时候，具有对学生进行指导和评价的义务。教研组在每

次教研活动中对于教师具有指导和评价的作用，能够给一线教师解决问题并指引方向。

（三）科研教研功能

教师在学校教育学生的同时，也具有教育科研责任。在完成国家规定的基本教学任务之后，利用业余时间来进行教科研的研究，就教学方法、教育心得等方面进行研讨，碰撞思维的火花，相互学习，共同成长。

（四）支持服务功能

教研组作为学校的基本组成单位，对于教师的日常教育教学工作和学校的发展有提供支持和服务的功能。例如，为学校的发展提供建议，协助其他部门完成学校教研活动等。

四、教研组的组织框架

教研组的组成一般由校级领导、中层管理人员（含挂点行政）、教研组长、备课组长和教师组成，其结构如图 1–1 所示。

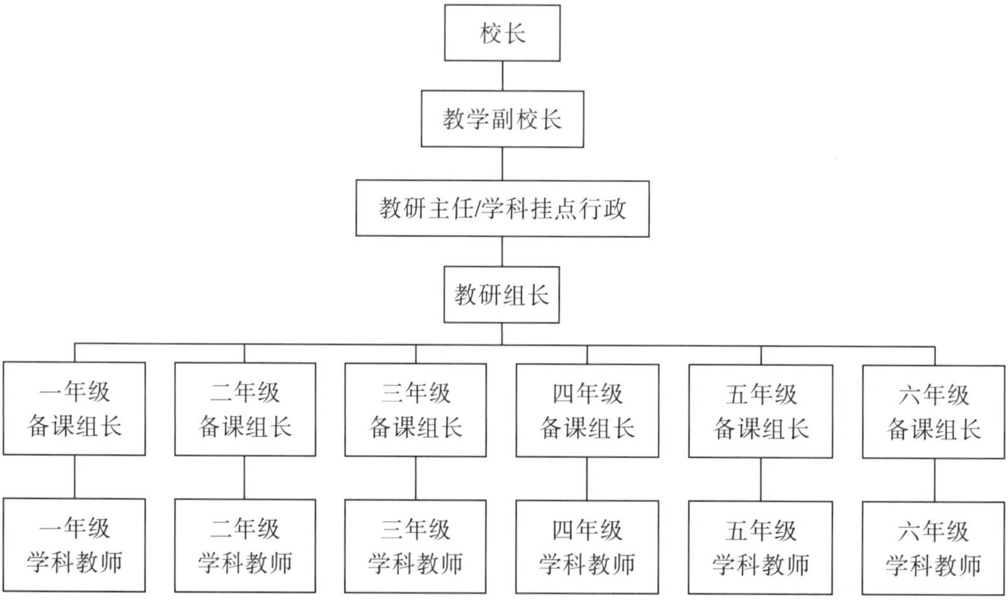

图 1–1　教研组的组织框架

五、国内教研组建设的现状

作为学校的基层专业组织，教研组在课程教学研讨、教学经验传承、教学规范管理等方面都发挥了重要作用。但随着学校教育功能的日益丰富和教学规模的不断扩大，教研组在诸多方面的发展疲态尽显无遗，主要体现在下面几点。

（一）教学任务繁重，教研时间不足

新课程理念的变革需要教师转变固定的教学模式、教学观念，创新教学方法。但从实际来看，一线教师的教学任务繁重，难以真正投入到教学研究中。教师日常承担着繁重的教学任务，工作结束后缺乏足够的时间和精力去应对学科教研。

（二）培训机会不均，多数教师缺乏培训

一线教师忙于日常教学，没有机会接受先进理论的指导，缺乏有效的专家指引，缺少外出交流学习的机会，这直接导致教师的专业发展受限。

（三）校本学习多，实际问题探索少

现今的教研组活动多为学校文件或工作的上传下达，教师去探索教育教学实际问题或解决工作疑问和难题的时间少，导致教研活动内容上的变质变味，降低了教师们参与教研组活动的兴趣和积极性。

（四）教研形式多，主题系列内容少

如今的教研组活动缺乏主题性，教研活动局限于听课、说课、评课、观摩等形式，多为反复试课后的展演，不真实，一线教师无法借鉴，不实用。绝大部分的教研组活动缺乏基于教师发展的体系设计，没有明晰的活动目标或目标过大过泛，不能在专业上起到引领、模范作用。更有甚者，教研活动成为教师们积累继续教育学分的载体，单纯地“打卡出席”，而没有让学习和交流真正发生，无法解决教师的实际教学问题。

（五）教研评价客套多，真实评价交流少

现今的教研活动缺乏真实的交流和对话，多为客套的评价，无法凸显真正的教育问题以及对于教育教学问题深入的剖析，无法做到客观、实在、有效。

（六）教研被动参与多，主动参与少

绝大部分的教研活动为“被动式”参与，教师们“被通知”去参与教研，而非积极主动地参加，教师自身发展的需求不足、内驱力不够。

（七）教研活动时效低，具体分工不明确

现今的教研活动绝大部分呈现为“人多嘴杂、反复累赘”的场景，没有具体明晰的分工安排与研讨流程，时效低。

第二章

教研组标识性文化提炼

一、教研组标识性文化的界定

标识即标示识别，是事物用来识别的记号。教研组标识性文化作为一种信息载体，已经成为教研组日常教学与研究的一个重要组成部分。教研组标识性文化可以烘托学校教研组的教学与教研氛围，彰显教研组的魅力，并能有效提炼教研组的特色。例如有些学校英语教研组的标识性文化围绕着“绘本教学”，有些围绕着“自然拼读”，有些围绕着“戏剧教学”，有些围绕着“电影与配音”，有些围绕着“阅读与写作”等，无一不简单有效地概括了教研组的教研特色。

二、教研组标识性文化的提炼

不同的教研组对于自身教研组标识性的文化有不同的提炼方式。有的侧重于教研组的组织建构，有的侧重于教研组的教研学科特色，有的侧重于教研组的教研活动形式……经过十年的思考与尝试，我们认为在对学科教研组进行标识性文化提炼的时候可以遵循以下的 5 个原则。

（1）反映鲜明的时代特征，体现教研组蓬勃向前、积极向上的精神风貌。

（2）反映核心素养下学科教育教学的研究主题，符合新课标的要求。

（3）能有效体现国家基础课程下本土课程或校本课程的实施特色。

（4）符合国家法律、不违法社会公德、不带有封建或不健康的文化色彩。

（5）提炼的文字表述简明易懂，规范精练，让人一看就能了解大概含义。

教研组标识性文化提炼的路径如图 2–1 所示。

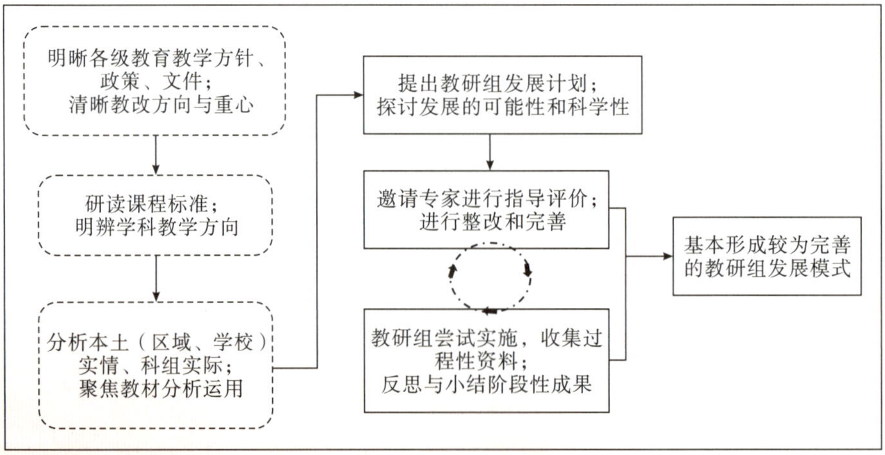

图 2–1　教研组标识性文化提炼路径

三、例说：英语 PSR“四化一体”教研机制

学科教研组是一个学校基层的管理实体，是教学研究的核心组织，在学校教学工作中起着重要作用，直接决定着一所学校的课堂教学质量。学科教研组不仅是各个学科课程的落地者、教学活动的组织者，更是开展教学研究的实施者，是教学创新的推进者。因此，抓好学科教研组建设是提升教师业务素质、提高教学质量的关键。

笔者所在学校在过去建构起基于课程文化、课堂文化、教师发展文化和教研组常规管理文化为核心的 PSR“四化一体”学科组教研机制（见图 2–2），以突破学科教研“无主题、无内容、不实用、不可借鉴、无过程、无参与、无标准、无实效”的八大难题，引领学科教研方式方法的改变，实现“结构化、实用化、主题化、时效化、全员化”五大教研特征，全面提升教研活动的质量，为一线教师提质减负。

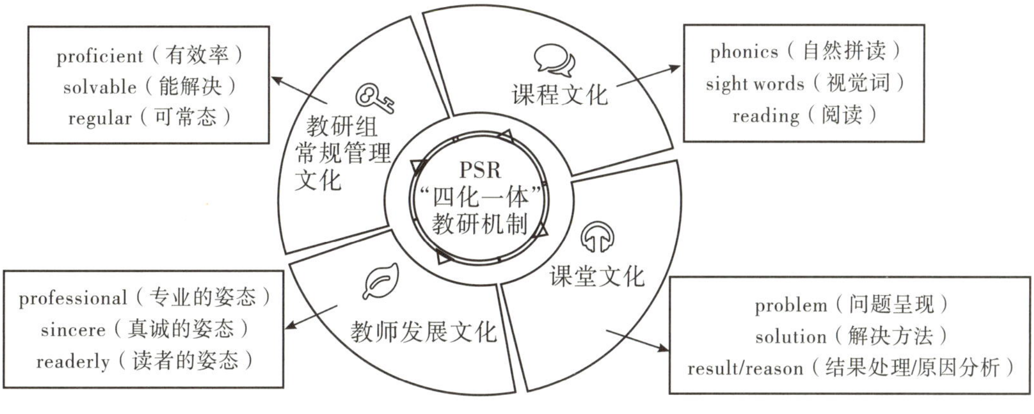

图 2–2　英语学科 PSR“四化一体”教研机制

（一）教研活动构建课程文化：有主题、有内容

教研组以学科素养为基础，梳理出学校英语教研组的学科宣言，即学科素养的本土表达与诠释。

在基于国家奠基课程之上，教研组结合地方实际情况建构起富有特色的 PSR 学科课程体系，即校本课程。奠基课程是根基，校本课程是国家基础课程的校本化实施的具体路径，面向全体学生开设，并列入学科教学的评价终端。除此之外，英语教研组还根据学生的兴趣爱好和教师的专业能力开设针对学生个体的自选课程以及基于评价的综合性跨学科主题综合课程。

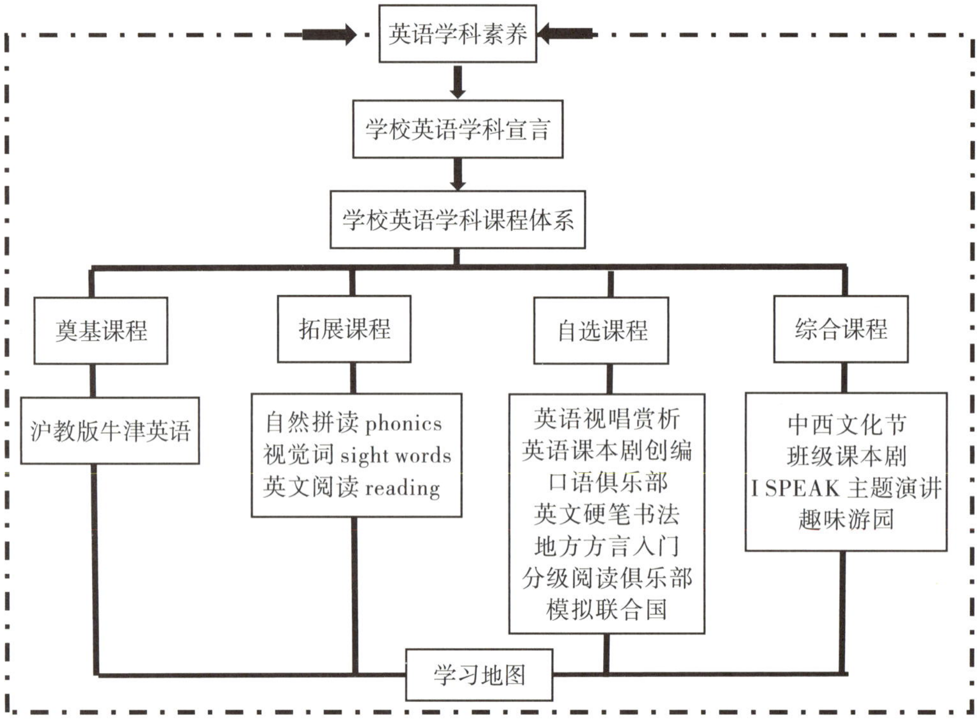

图 2–3　英语学科 PSR 课程体系

基于学科课程体系，学科教研组带领教师梳理一至六年级的学习地图，逐一理顺从课程目标，到各年段学习目标，再到各单元学习目标，最后到各单课的学习目标从上而下的关系，真正地让教师明晰如何让国家课程落地。

学科教研活动以课程为聚焦点，制定相关主题，并围绕着主题展开各年级备课组的研讨。教研的主题涵盖：基于课程实施的主题教学研究、课堂听课评课教研、备课组单元整体展示、主题活动策划与方案商讨、教学常规小结与梳理。基于此，学科教研形成了课程文化。

（二）教研活动关注课堂文化：够实用、能借鉴

课程的实施主阵地是课堂。围绕着学科课程体系，学科教研组建立课堂观察标准。基于单元整体教学背景，学科教研活动围绕着课堂，展开以课堂为中心的研讨。近几年来，教研组围绕着“problem（问题呈现）—solution（解决方法）—result/reason（结果处理 / 原因分析）”构建起基于思辨理念的大单元课堂教学模式（见图 2–4）。

在教研组日常的听课评课中，教师依据 LICC（learning，instruction，curriculum，culture）的四个范畴（见图 2–5），聚焦课堂的“四维度”，即课程性质（目标、内容、实施、评价、资源等）、教师教学（环节、呈现、对话、指导、机智等）、课堂文化（思考、民主、创新、关爱、特质）和学生学习（准备、倾听、互动、自主、达成等），旨在引领教师科学观课、用数据和证据评课。

基于以上的“四维度”，学科教研组制定相应的评价标准，细化各个维度下的内容，让教师在观课、评课和思课的过程中了解听什么、看什么、想什么，且怎么听、怎么看、怎么想。

在每次的教研活动中，各教师领取相关的“任务单（或称‘分工表’）”，带着不同的任务走进课堂、观察课堂、反思课堂，并在接下来的评课环节中阐述自身的观察点与反思点，从而提高教师对课堂的思考能力、吸收与借鉴能力，最终服务一线教学。

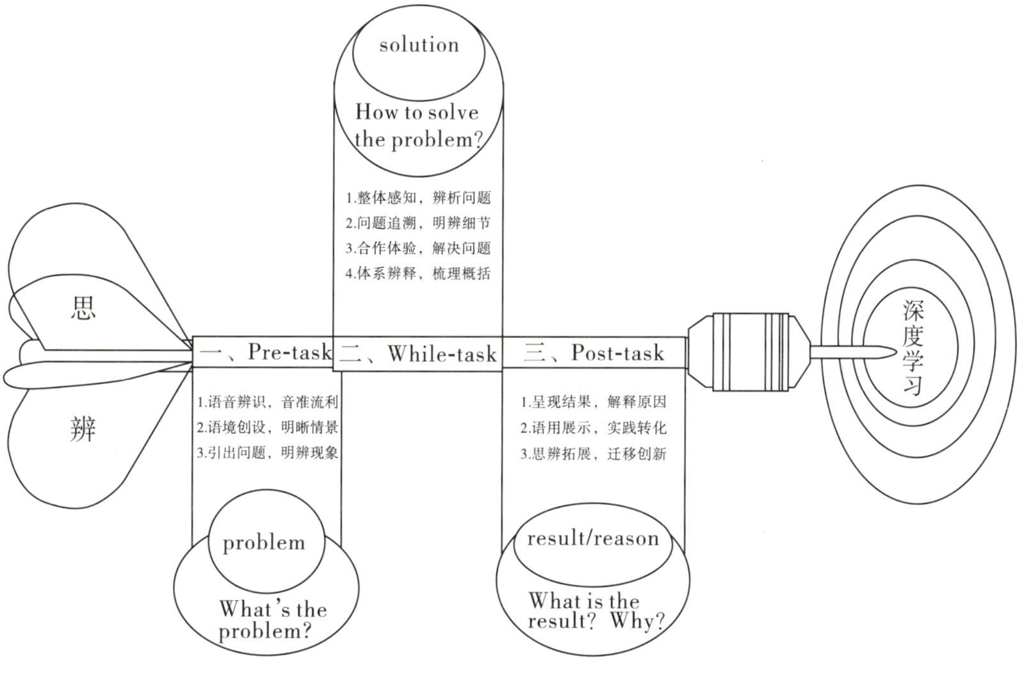

图 2–4　基于思辨理念的大单元课堂教学模式

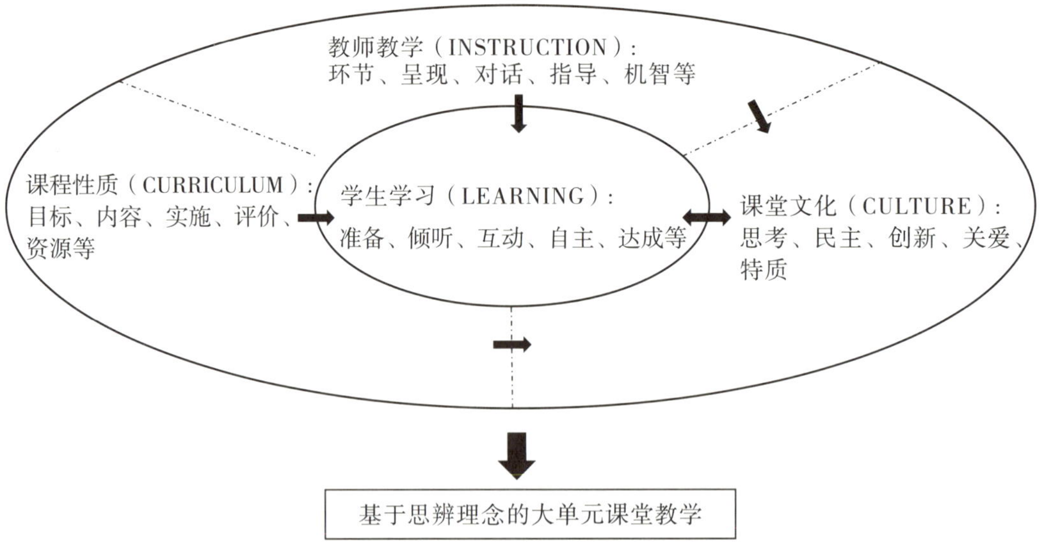

图 2-5　基于思辨理念的大单元教学实施的 LICC 教研模式

（三）教研活动聚焦教师发展文化：有过程、有参与

学科教研以学科组为组织单位，以六个年级的备课教研组为基本实施队伍，建立备课教研组学习共同体。每个备课教研组围绕着教研活动的主题先在备课组内进行研讨。遵循“人人有任务、人人有展示”的基本原则，每一位教师在教研活动中都必须参与其中，并承担一个角色，完成相应的任务。

为了培养 PSR 教师队伍专业的姿态（professional）、真诚的姿态（sincere）、读者的姿态（readerly），每次教研活动皆做到“四有”：有主题、有主持、有发言、有交流。同时，做到“四固定”：固定时间、固定地点、固定人员、固定环节，旨在让学科教研文化成为学科组的常规，形成习惯，让备课教研组成为思考和解决一线教育教学问题和难题的核心队伍（见图 2-6）。

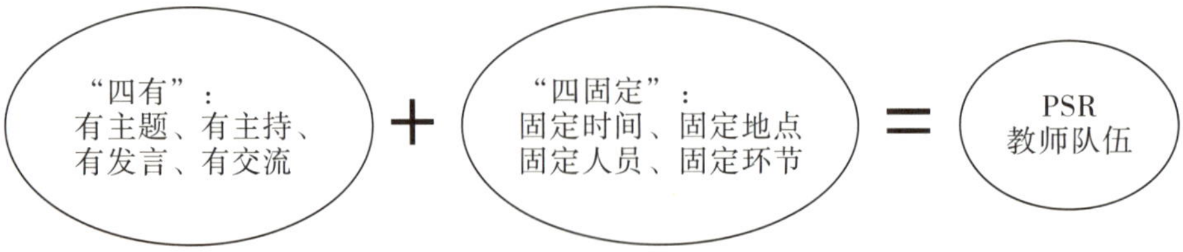

图 2-6　基于 PSR 教师队伍发展的教研模式

（四）教研活动围绕教研组常规管理文化：有标准、有时效

学科教学质量的提高取决于学科教学常规管理的质量。良好的学科教学常规管理能最大化地为教师减负提效。教研组通过一系列的常规标准化措施，让教师在繁杂的常规中做到有效率（proficient）、能解决（solvable）、可常态（regular），主要的措施有：

（1）保障学科组教研组时间和空间：学校层面在排课上给予充足的空间，在设施和场地上提供支持。每周固定的时间为学科教研组活动时间，教师们统一到固定的场室进行一定时长的主题教研活动。

（2）保障学科组教研活动的秩序：学科教研组制定教研行事历，让学科教研活动有计划、有步骤、有主题开展。

（3）保障各备课组教研的时效：各备课教研组制定教学行事历，让教学工作有秩序、有节奏、有目的进行。

（4）保障学科组教学常规管理的高效：各备课教研组使用统一的作业常规检查表、学科评价检测分析表、学生学科过程性跟踪表、学生学科评价项目单，让学科教学有数据、有过程、有方法、有跟踪、有反馈。

教研活动建构课程文化，有主题、有内容；教研活动关注课堂文化，够实用、能借鉴；教研活动聚焦教师发展文化，有过程、有参与；教研活动围绕教研组常规管理文化，有标准、有时效。正是基于课程文化、课堂文化、教师发展文化和常规管理文化，形成了 PSR“四化一体”的学科组教研新机制，也为教师个人与团队的发展提供了一个新路径，实现了教学与教研同步的理想状态。

第三章

校本英语课程体系的建构与实施

一、基于国家课程的校本英语课程体系建构

基于国家课程的校本英语课程体系的建构不是一件简单的事情，它需要相关的教师自上而下对课程的相关元素进行系统的梳理。经过近 10 年的探讨，我们认为主要有以下的路径，如图 3–1 所示。

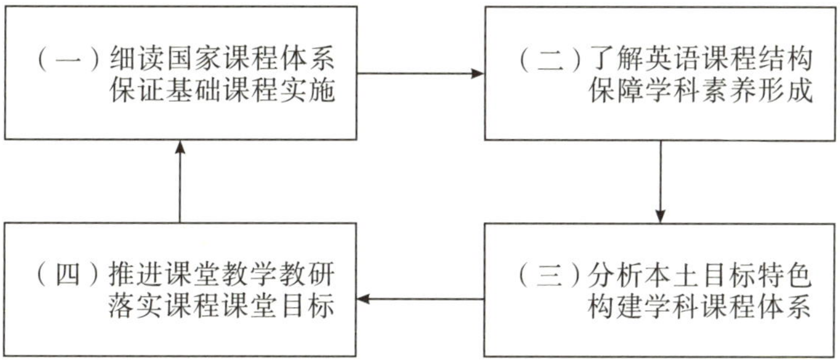

图 3–1　校本英语课程体系建构路径

（一）细读国家课程体系，保证基础课程实施

教研组的每一位教师，尤其是涉及管理岗位的教研组挂点行政、教研组长、备课组长等，应该对国家课程实施的相关文件、政策、时事等熟悉，并能根据以上的内容对教研组的课程设置和教育教学工作进行指导，保障国家课程的落地。①

2020 年以来，全国十大教育政策有：①全面加强新时代大、中、小学劳动教育；②全面深化新时代教育评价改革；③深化新时代教育督导体制机制改革；④全面加强和改进新时代学校体育、美育工作；⑤加快构建高校思想政治工作体系；⑥职业教育提质培优的行动计划出台；⑦进一步激发中小学办学活力；⑧加快和扩大新时代教育对外开放；⑨加强新时代乡村教师队伍建设；⑩中国高考评价体系发布。

2020 年以来，国家发布的相关文件有：①《关于加强新时代高校教师队伍建设改革的指导意见》；②《普通高中课程方案（实验）》和语文等十五个学科课程标准（实验）；③《关于大力加强中小学线上教育教学资源建设与应用的意见》；④《中华人民共和国国民经济和社会发展第十四个五年规划和 2035 年远景目标纲要》；⑤《义务教育质量评价指南》；⑥《2021 年教育信息化和网络安全工作要点》；⑦《关于加

① 本章节罗列的相关政策、文件基于网络资料整理而成。

强义务教育学校作业管理的通知》；⑧《教育信息化2.0行动计划》；⑨新修订的《民办教育促进法实施条例》；⑩《全民科学素质行动规划纲要（2021—2035年）》；⑪《关于进一步减轻义务教育阶段学生作业负担和校外培训负担的意见》；⑫《面向中小学生开展的全国性竞赛活动名单》；⑬《国家义务教育质量监测方案（2021年修订版）》；⑭《中华人民共和国家庭教育促进法》；⑮《中小学人工智能课程开发标准（试行）》。

2022年，教育部发布《义务教育课程方案和课程标准（2022年版）》，并梳理了年度教育要点：①坚定不移用习近平新时代中国特色社会主义思想铸魂育人，确保教育领域始终成为坚持党的领导的坚强阵地；②加快完善德智体美劳全面培养的育人体系，促进学生健康成长全面发展；③积极回应群众关切，不断促进教育发展成果更多更公平惠及全体人民；④全面提升教育服务能力，为构建新发展格局提供坚强支撑；⑤深化改革扩大开放，持续为教育发展注入强大动力；⑥把教师作为教育发展的第一资源，打造高素质专业化创新型教师队伍。

（二）了解英语学科课程建构，保障学科核心素养形成

教研组每一位教师都务必熟知英语课程的相关要素，例如英语学科课程标准、英语学科核心素养、英语学科教育教学方法、英语学科评价方式等，对课程的了解程度直接决定一个教师在课程实施上的科学性与有效性。例如，如果每一位教师对英语学科前沿的理论都比较熟悉，那么教研活动就能基于理论进行相关课例的研讨。这样的教研活动既有深度，又有时效，教研的质量就能提高。倘若每一位教师根本不理解相关的背景，那么教研活动中就必须花大量的时间去解释、去举例，对于课例的实际研讨时间就会被压缩，那么教研时效就会降低。

（三）分析本土育人目标以及教学特色，构建学科课程体系

基于国家基础课程下的校本课程开发能真正结合每一个学校和每一个科组的实际情况，让课程在学生的真实生活中得以运用。每一个地方都有每一个地方的实情。国家基础课程的落实有赖于每一个教研组对自身实际情况的仔细分析，包括对当地社区、学校、科组、学生、家长、教师等的调查研讨。课程自上而下的落实因为有了这些更接地气的相关元素的融入，学生对此越感兴趣，学习的效果也会提升。例如深圳的多数学校靠近海边，不少学校在国家基础课程之下，结合实地情况，开发了海洋博物馆课程、红树林湿地课程、海滨栈道健康课程、海洋动物课程、海上运动课程等，百花齐放，着实让师生受益。

（四）深入推进课程体系下课堂教学，落实课程与课堂目标

当课程由上至下搭建好，便需要在最重要的一个环节发力：课堂。任何课程的实施都无法离开课堂本身。在如今大单元教学的背景下，如何推进课堂教学、评价都应该成为教研组日常研讨的内容，并通过种种过程性的记录，让教研组的成长有迹可循、有据可依。

二、例说：校本英语 PSR 课程体系的建构与实施

（一）学校与科组概况

1．学校概况

海港小学创建于 2013 年 9 月，是一所区属公办小学。学校坐落于深圳市宝安区碧海片区，四周林木荫翳，环境幽静雅致。校园内建筑错落有致，花草树木掩映，阳光明媚洒照。校园功能分布合理，分为常规教学区、探究活动区、办公区、运动区、生活区。拥有计算机室、体育器材室、多媒体综合电教室、图书阅读中心、音乐室、美术室、科学实验室、梦想剧场等 36 个功能室，现代教育教学设施设备多样而完善。学校组织机构健全，截至 2022 年 9 月有专任教师 130 人。教师平均年龄 30 岁，是一支充满活力、结构优化、专业精湛的高素质教师队伍，为创办具有区域性影响的特色品牌学校奠定了坚实基础。

经过近十年的快速发展，学校秉承“专注六年，幸福一生”的办学理念，坚持让教育回归于人、让人回归生活、让生活回归幸福，不断深化课程和课堂教学改革，着力打造具有深圳教育特征的优质品牌学校。作为中国教育学会深圳宝安教育现代化实验区“学校课程发展”项目学校和广东省基础教育县（市、区）教研基地项目基地学校，学校一直砥砺前行，先后荣获广东省“书香校园”、广东省第二届中小学特色学校建设成果三等奖、广东省国际跳棋特色学校、广东省校园篮球推广学校、深圳市教育工作先进单位、深圳市年度阅读典范学校、深圳市课程改革示范学校、深圳市课堂改革示范学校、深圳市劳动教育特色学校、深圳市绿色学校、深圳市红旗大队、宝安区教育工作先进单位、宝安区德育工作示范校、宝安区“未来教育”基地校、宝安区“阳光体育活动”先进学校、宝安区书法教育示范学校、宝安区国学实验学校、宝安区少先队红旗大队、宝安区青少年法制教育基地、宝安区巾帼文明岗、宝安区教育系统先进基层党组织、宝安区文明校园、宝安区慈善文化进校园工程学校等荣誉。

2．科组概况

英语科组目前有专职教师 21 人（含外教 1 名），其中 5 人为研究生，16 名为本科生，所有教师均为英语教育专业毕业。英语科组自 2013 年创校至今，共获奖累积 234 次（区级以上荣誉），其中省级 12 次、市级 45 次、区级 177 次，是深圳市优秀课本剧的推广单位；先后被评为宝安区优秀示范教研组、宝安区第一批和第二批学科教研基地、宝安区“好科组”。同时，科组目前有 1 名广东省“万千人才”培养对象、1 名广东省名师工作室入室学员、3 名深圳市小学英语中心组成员、1 名宝安区名师并成立区级名师工作室、1 名宝安区学科带头人、2 名宝安区小学英语兼职教研员、12 名宝安区认定骨干教师。

十年潜心扎根，英语学科的 PSR 课程特色已经在宝安区范围内有一定的引领辐射作用。英语科组围绕这 PSR 课程特色展开公开课、研讨课、讲座共 47 次，其中市级或以上 12 次，区级 29 次，学区级 6 次。

（二）特色建设缘起

1．学生发展核心素养需要

2014 年，教育部研制印发《关于全面深化课程改革落实立德树人根本任务的意见》（教基二〔2014〕4 号），提出“教育部将组织研究提出各学段学生发展核心素养体系，明确学生应具备的适应终身发展和社会发展需要的必备品格和关键能力”。2016 年，中国学生发展核心素养确立以培养“全面发展的人”为核心，分为文化基础、自主发展、社会参与 3 个方面，综合表现为人文底蕴、科学精神、学会学习、健康生活、责任担当、实践创新等六大素养，具体细化为国家认同等 18 个基本要点。各素养之间相互联系、互相补充、相互促进，在不同情境中整体发挥作用。学校课程的建构与实施必须以培养学生的核心素养为根本目标。

2．英语学科核心素养需要

2016 年，《中国学生发展核心素养》提出了我国英语学科的核心素养，强调学习能力、语言能力、文化品格以及思维品质 4 个方面。

2022 年，《义务教育英语课程标准（2022 年版）》指出义务教育英语课程具有基础性、实践性和综合性的特征，学习和运用英语有助于学生了解不同文化，比较文化异同，汲取文化精华，逐步形成跨文化沟通与交流的意识和能力，学会客观、理性看待世界，树立国际视野，涵养家国情怀，坚定文化自信，形成正确的世界观、人生观和价值观，为学生终身学习、适应未来社会发展奠定基础。《义务教育英语课程标准（2022 年版）》涵盖 6 个课程理念。

①发挥核心素养的统领作用。

②构建基于分级体系的课程结构。

③以主题为引领选择和组织课程内容。

④践行学思结合、用创为本的英语学习活动观。

⑤注重“教—学—评”一体化设计。

⑥推进信息技术与英语教学的深度融合。

至此，英语学科的学习目标变化从综合语言运用能力转向英语学科核心素养。

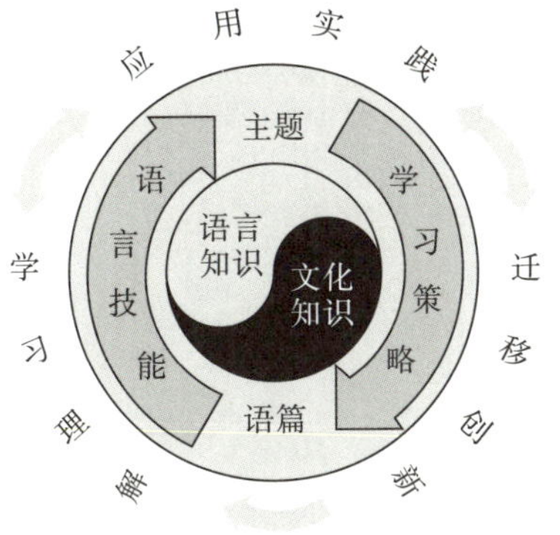

图 3-2 义务教育英语课程内容结构示意图（中华人民共和国教育部，2022）

3. 学生英语阅读素养需要

2016 年下半年，《中国中小学生英语阅读素养发展目标》发布，提出英语阅读素养包含“阅读能力”和“阅读品格”，并且详细列出学生各年段所要达到的目标以及具体的相关内容。

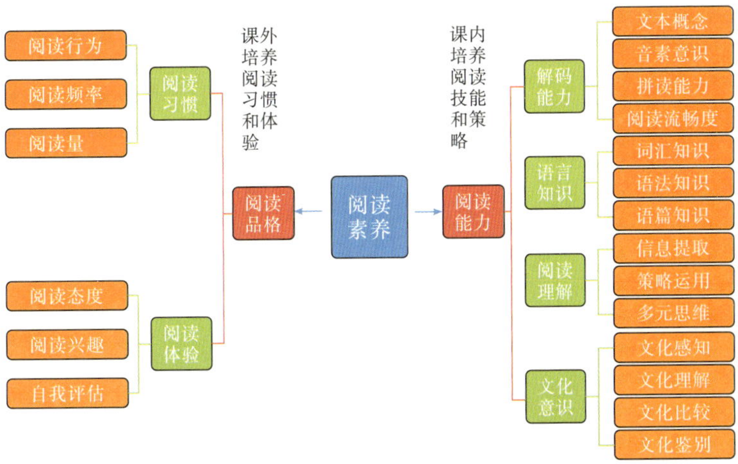

图 3-3 中国中小学生英语阅读素养发展目标理论框架①

① 王蔷，陈则航．中国中小学生英语分级阅读标准（实验稿）［M］．北京：外语教学与研究出版社，2016.

4．学校培养目标需要

2013年，学校建校伊始，校长带领团队致力于科学的课程体系的建构，结合核心素养，搭建出以培养具有“勇为、智为、善为、美为”四大品质的“有为少年”为目标的“有为·领航”课程体系，如图3–4所示。

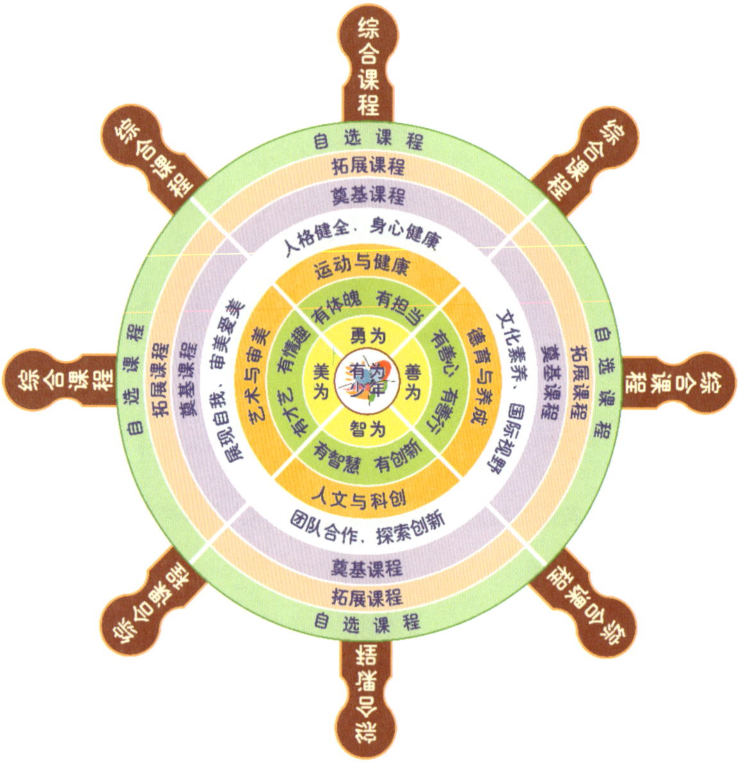

图3–4　学校“有为·领航”课程体系图

学校英语学科以培养“智为”少年为目标，“智为”的少年有智慧、有创新，隶属“人文与科创”领域，以培养学生的团队合作和探索创新为具体培养方向，设置奠基、拓展、自选和综合四个维度的课程，如图3–5所示。

在以上理论的支撑下，并结合我校实际情况，英语学科教研组设定了四大维度的课程。

（1）奠基课程：即国家规定的基础性课程，深圳小学英语教材为沪教版牛津英语。奠基课程面向全体学生开设，是英语课程的基础，亦是所有相关校本课程开发的根本。

（2）拓展课程：即基于地方和学校实际情况开设的校本课程，面向全体学生开发，服务于基础课程，同时又在基础课程之上，更贴合学生的实际需求，更能匹配学生的能力和素养的形成。在我们学校，英语学科开设自然拼读、视觉词、英文阅读共3

门拓展课程。

（3）自选课程：即学生根据自身的兴趣爱好和教师的才艺开设的课程，也称社团课、兴趣班、兴趣小组等。自选课程的设置旨在活跃校园氛围，让学生选我所爱、爱我所选、我选我爱、我爱我选。目前，英语学科开设英语视唱赏析、英语课本剧创编、口语俱乐部、英文硬笔书法、地方方言入门、分级阅读俱乐部、模拟联合国共7门课程。

（4）综合课程：即基于奠基课程、拓展课程和自选课程之上的融合性评价课程。通常以主题性活动为形式的表现型、参与性课程，如中西文化节、班级课本剧、I SPEAK 主题演讲、趣味游园等。

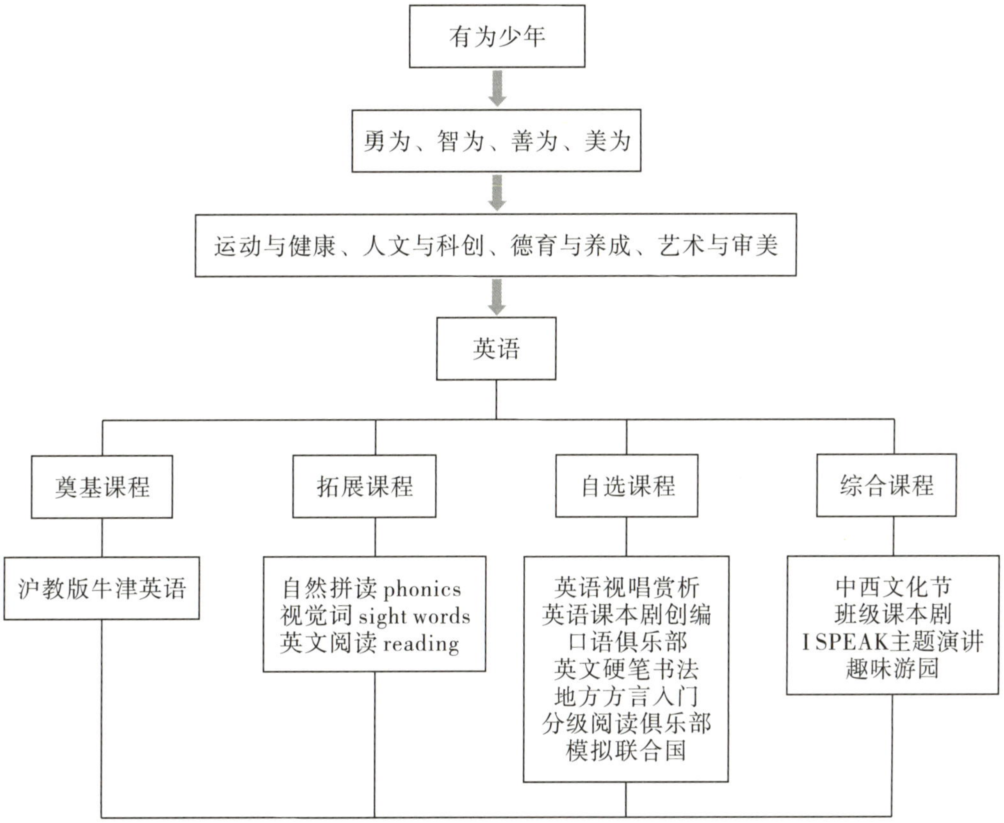

图 3–5 英语学科课程体系

（三）课程目标、内容及举措

科学的课程体系能有效引领一个学科的高质量发展。但是课程的落实最关键的环节是教师。如何让教师切实理解课程的设置并能通过课程实现教育教学愿景？学校顶层设计从课程建设开始。课改深处是课程改革，关键在校长；课改实处是课堂改革，关键在教师[①]。

英语学科课程落实的第一步便是让每一位英语教师内化学科目标，带着理念去上课。科组于2015年提出“教学宣言”（见图3-6），进一步细化“有为·领航”课程体系中“人文与科创”领域下英语学科的培养目标：多元体验、思辨学习和自信表达。

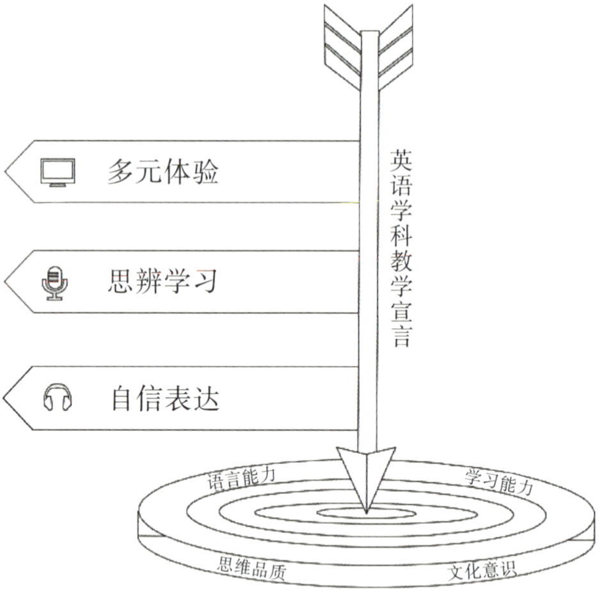

图 3-6　英语学科教学宣言

首先，学生能“多元体验”。就学科教学而言，“多元体验”又称“多感官体验”，它指的是以听觉、视觉、动觉等感官为基础，全面调动学生多种感官体验的一种教学模式。英语学科教学应让学生在多重感官同步参与的基础上，感受和体会一定语境下语用任务的达成，从而获得感官体验、情感体验和认知体验。就教学内容和文化意识而言，希望学生能做到多元理解，能了解不同国家的文化内涵，比较异同，汲取精华，尊重差异，从而实现文化自信、文化传播。

其次，学生能“思辨学习”。《义务教育英语课程标准（2022年版）》在思维品质和学习能力指向深度学习：主要包括元认知策略、认知策略、交际策略和情感策略；聚焦思考和分析的能力，包括英语的分析、推理、判断、理性表达和多元思维。学生学习的“思辨性”并非一蹴而就，而是需要从小就形成正确的思考方式、思考习惯，从而拥有科学的学习方式、学习习惯，最终影响其思维品质和学习的能力。

① 赵桂霞. 从入学到毕业：一所学校的课程建设［M］. 北京：教育科学出版社，2017.

最后，学生能“自信表达”。英语作为一门语言，人文性和工具性是其根本的两大特点。英语是人类所特有的用来表达意思、交流思想的工具。学生学习英语的最直接目的就是运用它进行交流，从而获取一定的信息。“自信表达”既是在交流方式、仪态上呈现一种大方自然的状态，更是在交流内容上展现一种积极向上的态度。

学科宣言的提出，再一次让学校的课程体系与英语学科的教育教学接轨，利于落地生根。

（四）PSR 课程具体实施

1．Phonics（自然拼读）课程实施

Phonics 语音教学能有效地引导儿童了解书面文字与口语的关联（print-sound relationship）。它就是帮助儿童在阅读过程中若遇到不熟悉的单词，能利用字母与发音的对应关系，将该单词拼读出来，即解码（decoding），借此了解这个单词的字义。因此，自然拼读是英语系国家的儿童学习认字及其重要的策略，更是孩子进入阅读阶段不可或缺的能力。

（1）课程特色。

学校计划用三年的时间推进 Phonics 语音教学，按步骤、有系统地结合沪教版牛津英语，在不增加教师与学生负担的情况下，从一年级开始引导学生学习 Phonics，拟在三年后能让学生见词就读，听音能写，并启蒙学生英语阅读。

本课程每个学期有不同的特色，见表 3–1。

表 3–1　一至三年级自然拼读课程特色

年级	学期	课程特色
一年级	上	结合沪教版牛津英语的学习顺序，在不增加教师与学生负担的情况下学习 21 个辅音字母，让学生喜欢自然拼读的学习方法、喜欢学习英语
	下	使用《有趣的字母》维持学生的兴趣，渗透拼读如音素、音节意识，对一年级上学期所学进行回顾与小拓展
二年级	上	结合一年级所学进行简单的拼读活动，加入 5 个短元音发音学习内容
	下	学习 5 个长元音，实现学生对句子以及简单语篇的认读，并始终渗透拼读训练
三年级	上	使用《神奇字母组合》完成前 12 组常规字母组合的学习
	下	使用《神奇字母组合》完成后 14 组常规字母组合的学习

学校的 Phonics 课程列入英语学科一至三年级课程体系，写入课程表，有详细的教学计划与评价措施，确保课程有效实施。

（2）课程目标。

①总目标（见表 3–2）。

表 3–2　自然拼读课程总目标

目标类别	目标
理论目标	（1）让学生在学习英语 Phonics 语音的过程中构建符合学生特点的拼读单词的心理图式。 （2）推广英语教育 Phonics 语音教学的方法。 （3）提高小学低年段英语 Phonics 语音教学的质量和效率，帮助学生英语阅读的启蒙
实践目标	（1）推广 Phonics 语音教学的教学策略、教学方法和技巧。 （2）提高学生在小语境中学习 Phonics 语音教学的兴趣。 （3）增强学生在语境中对单词的再认识。 （4）提升学生阅读启蒙的能力，帮助教师提高进行教学实验改革的能力
学生目标	（1）通过采用符合学生特点的字母绘本故事、朗朗上口的儿歌，简单易操作的拼读游戏等教学内容和教学方法，发挥学生的学习主体性，激活学生语音学习的兴趣。 （2）强化学生的拼读单词动力，减轻学生英语学习的焦虑，启蒙学生的低年段阅读。 （3）通过课程的学习，有助于学生达到国家《义务教育英语课程标准（2022 年版）》所规定的“除教材外，小学生毕业的课外阅读量应累计达到 4 000 ~ 5 000 词以上”的教学目标

②具体目标（见表 3–3）。

表 3–3　自然拼读课程具体目标

年级	学期	具体目标
一年级	上	建立辅音字母与字母自然发音之间的联系。95% 以上的学生能建立 21 个字母名字与字母自然发音的直接关系。学生能说出 21 个字母的字母名，字母发音以及代表单词
	下	能够成功拼读元音 + 辅音（辅音 + 元音）。如 c-a ca/ a-t at。95% 以上的学生能明辨 21 个辅音的 letter sound、letter name。学生能利用首字母，单词长短，形状辨识单词。学生能看着单词拼读出字母
二年级	上	能够成功拼读辅音 + 元音 + 辅音。如 d-o-g = dog。95% 以上学生能基本掌握 5 个短元音发音的规律。学生能基本拼读 VC（短元音 + 辅音），CVC（辅音 + 短元音 + 辅音）结构的单词
	下	能够成功拼读双音节或多音节单词。如 sw-ea-t-er = sweater。95% 以上学生能基本掌握 5 个长元音发音的规律。学生能基本拼读 CVCe（辅音 + 短元音 + 辅音 +e）结构的单词

续上表

年级	学期	具体目标
三年级	上	完成字母组 dr、tr、sp、ai、ee、ea、oa、ow、oo（长）、oo（短）、all、ar、ong、的学习。能够听音辨字，即听到单词读音就能拼出该单词
	下	完成字母组合 ch、ck、ear、er、ir、wh、ou、or、ph、th（清）、th（浊）、ur、fl 的学习。结合前两年所学的语音，能见词就读，听音能写。同时，运用 phonics 学习更多的单词，从而达到单词量大量扩充，85% 以上的学生能够阅读英语故事或文章

（3）课程内容。

学校拟定用三年的时间，给学生们打下扎实的语音基础，提升学生的英语阅读能力。三年课程内容见表 3–4。

表 3–4　自然拼读课程内容

年级	学期	具体内容
一年级	上	结合沪教版牛津英语以及学校英语拓展教材资源 *Phonics Kids* 学习 21 个辅音的 letter sound 和 letter name，内容包括：Bb、Cc、Dd、Ff、Gg、Hh、Jj、Kk、Ll、Mm、Nn、Pp、Qq、Rr、Ss、Tt、Vv、Ww、Xx、Yy、Zz
	下	结合拓展教材《攀登英语：有趣的字母》，在绘本中进一步巩固 21 个辅音的 letter sound、letter name、words。并开始学习 Aa、Ee、Ii、Oo、Uu 作为短元音的发音
二年级	上	结合学校英语拓展绘本资源《攀登英语：有趣的字母》，在绘本中学习 Aa、Ee. Ii、Oo、Uu 作为短元音的发音，并开始拼读 VC（短元音 + 辅音），例如：a-t=at，CVC（辅音 + 短元音 + 辅音）结构的单词，例如：m-a-p=map
	下	对之前三个学期所学进行综合的拼读巩固练习。结合拓展教材《攀登英语：有趣的字母》开始学习 Aa、Ee、Ii、Oo、Uu 作为长元音的发音，并开始拼读 CVCe（辅音 + 短元音 + 辅音 +e），例如：m-a-k-e=make
三年级	上	结合拓展教材《攀登英语：神奇字母组合》，在绘本中学习 dr、tr、sp、ai、ee、ea、oa、ow、oo（长）、oo（短）、all、ar、ong 等常见字母组合发音以及其拼读
	下	结合拓展教材《攀登英语：神奇字母组合》，在绘本中学习字母组合 letter combinations：ch、ck、ear、er、ir、wh、ou、or、ph、th（清）、th（浊）、ur、fl

注：自然拼读的课程为短课程，即每天 10 分钟即可，教学顺序与沪教版牛津英语配合。

（4）课程资源。

资源的选择具有“短小精悍、富于节奏、充满童趣、贴近教材而异于教材”四个特点，见表 3–5。

表 3–5　自然拼读课程资源

年级	学期	课程资源
一年级	上	沪教版牛津英语 Book 1、校本拓展教学资源视频 phonics kids
	下	沪教版牛津英语 Book 2、校本拓展教学资源视频 phonics kids、校本拓展绘本《攀登英语：有趣的字母》
二年级	上	沪教版牛津英语 Book 3、校本拓展教学资源视频 phonics kids、校本拓展绘本《攀登英语：有趣的字母》
	下	沪教版牛津英语 Book 4、校本拓展教学资源视频 phonics kids、校本拓展绘本《攀登英语：有趣的字母》
三年级	上	沪教版牛津英语 Book 5、校本拓展绘本《攀登英语：神奇字母组合》
	下	沪教版牛津英语 Book 6、校本拓展绘本《攀登英语：神奇字母组合》

在资源的选择和使用方面，要注意一些原则：

①所用的资源尽可能是一个系列的，保证风格一致，学生在每天循环往复的学习中便于记忆和回顾。

②其他资源可以放置于课后或者周末，甚至在假期供学生去拓展练习。

图 3–7 为我校选择和使用的拓展教材。

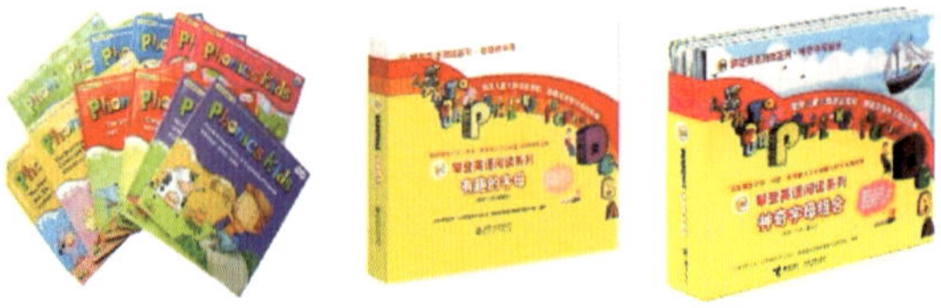

图 3–7　校本拓展绘本资源

（5）课程评价。

自然拼读课程评价见表 3–6。

表 3–6　自然拼读课程评价

年级	学期	评价方式
一年级	上	①听音选择正确的字母群。 ②看字母说出 letter sound、letter name 和两个代表单词
	下	①看字母说出 letter sound、letter name 和五个代表单词。 ②读一本字母绘本故事
二年级	上	①看单词进行拼读。 ②听音，写出单词缺少的字母
	下	①看单词进行拼读。 ②朗读一个绘本故事

续上表

年级	学期	评价方式
三年级	上	①看单词进行拼读。 ②听音，写出单词。 ③朗读一个字母组合的语音故事
	下	①看单词进行拼读。 ②听音，写出单词。 ③朗读一个字母组合的语音故事

2．Sight Words 视觉词课程实施

Sight Words，即一入视觉就立即反应的词汇，中文叫作视觉词。被广泛认可的英语视觉词，叫作 Dolch Sight Words，分 5 级共 220 个词。按英美国家的说法，这 220 个词就占据了所有阅读词汇总数的 50%~80%。如果学生熟悉这些视觉词，阅读速度和效率将大大提升。

（1）课程特色。

学校用三年的时间，结合沪教版牛津英语，在不增加教师与学生负担的情况下，引导学生按步骤、有系统地从二年级开始学习 Sight Words，能提升学生的阅读速度和阅读质量。本课程每个学期有不同的特色（见表 3–7）。

表 3–7　视觉词课程特色

年级	学期	课程特色
二年级	上	学习 Sight Words：Pre-primer，利用 Sight Words 实现学生对句子以及简单语篇的认读，开设《攀登英语阅读系列：分级阅读第一级》故事欣赏课
	下	学习 Sight Words：Prime，利用 Sight Words 实现学生对句子以及简单语篇的认读，开设《攀登英语阅读系列：分级阅读第二级》故事欣赏课
三年级	上	学习 Sight Words：First Grade，开设《攀登英语阅读系列：分级阅读第三级》故事欣赏课，引导孩子启蒙阅读
	下	学习 Sight Words：Second Grade，开设《攀登英语阅读系列：分级阅读第三级》故事欣赏课，进行阅读
四年级	上	学习 Sight Words：Third Grade，开设《攀登英语阅读系列：分级阅读第四级》（前 5 本）阅读课
	下	学习《攀登英语阅读系列：分级阅读第四级》（后 5 本）绘本，进行阅读

Sight Words 课程列入英语学科二至四年级课程体系，写入教学行事历，有详细的教学计划与评价措施，确保课程有效实施。

（2）课程目标。

①总目标（见表 3–8）。

表 3–8　视觉词课程总目标

目标类别	总目标
理论目标	（1）让学生在学习英语 Sight Words 的过程中构建符合学生特点的认读心理图式。 （2）推广英语教育 Sight Words 教学的方法。 （3）提高小学低、中年段英语 Sight Words 教学的质量和效率，帮助学生英语阅读的启蒙
实践目标	（1）推广 Sight Words 的教学策略、教学方法和技巧。 （2）培养学生在小语境中对 Sight Words learning 的再认识。 （3）提升学生阅读启蒙的能力。 （4）提高教研组教师进行教学实验改革的能力
学生目标	（1）在本校形成系统的视觉词教学模式。 （2）开发相应的校本教材

②具体目标（见表 3–9）。

表 3–9　视觉词课程具体目标

年级	学期	具体目标
一年级		不具体学习视觉词，在奠基课程和拓展绘本阅读课中感知英语，知道单词、句子、篇章等要素
二年级	上	完成 Pre-primer 的 40 个视觉词的学习，了解其在小篇章中的音、形、意
	下	完成 Prime 的 52 个视觉词的学习，了解其在小篇章中的音、形、意
三年级	上	完成 First Grade 的 41 个视觉词的学习，了解其在小篇章中的音、形、意
	下	完成 Second Grade 的 46 个视觉词的学习，了解其在小篇章中的音、形、意
四年级	上	完成 Third Grade 的 41 个视觉词的学习，了解其在小篇章中的音、形、意
	下	继续在基础课程和拓展课程的篇章学习中加深所学视觉词的效果

（3）课程内容。

学校拟定用三年的时间，给学生打下扎实的视觉词基础。三年课程内容见表 3–10。

表 3–10　视觉词课程内容

年级	具体内容
Pre-Primer (40 words)	a and away big blue can come down find for funny go help here I in is it jump little look make me my not one play red run say (said) see the three to two up we where yellow you
Primer (52 words)	all am are at eat (ate) be black brown but come (came) did do eat four get good have he into like must new no now on our out please pretty run (ran) ride see (saw) say she so soon that there they this too under want is (was) well go (went) what white who will with yes
First Grade (41 words)	after again an any ask as by could every fly from give going had has her him his how just know let live may of old once open over put round some stop take thank them then think walk were when
Second Grade (46 words)	always around because been before best both buy call cold does don't fast first five found gave goes green its made many off or pull push read right sing sit sleep tell their these those upon us use very wash which why wish work would write you
Third Grade (41 words)	about better bring carry clean cut done draw drink eight fall far full got grow hold hot hurt if keep kind laugh light long much myself never only own pick seven shall show six small start ten today together try warm

注：由于沪教版牛津英语教材已经含有大量的 Sight words，学生学习与接受能力较好。此课程的实施时间无须太长，一般在 5 ~ 10 分钟。

（4）课程资源。

资源的选择具有“短小精悍、富于节奏、充满童趣、贴近教材而异于教材”四个特点，见表 3–11。

表 3–11　视觉词课程资源

年级	学期	课程资源
一年级	上	沪教版牛津英语 Book 1、校本拓展绘本《攀登英语：有趣的字母》
	下	沪教版牛津英语 Book 2、校本拓展绘本《攀登英语：有趣的字母》
二年级	上	沪教版牛津英语 Book 3、校本拓展教学资源视频 sight words kids：Pre-primer、校本拓展教材《攀登英语阅读系列：分级阅读第一级》
	下	沪教版牛津英语 Book 4、校本拓展教学资源视频 sight words kids：Primer、校本拓展教材《攀登英语：神奇字母组合》《攀登英语阅读系列：分级阅读第二级》

续上表

年级	学期	课程资源
三年级	上	沪教版牛津英语 Book 5、校本拓展教学资源视频 sight words kids：First Grade、校本拓展绘本《攀登英语：神奇字母组合》、《攀登英语阅读系列：分级阅读第二级》
	下	沪教版牛津英语 Book 6、校本拓展绘本《攀登英语：神奇字母组合》、校本拓展教学资源视频 sight words kids：Second Grade、《攀登英语阅读系列：分级阅读第三级》
四年级	上	沪教版牛津英语 Book 7、校本拓展绘本《攀登英语：神奇字母组合》、校本拓展教学资源视频 sight words kids：Third Grade、《攀登英语阅读系列：分级阅读第四级》
	下	沪教版牛津英语 Book 8、校本拓展绘本《攀登英语：神奇字母组合》、《攀登英语阅读系列：分级阅读第四级》

在资源的选择和使用方面，要注意一些原则：

①所用的资源尽可能使一个系列的，保证风格一致，学生在每天循环往复的学习中便于记忆和回顾。

②其他资源可以放置于课后或者周末，甚至在假期供学生云拓展练习。

（5）课程评价。

视觉词课程评价见表 3–12。

表 3–12　视觉词课程评价

年级	学期	评价方式
二年级	上	①看视觉词进行直接朗读。 ②朗读一个绘本故事
	下	①看视觉词进行直接朗读。 ②朗读一个绘本故事
三年级	上	①朗读一个字母组合的语音故事。 ②听视觉词选择视觉词
	下	①朗读一个字母组合的语音故事。 ②听视觉词选择视觉词
四年级	上	①朗读一个字母组合的语音故事。 ②听视觉词选择视觉词
	下	朗读一个字母组合的语音故事

3. Reading 英文阅读课程实施

2014 年以来，“全民阅读”第十年被写入政府工作报告。近年来的中考和高考对学生阅读能力的考查越来越重视，阅读题目的比重再次上升，尤其是对课外阅读的要求日趋提高。英语“新课标”对英语语言技能中的阅读部分列出了从小学到初中共三个级别的目标要求，具体见表 3–13。

表 3–13　阅读的目标要求

年级	目标	具体描述
三至四年级	一级	课外阅读量累计达到 1 500 ~ 2 000 词
五至六年级	二级	课外阅读量累计达到 4 000 ~ 5 000 词。 阅读有配图的简单章节书，理解大意，对所读内容进行简单的口头概括与描述（二级 +）
七年级	三级	阅读故事，整体理解主要内容，对所读内容进行简要的概述、描述与评价。 课外阅读量累计达到 4 万词以上
八年级		课外阅读量累计达到 10 万词以上
九年级		课外阅读量累计达到 15 万词以上。 理解语篇中显性或隐性的逻辑关系（三级 +）。 根据话语中的重复、解释、停顿等现象，理解话语的意义（三级 +）。 理解多模态语篇中非文字资源传达的意义（三级 +）

其中，三级目标的教学内容明确指出，教师应指导学生坚持开展课外阅读，注重培养和发展阅读素养；为学生提供课外阅读的环境、资源和方法，创设良好的课外阅读氛围，帮助学生在阅读中得到全方位的发展。一方面，注意选择并补充符合初中阶段学生认知发展要求和语言发展水平、题材丰富、体裁多样、国内正式出版的英语（分级）读物，或指导学生选择适合自身语言水平和兴趣爱好的阅读材料，制订课外读书计划或阅读任务清单，参照课程内容遴选阅读主题范围，确保内容积极向上。另一方面，督促学生每天保证一定的阅读时间，坚持精读与泛读、课内阅读与课外阅读相结合，将课外任务统整至课后作业中，并组织学生定期交流展示阅读成果。

新课标对课外阅读的要求对学生来说是一个巨大的挑战。现今小学英语阅读教学主要存在以下问题：

（1）师生较多集中于篇幅短的段落式文本阅读，较少引导学生阅读整本书，课外阅读量严重缺少。

（2）师生主要按照传统的机械练习式方法展开阅读教学，如看大意、找细节、做推理，忽视学生阅读策略和思维能力的培养。

（3）教师把阅读教学等同于阅读测试或语法词汇传授，把阅读看成目的，把读者作为信息的被动接受者，而不是把阅读作为过程，鼓励读者和语言材料进行互动与交流。

（4）目前学生的阅读材料多为缺少真实语境的材料，文本题材、结构等过于千篇一律，不容易激起学生阅读的兴趣，不能帮助学生形成有效的阅读习惯。

（5）“双减”背景下，学生减轻了过重的学业负担，要让学生进行广泛地阅读并形成习惯是首要选择。面对丰富的图书资源，在没有教师专业指导的情况下，家长难以寻找到与学生兴趣和能力相匹配的阅读材料，也因为时间和方法的欠缺，无法提供科学的阅读指导。

我校英语教研组在阅读教学上聚焦三门课程，即攀登分级阅读课程（精读课）、群文主题阅读课程（精读课）和整本书阅读课程（泛读课）。在这些课程的实施中，我们需要清晰以下的核心概念。

分级阅读（leveled reading）概念产生于对少年儿童生理和心理特征的科学分析。就是按照少年儿童不同年龄段的智力和心理发育程度为儿童提供科学的阅读计划，为不同孩子提供不同的读物，提供科学性和有针对性的阅读图书。分级阅读起源于发达国家，在中国香港、台湾地区发展了十几年。少年儿童在不同的成长时期，阅读性质和阅读能力是完全不同的。英文分级阅读，综合考虑了读者的英文水平、心智、兴趣爱好等要素，为不同的读者提供不同的英文读物，让读者的英文阅读能力有效提高。近年来，王蔷教授带领团队致力于研究国内英语阅读体系及其分级标准，在教学设计、研究方法、思维培养、教学方法上给一线教师提供了专业的指南，但是比较适用于课堂内的阅读教学。

群文阅读是群文阅读教学的简称，是近年来在我国悄然兴起的一种具有突破性的阅读教学实践，主要运用在语文学科。随着研究和实践工作的深入，群文阅读的定义不断修正完善，它是指师生围绕一个或多个议题，选择一组结构化文本，在单位时间中通过集体建构达成共识的多文本阅读教学过程。在实际教学中，教师由于没有时间和精力去研究和选择合适的素材，因而学校的阅读材料比较随意。

整本书阅读是相对于短小篇章阅读的完整书册阅读，需要整体规划、整体设计。根据学生语言能力、认知能力的不同，英语整本书阅读可以是 10 页以内、50 词左右的绘本阅读，也可以是上百页的 3 万词左右的英文文学名著阅读。整本书阅读不同于精读或略读，也不同于篇章阅读，它是一种深度阅读，要求以创新方式向学生传递丰富的核心学习内容，引导他们有效学习并能将其所学辅助应用，帮助学生养成良好的阅读习惯。

目前，国内英语课时的严重缩减直接增加了教师的教学难度。绝大部分教师反映阅读教学无法在有限的课时内完成，需要调整至课外。区别于英语为母语的国家，由于有系统的阅读分级体系、测评标准和充足的课时，学生自幼便开始阅读整本书。“整本书阅读”在我国起始于语文学科。在英语学科上，国内有关整本书阅读的研究较少。已有的研究集中在高中和初中，研究的内容零散，不成系统。2019 年，鲁子问教授基于多年的教学经验出版《英文名著整本书阅读的价值和方法》。他以初中英语阅读教学为例，结合核心素养时代，系统说明阅读教学需发展为阅读教育。可见，英语阅读和东亚地区语言阅读（如中文）的认知过程基本相似，英语阅读完全可以借鉴语文学科整本书阅读的理念，丰富学生的阅读体验。

● 攀登分级阅读课程实施

（1）课程特色。

攀登分级阅读课程是一门借助攀登英语阅读系列绘本进行阅读教学的课程。本课程是沪教版牛津英语的拓展与延伸。它围绕沪教版牛津英语教学主题进行拓展阅读教学，实现语言主题和语言知识的统整，达到互相融合，互相促进的作用。“攀登英语阅读系列”包括“关键阅读技能训练”和“分级阅读”两个部分。

“关键阅读技能训练”（见图 3–8）包括《有趣的字母》和《神奇字母组合》两辑，主要训练学生将英语字母或字母组合的形和音准确对应的拼读能力。

图 3–8　攀登英语关键阅读技能训练系列

“分级阅读”（见图 3–9）共包括 6 个级别的阅读资源，覆盖了国家英语课程标准要求掌握的主要词汇、句式和语法点，能满足不同地域、不同年龄、不同英语水平的孩子的英语阅读需求。

图 3–9　攀登英语分级阅读系列

（2）课程目标。

“攀登英文阅读系列”的学习有助于学校达到培养学生英语阅读能力的总目标，见表 3–14。

表 3–14 “攀登英文阅读系列”课程总目标

目标分类	总目标
知识目标	在 Phonics 语音学习的基础上结合“关键阅读技能训练”绘本，进一步强化对 Phonics 语音的掌握，扩大词汇量，掌握常用句子结构
技能目标	通过阅读训练，培养良好的语音语调，增强英语语感，实现流利朗读，读写结合，以读促写
策略目标	建构阅读策略与技巧，提高阅读效率
素养目标	借助阅读体验，激发儿童不断探索和挖掘故事背后的意义，从绘本阅读中感知爱、理解爱、分享爱，更能学会与他人、与自然和谐共处，树立健康向上的情感认知模式，体会真、善、美的情感熏陶，促进综合素质的提高

分年级目标，见表 3–15。

表 3–15 “攀登英文阅读系列”课程分级目标

年级	分级目标
一、二年级	着重进行关键能力训练，提高单词拼读能力，培养听说能力，能在图片的帮助下听懂、读懂简单的绘本故事，初步朗读故事
三、四年级	着重朗读能力的培养，强化语音语调，增强英语语感，实现流畅阅读，以读促说
五、六年级	着重自主阅读，读写结合，以读促写，以阅读能力的提高培养初步的写作能力

（3）课程内容。

学校在一至六年级开展攀登英语阅读课程，在一、二年级进行关键能力训练，重点培养听说能力；三、四年级主要培养朗读能力，强化朗读的语音语调；五、六年级读写结合，以读促写。具体内容见表 3–16。

表 3–16 “攀登英文阅读系列”课程内容

年级	课程内容
一年级	《有趣的字母》
二年级	《分级阅读第一级》《分级阅读第二级》
三年级	《神奇字母组合》《分级阅读第三级》
四年级	《分级阅读第四级》
五年级	《分级阅读第五级》
六年级	《分级阅读第六级》

（4）课程资源。

在小学六年时间完成“攀登英语阅读系列”绘本的学习，各学期具体学习内容及要求见表 3–17。

表 3–17 “攀登英语阅读系列”课程资源

年级	学期	课程内容
一年级	上	学习《有趣的字母》中的 5 本绘本：Bb、Kk、Dd、Hh、Nn，要求能在图片的帮助下，听懂、读懂绘本故事，能跟读故事，做到语音语调基本正确
	下	学习《有趣的字母》中的 16 本绘本：Gg、Jj、Ss、Rr、Pp. Ff、Mm、Tt、Vv、Xx、Cc、Qq、Ww、Ll、Zz、Yy，要求能在图片的帮助下，听懂、读懂绘本故事，能跟读故事，做到语音语调基本正确
二年级	上	学习《分级阅读第一级》的 10 个故事：“Nice to Meet You”“I Love My Sister”“Ten Cuttlefish”“Look at the Cloud”“I Have a Rainbow Car”“My Camel”“A Special Guest”“Guess! What Are These?”“Let’s Play Together”“Grandpa’s Umbrellas”。要求能在图片的帮助下，听懂、读懂绘本故事，能跟读故事，做到语音语调基本正确
	下	学习《分级阅读第二级》的 10 个故事：“My Friend”“Ken Has a Secret”“I Want Some Watermelons”“Sue Can’t Sleep”“Four Seasons”“I Am Going to the Sun”“Thanksgiving Card”“Dick and the Olympics”“A Wolf or a Sheep?”“Hurry up，Mary! ”。要求能在图片的帮助下，听懂、读懂绘本故事，能流利朗读或表演故事，做到语音语调正确
三年级	上	（1）学习《神奇字母组合》的 13 个故事：“Dragon and Drum”“Travel by Tree”“A Special Spider”“Wait! Wait! Wait!”“The Green Family Goes Out”“A Pea in the Sea”“Coats on Sale”“Yellow Pillow”“No Book，Just Cook”“Hello，Moon”“ Make a Call”“Party Shark”“A Long，Long Song”。 （2）学习《分级阅读第三级》的 5 个故事：“Feelings”“The Food Action”“Christmas Bread”“I Want to Move”“I Am Not a Pet”。要求能在图片的帮助下，听懂、读懂绘本故事，能流利朗读或表演故事，做到语音语调正确，进行初步的续写或改编故事
	下	（1）《神奇字母组合》的 13 个故事：“The Ostrich”“Tick-Tock Goes the Clock”“Sound in Lear’s Ear”“The Tiger and the Rooster”“Run After a Bird”“Whistle for Whale”“Horton’s Horn”“A Round House”“A Photo of Elephant Family”“Three Fish”“Two Thief”“Flowers for Mother”“Purple Purse”。 （2）学习《分级阅读第三级》的 5 个故事：“Crocodile’s Family Dentist”“Magic Tails. After the Sheep Family Moves in”“Coco’s Week on the Farm”“ Grandpa，Grandson and Donkey”。要求能在图片的帮助下，听懂、读懂绘本故事，能流利朗读或表演故事，做到语音语调正确，进行初步的续写或改编故事

续上表

年级	学期	课程内容
四年级	上	学习《分级阅读第四级》的 5 个故事："The Little Frog's Beautiful Jump""The Farmer and the Cucumbers""A 'Friend-Making Machine'""Daddy Robot""Travel to Green Land"。要求能做到自主阅读，能流利朗读或表演故事，做到语音语调正确，能就故事内容进行续写或改编，能制作相同主题的绘本
	下	学习《分级阅读第四级》的 5 个故事："A Triangular Egg and Yellow Milk""A Little Nail，a Big Deal""Why Snails Move So Slowly""The Day Without the Morning Call""Harry's Trouble"。要求能做到自主阅读，能流利朗读或表演故事，做到语音语调正确，能就故事内容进行续写或改编，能制作相同主题的绘本
五年级	上	学习《分级阅读第五级》的 6 个故事："The Wind""You Are the Swan in My Heart""It's Not Easy to be a Mother""The World Through the Eyes of Animals""There Should Be Some Rules""I'm Waiting for You"。要求能做到自主阅读，能流利朗读或表演故事，做到语音语调正确，能就故事内容进行续写或改编，能制作相同主题的绘本
	下	学习《分级阅读第五级》的 6 个故事："Happy Tips""The Biggest Hamburger and the Smallest Pizza""Behind the Windows""Body Language""The Easy Job May Not Really Be Easy""This Is My Father"。要求能做到自主阅读，能流利朗读或表演故事，做到语音语调正确，能就故事内容进行续写或改编，能制作相同主题的绘本
六年级	上	学习《分级阅读第六级》的 6 个故事："Billy the Bamboo's Dream""Two Janets""When Mr. Dodge Meets Miss Kate""Just One Cookie""Pili-pala Town""No Mummies"。要求能做到自主阅读，能流利朗读或表演故事，做到语音语调正确，能就故事内容进行续写或改编，能制作相同主题的绘本
	下	学习《分级阅读第六级》的 6 个故事："The Lychee Tree""Grace Wanted to Be a Princess""The Hands for Me""My Father's Secret""Happy New Year!""Animals Love to Play"。要求能做到自主阅读，能流利朗读或表演故事，做到语音语调正确，能就故事内容进行续写或改编，能制作相同主题的绘本

（5）课程评价。

阅读评价主要有以下几个方面：

①利用阅读记录开展评价。在阅读后，结合绘本配套的《我的阅读记录》开展评价，记录学生阅读的过程和成果。

②"最佳阅读者"评选。在图画书阅读完成后，进行班级、年级、校级的评选活动，设"最佳朗读者""故事大王""最佳表演者"等奖项。

③设置不同级别的评价，如小组阅读评价、班级阅读评价、家庭阅读评价等。在小组阅读评价方面，对阅读成果及合作成果进行评价，从关注小组内所有人的阅读表

现到关注小组合作阅读的成果；在班级阅读评价方面，对班级阅读环境、阅读成果进行评价，主要从班级阅读角、阅读墙等布置情况及班级开展阅读展示情况进行考量；在家庭阅读评价方面，从家庭阅读环境创设、开展的方式及过程和阅读成果等进行考量，评选“书香家庭”。

④各年级评价具体评价重点，见表 3–18。

表 3–18　一至六年级课程评价的重点

年级	课程评价
一、二年级	①朗诵或表演绘本故事。 ②给绘本故事配封面或制作海报
三、四年级	①朗诵或表演绘本故事。 ②续写或改编绘本故事
五、六年级	①朗诵或表演绘本故事。 ②续写或改编绘本故事。 ③创作绘本故事；进行书面的阅读能力检测

● 群文主题阅读课程实施

（1）课程特色。

群文主题阅读课程的作用如下：

①提供富有广度和多元的阅读内容：绝大多数日常教学用的阅读篇目仅限于教材以及练习册，且以故事对话和记叙文体为主，缺乏其他文体的补充。

②提供富有深度和系统的阅读素材：课外可供选择的阅读材料虽然丰富，但鱼龙混杂，且能与学生所学单元匹配的系统性阅读资源更是少之又少，同一主题下的阅读资源的缺乏，让学生很难对相关主题有深度理解。

③有效增强阅读与综合语用能力培养的关联性：教师往往将阅读策略与答题技巧等同起来，而非培养学生的思维、理解和创作能力。

④有效增强阅读素材与实际生活的连接：有些阅读材料与生活实际脱节，为虚构且乏味的文段，语言表达也缺乏地道性，因此很难让学生产生共鸣，也不利于模仿创作。

（2）课程目标。

①基于沪教版牛津英语的单元教学，给每个单元补充 3 ~ 5 篇文体多样的拓展阅读，形成系统性的单元群文阅读书目推荐单。

②根据沪教版牛津英语教材每个单元主题的内容和特点，筛选和寻找适合主题且体裁多元的 3 ~ 5 篇阅读，集合成系统性的群文阅读补充资源，并根据不同阅读材料选择相应的阅读练习，有针对性地培养学生相关阅读策略。

③通过此项目的实施，丰富学生的语言输入，提高和发展学生的综合语言运用能力和学科核心素养。

（3）课程内容。

基于沪教版牛津英语的模块主题进行群文的编订，文章编订的要求必须符合下列的几点：

①文章体裁多样，每个主题下的文章必须涵盖记叙文、说明文、议论文、应用文等。

②文章符合小学四、五、六年级的阅读篇幅长度，在 150 ~ 300 个词之间，学生大约在 10 分钟内完成一篇文章的阅读理解。

③文章的编订要做到内容多样，涵盖 fiction 和 non-fiction。同时，各种形式都包含，如文本、插图、表格等。

④文章的阅读理解题目形式要多样，问答题、判断题、选择题等都必须涵盖。

（4）课程资源。

学科教师自行编订。资源多来源于网络，如 www.liveworksheets.com；国内知名公众号资源如“小花生网”“美国小学的日常”等。

（5）课程评价。

本课程列入学科常规评价体系，方式如下：

①每个主题或模块评价一次。

②评价标准（见表 3–19）。

表 3–19　群文主题阅读课程评价

等级	标　　准
等级 A	阅读理解正确率 90% 或以上
等级 B	阅读理解正确率 80% 或以上
等级 C	阅读理解正确率 70% 或以上
等级 D	阅读理解正确率 60% 或以上
等级 E	阅读理解正确率 60% 以下

● 整本书阅读课程实施

（1）课程特色。

①寻找小学英语整本书课外主题阅读的实施策略。

基于沪教版牛津英语教材的模块主题，开发课外的整本书阅读微课程，形成一至六年级整本书阅读的实施策略，具体见表 3–20。

表 3–20　一至六年级整本书阅读实施策略

年级	阶段	实施内容	
		教师	学生
一、二、三年级	读前	导读课（微课）	导读纸
	读中	低年级整本书页面不多，无须进行读中推进课	—
	读后	分享课（微课）	读后单、任务视频
四、五、六年级	读前	导读课（微课）	导读纸
	读中	推进课（微课）	阅读日志、阅读打卡
	读后	分享课（微课）	读后单、任务视频

②整理小学英语整本书课外主题阅读的匹配书单。

基于沪教版牛津英语教材的模块主题，匹配课外整本书的阅读材料，形成一至六年级整本书阅读的推荐书单，具体见表 3–21。

表 3–21　整本书阅读课程推荐书单

年级	推荐书单
一年级	按照教学周进行，每周 1 本；每学期共 20 本，一个学年共 40 本
二年级	按照教学周进行，每周 1 本；每学期共 20 本，一个学年共 40 本
三年级	按照教学周进行，每周 1 本；每学期共 20 本，一个学年共 40 本
四年级	按照教学周进行，每周 1 本；每学期共 20 本，一个学年共 40 本
五年级	按照教学月进行，每月 2 本章节书；每学期 10 本，一个学年共 20 本
六年级	按照教学月进行，每月 2 本章节书；每学期 10 本，一个学年共 20 本

③制作小学英语整本书课外主题阅读的课程资源包。

基于深圳市英语教材的模块主题，开发课外的整本书阅读课程，形成一至六年级整本书阅读的资源包，具体见表 3–22。

表 3–22　整本书阅读课程资源包

年级	课例数量	课程资源包内容
一年级	40 本整本书阅读 / 学年	读前：导读纸、导读微课
		读后：读后单，读后学生分享视频
		总结：教师反思、学生和家长感受、阅读日志、各阶段数据

续上表

年级	课例数量	课程资源包内容
二年级	整本书阅读 40 本 / 学年	读前：导读纸、导读微课
		读后：读后单，读后学生分享视频
		总结：教师反思、学生和家长感受、阅读日志、各阶段数据
三年级	整本书阅读 40 本 / 学年	读前：导读纸、导读微课
		读后：读后单，读后学生分享视频
		总结：教师反思、学生和家长感受、阅读日志、各阶段数据
四年级	整本书阅读 40 本 / 学年	读前：导读纸、导读微课
		读中：推进任务单，推进微课
		读后：读后单，分享微课、学生分享视频
		总结：教师反思、学生和家长感受、阅读日志、各阶段数据
五年级	整本书阅读 20 本 / 学年	读前：导读纸、导读微课
		读中：推进任务单，推进微课
		读后：读后单，分享微课、学生分享视频
		总结：教师反思、学生和家长感受、阅读日志、各阶段数据
六年级	整本书阅读 20 本 / 学年	读前：导读纸、导读微课
		读中：推进任务单，推进微课
		读后：读后单，分享微课、学生分享视频
		总结：教师反思、学生和家长感受、阅读日志、各阶段数据

④尝试小学英语整本书课外主题阅读分级实施的方法。

完成了 6 个级别的阅读书目匹配，教师能有效针对班级不同学生的阅读能力和兴趣实行“因材施教”的推荐式阅读，即同一个班级的学生可以根据每一个学生具体情况选择适合自身水平的阅读书目，具体见表 3-23。

表 3–23　整本书阅读课程分级实施

年级	可选择阅读级别
一年级	零级、一级、二级
二年级	一级、二级、三级
三年级	二级、三级、四级
四年级	三级、四级、五级
五年级	四级、五级、六级
六年级	五级、六级，推荐更高级别书目

（2）课程目标。

①培养学生英语整本书阅读习惯。

学生基本能通过英语整本书阅读体系进行系统的课外自主阅读。从 2021 年 3 月至 2022 年 1 月的调研表中，学校接近 80% 的学生能保持每周阅读。有 66.73% 的学生能保持阅读和年级相匹配的读物（见表 3–24）。

表 3–24　小学英语整本书课外主题阅读微课程实施两年情况调研

名称	总人数	能保持每周阅读的人数	能保持和年级相匹配级别的人数	年级相匹配级别难度小，需要读更高级别的人数	年级相匹配级别难度大，需要读更低级别的人数
总数	1 943	1 548	1 033	141	362
占比	—	79.67%	66.73%	9.10%	23.39%

②系统实施各年级整本书课外主题阅读课程。

初步形成小学一至六年级校本整本书课外主题阅读课程的推荐书单以及匹配的资源集。为了有利于学生形成阅读习惯和获得良好的阅读体验，本课程在一个年级选择同一套出版社的读物，其读物风格相近、读物之间故事连接紧密，更利于激发学生阅读兴趣和帮助他们持续地阅读。而为了让学生能接触到更多世界优秀出版社的经典读物，本课程在不同年级选择不同出版社的读物。6 个年级的读物 *Oxford reading tree* 系列、*I can read* 系列、*Magic tree house* 系列和 *Who HQ* 系列皆经过我国相关部门审核，并经过课程开发组教师集备，确保学生阅读的材料来源规范。

③建构各年段整本书课外主题阅读课程实施模式。

初步探索出整本书阅读课程的实施模式：以“微课”来推进，以“阅读打卡”“阅读日志”来跟踪，以“阅读分享”来展示成果（见图 3–10、图 3–11）。

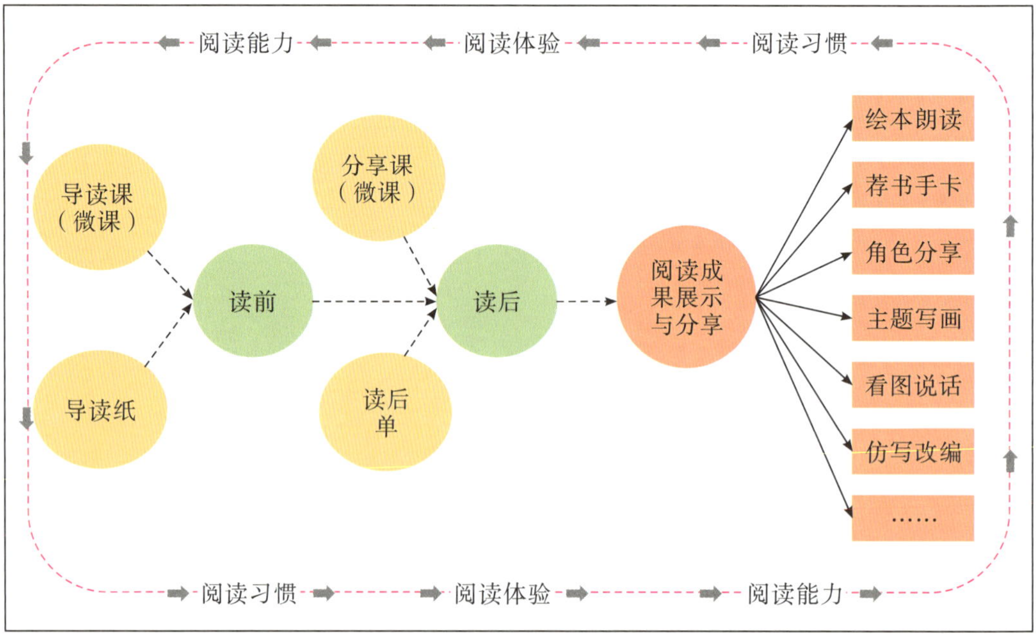

图 3-10　一至三年级阅读模型图

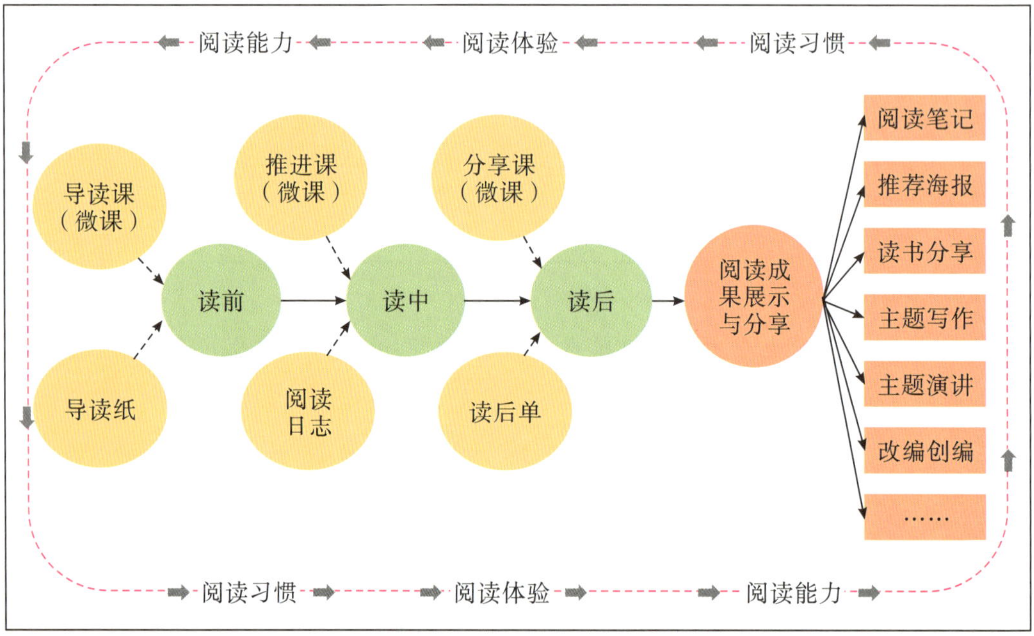

图 3-11　四至六年级阅读模型图

④辐射和带动区域内学校，服务更多学生。

能借助于校级交流、跨区域交流、区域研讨课、教研讲座等形式进行探讨，并形成一定的辐射作用，利用视频号、公众号分享免费资源，服务更多有需要的师生。

（3）课程内容。

①一年级课程内容（见表 3-25）。

表 3-25　一年级课程内容

周次	模块主题	序号	一年级（1A）
第 1 周	Module 1：Getting to know you	1	*Oxford reading tree Level 1: Look at Me*
第 2 周		2	*Oxford reading tree Level 1: Good Old Mum*
第 3 周		3	*Oxford reading tree Level 1: Go Away，Floppy*
第 4 周		4	*Oxford reading tree Level 1: What a Mess!*
第 5 周	Module 2：My family，my friends and me	5	*Oxford reading tree Level 1: Top Dog*
第 6 周		6	*Oxford reading tree Level 1: Presents for Dad*
第 7 周		7	*Oxford reading tree Level 1: Kipper's Dairy*
第 8 周		8	*Oxford reading tree Level 1: Who Did That?*
第 9 周		9	*Oxford reading tree Level 1: Fancy Dress*
第 10 周	Module 3：Places and activities	10	*Oxford reading tree Level 1: Hide and Seek*
第 11 周		11	*Oxford reading tree Level 1: Shopping*
第 12 周		12	*Oxford reading tree Level 1: The Pet Shop*
第 13 周		13	*Oxford reading tree Level 1: Reds and Blues*
第 14 周		14	*Oxford reading tree Level 1: Big Feet*
第 15 周	Module 4：The world around us	15	*Oxford reading tree Level 1: Goal!*
第 16 周		16	*Oxford reading tree Level 1: What Dogs Like*
第 17 周		17	*Oxford reading tree Level 1: The Journey*
第 18 周		18	*Oxford reading tree Level 1: Making Faces*
第 19 周		19	*Oxford reading tree Level 1: Look After Me*
第 20 周		20	*Oxford reading tree Level 1: Push!*
暑假	自主阅读 *Oxford reading tree Level* 1 其他书目 10 本，并完成阅读日志		
周次	模块主题	序号	一年级（1B）
第 1 周	Module 1：Using my five senses	1	*Oxford reading tree Level 1: The Headache*
第 2 周		2	*Oxford reading tree Level 1: Getting Up*
第 3 周		3	*Oxford reading tree Level 1: Look Out!*
第 4 周		4	*Oxford reading tree Level 1: I See*

续上表

周次	模块主题	序号	一年级（1B）
第 5 周	Module 2：My favourite things	5	*Oxford reading tree Level 1: The Swing Ball*
第 6 周		6	*Oxford reading tree Level 1: The Apple*
第 7 周		7	*Oxford reading tree Level 1: At School*
第 8 周		8	*Oxford reading tree Level 1: The Pancake*
第 9 周		9	*Oxford reading tree Level 1: Floppy Floppy*
第 10 周	Module 3：Things around us	10	*Oxford reading tree Level 1: A Good Trick*
第 11 周		11	*Oxford reading tree Level 1: Get Dad*
第 12 周		12	*Oxford reading tree Level 1: Six in a Bed*
第 13 周		13	*Oxford reading tree Level 1: Get On*
第 14 周		14	*Oxford reading tree Level 1: Is It?*
第 15 周		15	*Oxford reading tree Level 1: Floppy Did This*
第 16 周	Module 4：Things we enjoy	16	*Oxford reading tree Level 1: Fun At the Beach*
第 17 周		17	*Oxford reading tree Level 1: Up You Go*
第 18 周		18	*Oxford reading tree Level 1: The Street Fair*
第 19 周		19	*Oxford reading tree Level 1: Who Is It?*
第 20 周		20	*Oxford reading tree Level 1: At the Park*
寒假	自主阅读 *Oxford reading tree Level* 1 其他书目 7 本，并完成阅读日志		

②二年级课程内容（见表 3–26）。

表 3–26　二年级课程内容

周次	模块主题	序号	二年级（2A）
第 1 周	Module 1：Getting to know you	1	*Oxford reading tree Level 2: Floppy the Hero*
第 2 周		2	*Oxford reading tree Level 2: The Chase*
第 3 周		3	*Oxford reading tree Level 2: The Big Egg*
第 4 周		4	*Oxford reading tree Level 2: Poor Floppy*
第 5 周	Module 2：My family, my friends and me	5	*Oxford reading tree Level 2: Put It Back*
第 6 周		6	*Oxford reading tree Level 2: In a Bit*
第 7 周		7	*Oxford reading tree Level 2: A Present for Mum*
第 8 周		8	*Oxford reading tree Level 2: A Hole In the Sand*
第 9 周		9	*Oxford reading tree Level 2: Monkey Tricks*

续上表

周次	模块主题	序号	二年级（2A）
第 10 周	Module 3：Places and activities	10	*Oxford reading tree Level 2: Hey Presto!*
第 11 周		11	*Oxford reading tree Level 2: It's the Weather*
第 12 周		12	*Oxford reading tree Level 2: Naughty Children*
第 13 周		13	*Oxford reading tree Level 2: A Sinking Feeling*
第 14 周		14	*Oxford reading tree Level 2: Creepy-crawly!*
第 15 周	Module 4：The world around us	15	*Oxford reading tree Level 2: What Is It?*
第 16 周		16	*Oxford reading tree Level 2: The Lost Puppy*
第 17 周		17	*Oxford reading tree Level 2: New Trees*
第 18 周		18	*Oxford reading tree Level 2: Up and Down*
第 19 周		19	*Oxford reading tree Level 2: The Little Dragon*
第 20 周		20	*Oxford reading tree Level 2: The Band*
暑假	自主阅读 ABC reading APP -Raz A 中的 10 本，并完成阅读日志		
周次	模块主题	序号	二年级（2B）
第 1 周	Module 1：Using my five senses	1	*Usborne first reading: The Wish Fish*
第 2 周		2	*Oxford reading tree Level 2: The Toy's Party*
第 3 周		3	*Oxford reading tree Level 2: New Trainers*
第 4 周		4	*Oxford reading tree Level 2: A New Dog*
第 5 周	Module 2：My favourite things	5	*Usborne first reading: The Ant and the Grasshopper*
第 6 周		6	*Oxford reading tree Level 2: What a Bad Dog!*
第 7 周		7	*Oxford reading tree Level 2: The Go-kart*
第 8 周		8	*Oxford reading tree Level 2: The Dream*
第 9 周		9	*Oxford reading tree Level 2: Floppy's Bath*
第 10 周	Module 3：Things around us	10	*Oxford reading tree Level 2: The Baby-sitter*
第 11 周		11	*Oxford reading tree Level 2: The Water Fight*
第 12 周		12	*Oxford reading tree Level 2: Kipper's Balloon*
第 13 周		13	*Oxford reading tree Level 2: Spots!*
第 14 周		14	*Oxford reading tree Level 2: Kipper's Birthday*

续上表

周次	模块主题	序号	二年级（2B 级）
第 15 周	Module 4：Things we enjoy	15	*Oxford reading tree Level 2: Kipper's Laces*
第 16 周		16	*Oxford reading tree Level 2: The Wobbly Tooth*
第 17 周		17	*Oxford reading tree Level 2: The Foggy Day*
第 18 周		18	*Oxford reading tree Level 2: Biff's Aeroplane*
第 19 周		19	*Usborne First Reading: The Lion and the Mouse*
第 20 周		20	*Usborne First Reading: The Sun and the Wind*
寒假	自主阅读 ABC reading APP-Raz B 中的 10 本，并完成阅读日志		

③三年级课程内容（见表 3–27）。

表 3–27　三年级课程内容

周次	模块主题	序号	三年级（3A 级）
第 1 周	Module 1：Getting to know you	1	*Oxford reading tree 3-1: The Duck Race*
第 2 周		2	*Oxford reading tree 3-2: Sniff*
第 3 周		3	*Oxford reading tree 3-3: Pond Dipping*
第 4 周		4	*Oxford reading tree 3-4: The Ice Rink*
第 5 周		5	*Oxford reading tree 3-5: The Mud Bath*
第 6 周	Module 2：My family, my friends and me	6	*Oxford reading tree 3-6: The Steel Band*
第 7 周		7	*Oxford reading tree 3-7: On the Sand*
第 8 周		8	*Oxford reading tree 3-8: The Egg Hunt*
第 9 周		9	*Oxford reading tree 3-9: Nobody Wanted to Play*
第 10 周		10	*Oxford reading tree 3-10: A Cat in the tree*
第 11 周	Module 3：Places and activities	11	*Oxford reading tree 3-11: The Rope Swing*
第 12 周		12	*Oxford reading tree 3-12: By the Stream*
第 13 周		13	*Oxford reading tree 3-13: Kipper the Clown*
第 14 周		14	*Oxford reading tree 3-14: Strawberry Jam*
第 15 周		15	*Oxford reading tree 3-15: The Jumble Sale*

续上表

周次	模块主题	序号	三年级（3A 级）
第 16 周	Module 4：The world around us	16	*Oxford reading tree DD3-1: Floppy and the Puppets*
第 17 周		17	*Oxford reading tree DD3-2: Monkeys on the car*
第 18 周		18	*Oxford reading tree DD3-3: Dragons!*
第 19 周		19	*Oxford reading tree DD3-4: The Enormous Picture*
第 20 周		20	*Oxford reading tree DD3-5: Gran and the Go-karts* *Oxford reading tree DD3-6: Helicopter Rescue*（机动）
暑假	自主阅读 *Oxford reading tree* 系列 Stage 4 Story1-8，并完成阅读日志		
周次	模块主题	序号	三年级（3B 级）
第 1 周	Module 1：Using my five senses	1	*Oxford reading tree* 3-16*: At the seaside*
第 2 周		2	*Oxford reading tree* 3-17*: Kipper's Idea*
第 3 周		3	*Oxford reading tree* 3-18*: The Snowman*
第 4 周		4	*Oxford reading tree* 3-19*: The Barbecue*
第 5 周		5	*Oxford reading tree* 3-20*: The Carnival*
第 6 周	Module 2：My favourite things	6	*Oxford reading tree* 3-21*: At the Pool*
第 7 周		7	*Oxford reading tree* 3-22*: Bull's-eye!*
第 8 周		8	*Oxford reading tree* 3-23*: Book Week*
第 9 周		9	*Oxford reading tree* 3-24*: The Cold Day*
第 10 周		10	*Oxford reading tree* 3-25*: Midge in Hospital*
第 11 周	Module 3：My colourful life	11	*Oxford reading tree* 3-26*: Joe and the Bike*
第 12 周		12	*Oxford reading tree* 3-27*: Roy and the Budgie*
第 13 周		13	*Oxford reading tree* 3-28*: Midge and the Eggs*
第 14 周		14	*Oxford reading tree* 3-29*: Pip at the Zoo*
第 15 周		15	*Oxford reading tree* 3-30*: Pip and the Little Monkey*

续上表

周次	模块主题	序号	三年级（3B）
第 16 周	Module 4：Things we enjoy	16	*Oxford reading tree DD3-7: King of the Castle*
第 17 周		17	*Oxford reading tree DD3-8: Bug Hunt*
第 18 周		18	*Oxford reading tree DD3-9: Mister Haggis*
第 19 周		19	*Oxford reading tree DD3-10: Walk in the Sun*
第 20 周		20	*Oxford reading tree DD3-11: Green Sheets* *Oxford reading tree DD3-12: Road Burnner*（机动）
寒假	自主阅读 *Oxford reading tree* 系列 Stage 4 Story 9-16，并完成阅读日志		

④四年级课程内容（见表 3-28）。

表 3-28　四年级课程内容

周次	模块主题	序号	四年级（4A）
第 1 周	Module 1：Getting to know you	1	*I can read* 系列一级：*Follow Me, Mittens*
第 2 周		2	*I can read* 系列一级：*Pedro's Burro*
第 3 周		3	*I can read* 系列一级：*Scat, Cat!*
第 4 周		4	*I can read* 系列一级：*This is My Town*
第 5 周		5	*I can read* 系列一级：*What's That, Mittens?*
第 6 周	Module 2：My family，my friends and me	6	*I can read* 系列一级：*Happy Birthday, Danny and the Dinosaur!*
第 7 周		7	*I can read* 系列一级：*Fancy Nancy and the Boy from Paris*
第 8 周		8	*I can read* 系列一级：*Joe and Betsy the Dinosaur*
第 9 周		9	*I can read* 系列一级：*Danny and the Dinosaur*
第 10 周		10	*I can read* 系列一级：*Danny and the Dinosaur Go to Camp*
第 11 周	Module 3：Places and activities	11	*I can read* 系列一级：*Going to the Firehouse*
第 12 周		12	*I can read* 系列一级：*Fancy Nancy: The 100th Day of School*
第 13 周		13	*I can read* 系列一级：*A Green Green Garden*
第 14 周		14	*I can read* 系列一级：*Fancy Nancy at the Museum*
第 15 周		15	*I can read* 系列一级：*Fancy Nancy The Show Must Go On*

续上表

周次	模块主题	序号	四年级（4A）
第 16 周	Module 4：The World around us	16	*I can read* 系列一级：*The Dazzling Book Report*
第 17 周		17	*I can read* 系列一级：*Little Bear: Little Bear Goes To The Moon*
第 18 周		18	*I can read* 系列一级：*Fancy Nancy: Poison Ivy Expert*
第 19 周		19	*I can read* 系列一级：*Fancy Nancy Sees Stars*
第 20 周		20	*I can read* 系列一级：*Little Bear-What Will Little Bear Wear?*
暑假	自主阅读 *I can read* 系列一级的其他书目 10 本，并完成阅读日志		
周次	模块主题	序号	四年级（4B）
第 1 周	Module 1：Using my five senses	1	*I can read* 系列二级：*Arthur's Back to School Day*
第 2 周		2	*I can read* 系列二级：*The Know-Nothing Talk Turkey*
第 3 周		3	*I can read* 系列二级：*Arthur's Loose Tooth*
第 4 周		4	*I can read* 系列二级：*Best Friends for Frances*
第 5 周		5	*I can read* 系列二级：*The Octopus*
第 6 周	Module 2：My favourite things	6	*I can read* 系列二级：*A Bargain for Frances*
第 7 周		7	*I can read* 系列二级：*Arthur's Honey Bear*
第 8 周		8	*I can read* 系列二级：*Arthur's Christmas Cookies*
第 9 周		9	*I can read* 系列二级：*Zack's Alligator*
第 10 周		10	*I can read* 系列二级：*Last One In Is A Rotten Egg*
第 11 周	Module 3：My colourful life	11	*I can read* 系列二级：*I Am The Turkey*
第 12 周		12	*I can read* 系列二级：*Buzby*
第 13 周		13	*I can read* 系列二级：*Arthur's Camp-Out*
第 14 周		14	*I can read* 系列二级：*Arthur's Pen Pal*
第 15 周		15	*I can read* 系列二级：*Calling Doctor Amelia Bedelia*

续上表

周次	模块主题	序号	四年级（4B）
第 16 周	Module 4：Things we enjoy	16	*I can read* 系列二级：*Arthur's Birthday Party*
第 17 周		17	*I can read* 系列二级：*Arthur's Funny Money*
第 18 周		18	*I can read* 系列二级：*Arthur's Great Big Valentine*
第 19 周		19	*I can read* 系列二级：*Big Max and the Mystery of the Missing Giraffe*
第 20 周		20	*I can read* 系列二级：*Zack's Alligator Goes to School*
寒假	自主阅读 *I can read* 系列二级的其他书目 10 本，并完成阅读日志		

⑤五年级课程内容（见表 3–29）。

表 3–29　五年级课程内容

周次	模块主题	序号	五年级（5A）
第 1 周	Module 1：Getting to know each other	1	*Magic tree house* 系列 1：*Dinosaurs Before Dark*
第 2 周			
第 3 周		2	*Magic tree house* 系列 2：*The Knight at Dawn*
第 4 周			
第 5 周			
第 6 周	Module 2：Relationships	3	*Magic tree house* 系列 3：*Mummies in the Morning*
第 7 周		4	*Magic tree house* 系列 4：*Pirates Past Noon*
第 8 周			
第 9 周		5	*Magic tree house* 系列 5：*Night of the Ninjas*
第 10 周			
第 11 周	Module3：Out and about	6	*Magic tree house* 系列 6：*Afternoon on the Amazon*
第 12 周			
第 13 周		7	*Magic tree house* 系列 7：*Sunset of the Sabretooth*
第 14 周			
第 15 周		8	*Magic tree house* 系列 8：*Midnight on the Moon*

续上表

周次	模块主题	序号	五年级（5A）
第 16 周	Module 4：The natural world	9	*Magic tree house* 系列 9：*Dolphins at Daybreak*
第 17 周			
第 18 周			
第 19 周		10	*Magic tree house* 系列 10：*Ghost Town at Sundown*
第 20 周			
暑假	自主阅读 *Magic tree house* 系列其他 5 本书，并完成阅读日志		
周次	模块主题	序号	五年级（5B）
第 1 周	Module 1：Changes and differences	1	*Magic tree house* 系列 1：*Lions at Lunchtime*
第 2 周			
第 3 周		2	*Magic tree house* 系列 2：*Polar Bears Past Bedtime*
第 4 周			
第 5 周			
第 6 周	Module 2：Work and play	3	*Magic tree house* 系列 3：*Vacation Under the Volcano*
第 7 周		4	*Magic tree house* 系列 4：*Day of the Dragon King*
第 8 周			
第 9 周		5	*Magic tree house* 系列 5：*Viking Ships at Sunrise*
第 10 周			
第 11 周	Module 3：Things we do	6	*Magic tree house* 系列 6：*Hour of the Olympics*
第 12 周			
第 13 周		7	*Magic tree house* 系列 7：*Tonight on the Titanic*
第 14 周			
第 15 周		8	*Magic tree house* 系列 8：*Buffalo Before Breakfast*
第 16 周	Module 4：Things we enjoy	9	*Magic tree house* 系列 9：*Tigers at Twilight*
第 17 周			
第 18 周			
第 19 周		10	*Magic tree house* 系列 10：*Dingoes at Dinnertime*
第 20 周			
寒假	自主阅读 *Magic tree house* 系列其他 5 本书，并完成阅读日志		

⑥六年级课程内容（见表 3–30）。

表 3–30　六年级课程内容

周次	模块主题	序号	六年级（6A）
第 1 周	Module 1：Getting to knowing each other	1	*Who HQ* 系列 1：*Who Is J.K Rowling?*
第 2 周			
第 3 周			
第 4 周	Module 2：Relationships	2	*Who HQ* 系列 2：*Who Is Bill Gates?*
第 5 周			
第 6 周			
第 7 周		3	*Who HQ* 系列 3：*Who Was Steve Jobs?*
第 8 周			
第 9 周			
第 10 周	Module 3：Out and about	4	*Who HQ* 系列 4：*Where Is the Eiffel Tower?*
第 11 周			
第 12 周			
第 13 周		5	*Who HQ* 系列 5：*Where Is the White House?*
第 14 周			
第 15 周			
第 16 周	Module 4：The natural world	6	*Who HQ* 系列 6：*What Was the Ice Age?*
第 17 周			
第 18 周			
第 19 周	自主阅读 *Who HQ* 系列人物传记 *Who Was* 系列或 *Where Is* 系列其余 3 本，并完成阅读日志		
第 20 周			
暑假			
周次	模块主题	序号	六年级（6B）
第 1 周	Module 1：Changes and differences	1	*Who HQ* 系列 1：*Who Was King Tut?*
第 2 周			
第 3 周			

续上表

周次	模块主题	序号	六年级（6B）
第 4 周	Module 2：Work and play	2	*Who HQ* 系列 2：*Who Was Leonardo da Vinci?*
第 5 周			
第 6 周			
第 7 周		3	*Who HQ* 系列 3：*What Is the World Cup?*
第 8 周			
第 9 周			
第 10 周	Module 3：Things we do	4	*Who HQ* 系列 4：*Where Are the Great Pyramids?*
第 11 周			
第 12 周			
第 13 周		5	*Who HQ* 系列 5：*Who Were The Brothers Grimm?*
第 14 周			
第 15 周			
第 16 周	Module 4：The natural world	6	*Who HQ* 系列 6：*What Was the Boston Tea Party?*
第 17 周			
第 18 周			
第 19 周	自主阅读 *Who HQ* 系列人物传记 *Who Was* 系列或 *Where Is* 系列其余 3 本，并完成阅读日志		
第 20 周			
寒假			

（4）课程资源。

Oxford reading tree 系列、*I can read* 系列、*Magic tree house* 系列和 *Who HQ* 系列等。

（5）课程评价。

利用学生的阅读日志完成过程性评价，利用读后展演、推荐书视频等进行总体评价。

4．PSR 特色建设保障

（1）列入学校课程体系，写入学校课程表，每月常规检查要查看 phonics、sight words 和 reading 的相关教育教学或阅读推进情况表。

（2）英语学科 PSR 课程体系受到学校的高度重视和支持，受到深圳市宝安区教科院和第二学区教研中心的肯定与赞赏，每个学期皆为科组老师搭建平台，分享教育教学的经验以及进行优秀课例和讲座的展示。

（3）“Phonics 语音教学在一至三年级的有效实施”和“小学英语攀登阅读课程”被评为 2015 年“深圳市中小学好课程遴选”并委托开发，获得足够的资金支持，保障 PSR 课程的实施；“Phonics 语音教学在一至三年级的有效实施”“Sight words 在小学二至四年级的实施与运用”“跟踪推进式小学英语整本书阅读课程的建设与实施”“主题式群文阅读课程在小学四至六年级的实施”成功立项区级课题，并有相关的课题研究经费，保障相关课程的实施。

（4）学生家长自主购买相应的阅读材料，并每天与孩子进行自主持续默读活动，在课后给予了极大的支持。

5．PSR 课程建设总体成效

（1）学生层面。

三年学习后，95% 以上的学生能够“见词就读，听音能写”；95% 以上的学生能够自由阅读学校校本阅读读物三级以内的绘本；30% 的学生能够自由阅读学校校本阅读读物三级以上的绘本。

六年学习后，78%的学生能够自主阅读蓝思值为 350 L 至 850 L 之间的原版章回体小说；90%的学生能够自主阅读蓝思值为 200 L 至 550 L 之间的原版小说故事；98%的学生能够自主阅读六级故事。

（2）教学层面。

形成系统的短课 Phonics、Sight Words 以及阅读课教学模式，有效帮助学生打下扎实稳固的语音基础，为英语原著阅读打下基础。

（3）课程层面。

相关课程形成三年课程体系的资源包以及校本教材，尤其是“Phonics 语音教学在一至三年级的有效实施”和“小学英语攀登阅读课程”荣获深圳市“好课程”并委托开发。PSR 教学形成富有特色的课程模式，辐射影响一定区域，带动一批有相同计划的学校与教师，服务社区。

（4）区域层面。

在长期坚持 PSR 的教学中，团队教师很好地对教学经验进行了及时的梳理、总结与分享，并阶级结集出版了两本专著，分别是《Phonics 和 Sight Words 可以这样教》和《教具、学具可以这样“做”和“用”》，受到区域内教师的一致好评。

第四章

英语课堂结构的建设与实施

英语学科课程体系的落地最根本取决于教师对课程的执行力，即落实到课堂的能力。作者所在的学校反复探索如何让教师更科学地落实课程，让课堂依照美好的愿景去建构，其间有两大举措颇为有效，即学科教学宣言、学科学习地图（见图 4–1）。

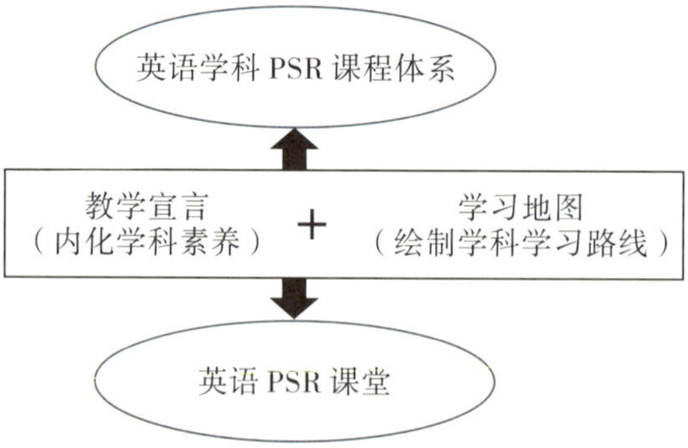

图 4–1　学科课程落实到课堂的路径图

一、英语学科教学宣言

（一）教学宣言的制定背景

教育的根本任务就是“立德树人”，就是以培养有理想、有本领、有担当的时代新人作为出发点和落脚点。为了寻求学科教育的终极价值，就要确立并坚守学科教育信念，这是关乎学科建设根本方向的头等大事。经过学科组全体成员反复研讨、锤炼，把体现着教育理解、价值追求的学科共识，用简明的语言形式表述出来，就是“学科宣言”。学科宣言宣示着教育理解，更宣示了教育信念，是学科建设走向教育自觉的标志；学科宣言选择了建设方向，选择了教育价值、专业品位，是学科高质量建设的前提。

学科宣言是教师专业信念的重要组成部分和集中体现，它高度概括了一个学科的功能定位、专业价值观、教学方式、育人目标以及这个学科的教师专业发展追求、发展方向和策略等，是一个学科的集体行动纲领，是教师专业发展的原动力。在学科宣言的建立过程中，学科组成员都必须深化对学科课程意义的认识，对学科的发展方向具备明晰且较为正确的定位。简而言之，学科宣言是学科核心素养的校本化表达，是学科育人目标的凝练，是学科教学的始发地。在确立学科宣言前，要系统研读党的教育方针、教育部下发的各类文件，如《教育部关于全面深化课程改革落实立德树人根本任务的意见》；以教育方针政策为指导，结合本校的培养目标，培养具有“勇、智、善、美”特质的新时代有为少年；以国家课程、国家课程标准为核心做全面、简洁而富有个性的表达。

学生发展核心素养主要是指学生应具备的能够适应终身发展和社会发展需要的必备品格和关键能力。中国学生发展核心素养的三个方面以科学性、时代性和民族性为基本准绳，以培养“全面发展的人”为核心，分为文化基础、自主发展、社会参与三个方面。其包含六大素养：人文底蕴、科学精神、学会学习、健康生活、责任担当、实践创新。六大核心素养包含 18 个基本要点：人文积淀、人文情怀、审美情趣、理性思维、批判质疑、勇于探究、乐学善学、勤于反思、信息意识、珍爱生命、健全人格、自我管理、社会责任、国家认同、国际理解、劳动意识、问题解决、技术运用。

基于中国学生发展核心素养，新课标对核心素养内涵进行了明确的界定，核心素养是课程育人价值的集中体现，是学生通过课程学习逐步形成的个人终身发展和社会发展需要的正确价值观、必备品格和关键能力，包括语言能力、文化意识、思维品质、学习能力四个方面，它们相互渗透，融合互动，协同发展。

英语教研组成员从 2016 年开始集中讨论学科宣言，从第一稿“培养语言交际能力、启迪跨文化思维、拓宽国际视野”中可以看出关注语言的工具性、注重发展语言运用能力和人际交往能力、培养跨文化意识；第二稿修改为“语音优美、交流自信、视野广博、文化奠基”，相比起来，第一稿表述全面、定位较高，放之全国皆可用，但显得太大太空，无法体现学校的英语教学常规特色，而第二稿更具体、更明确，能很好地体现英语课程建设及课堂教学理念，更具有可操作性。从学生本位出发，在学校六年的英语学习后，应具备扎实的语言交际能力，具有广博的国际视野和具有适当的跨文化意识。但从核心素养内涵出发，第二稿缺乏对思维品质的关注。由此产生了第三稿：说出一口自然而流利的英语、展现一种自信而大方的仪态、拥有一个广博而多元的视角、秉承一种尊重而包容的精神。为了弥补第三稿缺乏“学习能力”的具体要求，最后把英语学科教学宣言确定为“多元体验”“思辨学习”“自信表达”，三者互相促进、相辅相成，最后指向核心素养的培养目标。

（二）学科宣言的具体解读

1. 多元体验

英语作为一门外语，在学习过程中缺乏真实的语境，难以实现语言的自然习得，因此要创造真实语境、以任务推动实现多元体验。这一教学宣言对应“文化意识”核心素养。文化意识指对中外文化的理解和对优秀文化的认同，是学生在新时代表现出

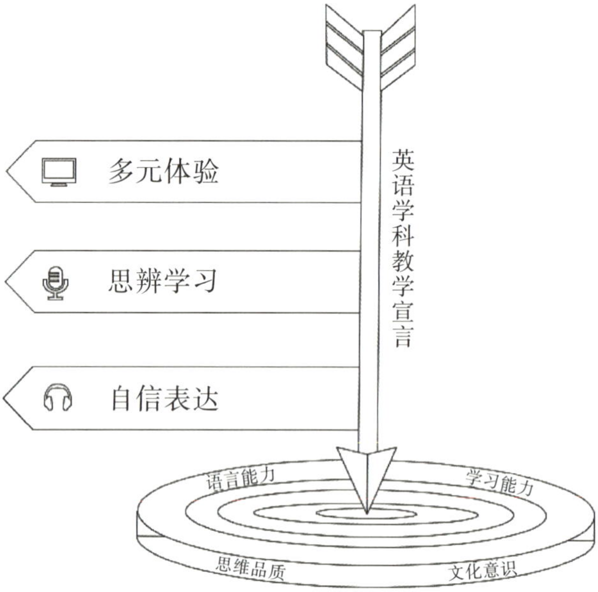

图 4–2 英语学科教学宣言

的跨文化认知、态度和行为选择。对中外文化的理解和对优秀文化的认同，是学生在全球化背景下表现出的知识素质、人文修养和行为取向。通过本课程的学习，学生能获得文化知识，理解文化内涵，比较文化异同，吸收文化精华，形成正确的价值观念和道德情感，自信、自尊、自强，具备一定的跨文化沟通和传播中华优秀文化的能力。在多元体验中，做到尊重差异、接受差异，从而实现文化自信、文化传播，这是从文化上去关注语言的学习。在教学中主要通过以下手段实现。

（1）英语课堂教学的方式讲求多元，孩子们可以从“听”“说”“读”“写”“演”中学习语言。

（2）教学资源凸显中西文化差异，、使学生学会尊重差异、接纳差异、包容差异。

（3）外教文化课带领学生认识外国生活习惯、节日习俗及由来，体验外国学习方式、学习活动等。另外，开展多姿多彩的中西方节日庆祝活动，以及相关专题活动。

（4）每年 12 月为中西文化节，以主题活动为载体，在丰富多彩的学习体验中培养兴趣、感受文化、体验快乐。中西文化节根据学年的特点组织不同的活动，如中西美食节、英语趣味游园、英语演讲比赛、英语课本剧比赛、英语拼词大赛、中西合璧过新年和舞台课程节目会演等。

2. 思辨学习

这一教学宣言对应“学习能力”“思维品质”核心素养，主要包括元认知策略、认知策略、交际策略和情感策略；聚焦思考和分析的能力，包括英语学习的分析、推理、判断、理性表达和多元思维。

（1）学习能力。

学习能力指积极运用和主动调适英语学习策略、拓展英语学习渠道、努力提升英语学习效率的意识和能力。也就是说，通过本课程的学习，学生保持对英语学习的兴趣，具有明确的目标意识，能够多渠道获取学习资源，有效规划学习时间和学习任务，选择恰当的策略与方法，监控、反思、调整和评价自己的学习，在教学中主要通过以下手段实现。

①英语课堂教学要加强单元教学的整体性，围绕单元主题，充分挖掘育人价值。在教学中坚持单元整体教学设计，要引导学生在学习过程中逐步建构对单元主题的认知，发展能力，形成素养。简单地说，就是通过整体的输入、完整的情境、大量的语言滚动复现，不断搭建框架让学生有机会、有能力实现有意义输出。

②在课堂教学中，倡导“1+n”发言次数，努力做到每节课每位学生都有1次的发言次数，n指的是两人、四人小组、大组等不同形式的对话和发言次数。

③注重小组合作学习方式，通过明确任务、小组分工合作、小组展示等过程实现生生之间的有意义的交流。

④在课堂之外，重视搭建学生展示的平台，在单元学习后会有课本剧表演，期末专项测评也有“演”的项目，通过学习故事、改编故事、小组合作排练、准备服装道具等过程，学生充分展示自我，进一步树立了英语学习的自信心。

⑤舞台课程更是为学生搭建才艺展示的舞台，英语舞台课程节目涵盖语音歌曲、拓展歌曲、故事朗诵、课本剧表演等，是全面展示学生英语课堂所学的最好体现。

⑥英语选修课小班化教学，学生与外教近距离对话，为有趣的电影配音，获得了多样的交流、表达机会。

（2）思维品质。

思维品质指人的思维个性特征，反映学生在理解、分析、比较、推断、批判、评价、创造等方面的层次和水平。思维品质的提升，有助于培养学生发现问题、分析问题和解决问题的能力。人的思维个性特征，反映其在思维的逻辑性、批判性、创新性等方面所表现的水平和特点。通过本课程的学习，学生能辨析语言和文化中的各种现象；分类、概括信息，建构新概念；分析、推断信息的逻辑关系；正确评判各种思想观点，理性表达自己的观点，具备初步用英语进行多元思维的能力。视角的多元源于思维的多元，思维的多元源于教学方法的多元，这是从教法上去聚焦。在教学中主要通过以下手段实现。

①丰富课程资源，拓展多样的学习渠道。提供贴近学生、贴近生活、贴近时代的英语学习资源，同时创造性地开发和利用生活中的英语学习资源。

②阅读是最好、最直接且最有效的学习途径。在课内精读方面，我们使用攀登英语系列阅读材料开展阅读教学；在课外阅读方面，我们使用英语原版读物开展整本书阅读。

③特别注重英语学科与其他学科的融合，由于课程的特殊性，英语课程教学内容涵盖生活的方方面面，有关于自然、运动、节日等各种主题，如何把学习英语知识转变为用英语学习其他知识是我们一直努力的方向。

3．自信表达

这一教学宣言对应“语言能力”核心素养。语言能力指运用语言和非语言知识以及各种策略，参与特定情境下相关主题的语言活动时表现出来的语言理解和表达能力。也就是说，在社会情境中借助语言，以“听”“说”“读”“看”“写”等方式理解和表达意义的能力。通过课程的学习，学生能进一步发展语言意识和英语语感；掌握英语语言知识并在语境中整合性运用所学知识；理解口头、笔头语篇所传递的意义，识别并赏析其恰当表达意义的手段；有效使用口、笔传递意义和进行适切的人际交流。因此，就要从语言意识、语感意识、综合语言能力这三点去关注课堂学习。要培养学习能力，就应具有标准的语音、语调和良好的语感，在教学中主要通过以下手段实现。

（1）在课堂教学中，坚持纯正、地道的输入，鼓励学生模仿，设计听、读、录音等学习活动，在模仿中实现语音、语调与语感的习得和提升。

（2）在学科评价中，布置录音作业，做到及时评价及反馈，播放优秀录音作品进行展示；每学期期末进行全校统一的口语评价，分成听、说、读、演四个项目进行一对一的综合检测与评价。

（3）在课程设置中，以区级课题“Phonics 语音教学在一至三年级的有效实施”为我校语音教学的实施蓝本，以研促教，遵循 Phonics 自然拼读的认知原则，帮助学生逐步形成“见词能读、听音能写”的能力。以自然拼读学习，帮助学生养成音素意识，学会切分、组合音素，了解拼读规律，了解英语语音中的连读、节奏、停顿、语调等规则，为阅读启蒙做好准备。

学科宣言集中讨论、提出的过程就是学科组教师深入探究学科育人价值、学科教学理念、学科课程有效实施的过程，也是一次从文献研读、提出宣言、解读内涵、实践验证的完整的校本教研过程。学科组教师全员、全程参与到学科宣言的讨论和提出中，充分发挥其作为教学主导地位的作用，深刻理解学科宣言内涵及实施途径，做到“带着理念进课堂”，实现从教书匠到研究型教师的教师角色的转变。

二、英语学科学习地图

（一）制作学习地图的意义

学习地图指的是将各阶段教材、课程标准、考试大纲以及涉及的相关知识统一整合而成的资源库。学习地图是学科课程实施中的“导航系统”，它可以清晰地显示出各学科、学段、知识点、能力要素点、问题点之间的联系。学习地图，为教师的教和学生的学提供精准的导航服务和内容支撑。

1．学习地图有利于实现课程标准与课程实施的一致性

学习地图是经过前期大量文件的研究、分析，结合学校的办学理念、学生的学情，在提出学科宣言后，为了实现学生核心素养的培养而进行的学习路径的全景描绘。

2．学习地图有利于全景把握教学内容

在现实中，由于教师任教年级的安排问题，很多教师长期担任某一年级或某个学段的教学，甚少能从一至六年级完成大循环教学，这就导致了教师对于整个小学阶段教学内容的认识上的缺失，容易造成“一叶障目，不见泰山”的后果。往往在教学中，只关注本册教材内容，无法厘清“从哪里来”“到哪里去”这两个问题，也不能很好地把握学生在某一特定主题下的已有知识储备，更没办法帮助学生明确就此主题在后续学习所需要达到的程度，而使教学被教材所束缚，只局限于一册教材中。学习地图的绘制为科组教师精准把握教学内容在六年英语学习中的具体位置，同时根据学生应知、已知、未知进行教材分析、学情分析，有效制定教学目标，引领教学活动设计，指导教学评价，使国家课程更精准、更适切地落地。

3．学习地图有利于促进学生核心素养的培养

学习地图特别关注同一培养目标的循序渐进，使核心素养的培养体现层次性、递进性、延续性。如在学段目标中，关于“表达与交流”语言能力学段目标中，一级目标的描述为“能围绕相关主题，运用所学语言，进行简单的交流，介绍自己和身边熟悉的人或事物，表达情感和喜好等，语言达意”；二级目标的描述为“能围绕相关主题，运用所学语言，与他人进行简单的交流，表演小故事或短句，语音、语调基本正确”。

（二）学习地图的制作思路

1. 构建学习地图的整体框架

构建学习地图的整体框架，如图 4–3 所示。

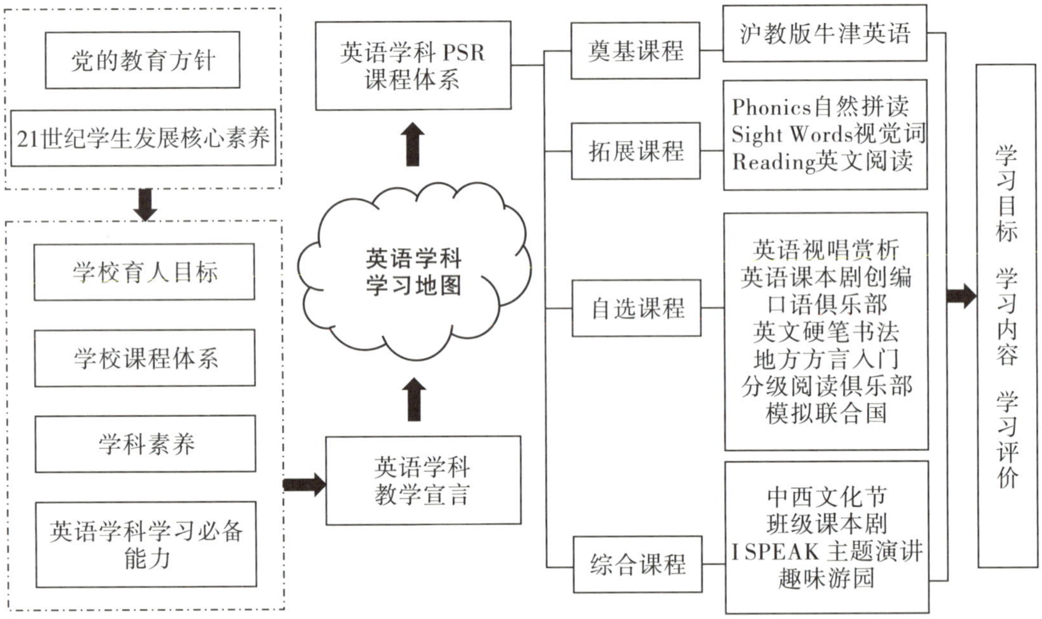

图 4–3　英语学科学习地图（局部）

如图 4–3 所示，英语学科学习地图落实立德树人根本任务，使教学的目标更明确，办学方向更聚焦。21 世纪核心素养“5C”模型”是对 21 世纪学生的综合素质要求，包括文化理解与传承（Culture Competency）、审辩思维（Critical Thinking）、创新（Creativity）、沟通（Communication）、合作（Collaboration），这些素养简称“5C”素养。

基于党的教育方针和 21 世纪学生发展核心素养的本土化解读，学校制定了育人目标，即学校致力于打造“有为教育”，培养“有为少年”。有为少年具有勇为、智为、善为和美为四大品质。“勇为”的孩子有体魄、有担当；“智为”的孩子有智慧、有创新；“善为”的孩子有善心、有善行；“美为”的孩子有情趣、有才艺。制定本校课程目标，建构核心素养导向课程体系，是国家课程校本化实施的有效途径。

新课标提出要发挥核心素养的统领作用，英语课程要培养学生的核心素养包括语言能力、文化意识、思维品质和学习能力。2016 年《中国中小学生英语分级阅读标准（实验稿）》提出了中国中小学生英语阅读素养发展目标理论框架，该框架为中小学生英语阅读素养发展的培养提供了目标指引。而英语学科学习必备能力包括：①能对英语学习有持续的兴趣和爱好；②能用英语互致问候、交换所需信息；③能根据相关主题进行对话、表演、歌谣创编；④能在视、听觉媒体的帮助下听懂、读懂、讲述、创作相关主题的内容；⑤能形成简单而适切的学习方法与学习策略，进行初步的自主阅读和自主学习；⑥能在学习中乐于参与、积极合作、主动请教；⑦能了解异国文化和习俗，接受差异、尊重差异，弘扬祖国文化习俗。

结合作者所在学校英语学科教学宣言“多元体验、思辨学习、自信表达”，把学习地图根据课程功能划分为奠基课程、拓展课程、自选课程、综合课程四个范畴。

2．细化学习地图的分层实施

在实施中，我们从“课程标准”的总目标出发，按“年级—分册—模块—单元—单课”的顺序分别进行内容整合及描述。以奠基课程为例，以学年教学目标为导向，

图 4-4　奠基课程一年级学习地图（局部）

分册进行“教学行事历”的设计，确定时间、周次、话题、单元学习内容、备课教师及备注事项，如图 4–4 所示。以“教学行事历”的方式对整个学期的教学内容进行了全景规划，对于学期教学计划的落实起到了促进及监督作用（见表 4–1）。

表 4–1　一年级（上）英语教学行事历（2018—2019 学年度）

日期	周次	话题	学习内容	备课教师	备注事项
2018 年 9 月 2 日—8 日	1	1. Greeting and self-introduction	Unit 1 Hello! Hi!	教师 A	上课，9 月 1 日开学
9 月 9 日—15 日	2				上课
9 月 19 日—22 日	3		Unit 3 My face		上课
9 月 23 日—29 日	4	2. My abilities	Unit 4 I can sing		上课，中秋节放假 1 天
9 月 30 日—10 月 6 日	5				上课，国庆节放假 3 天
10 月 7 日—13 日	6	3. My classmates	Unit 2 My classmates		上课
10 月 14 日—20 日	7	模块评价			上课
10 月 21 日—27 日	8	4. My family and friends	Unit 5 My family	教师 B	上课
10 月 28 日—11 月 3 日	9		Unit 6 My friends		上课
11 月 4 日—10 日	10	期中评价			上课
11 月 11 日—17 日	11	5. My class	Unit 7 Let’s count	教师 C	上课
11 月 18 日—24 日	12	6. Food	Unit 8 Apples, please		上课
11 月 2 日—12 月 1 日	13		Unit 9 May I have a pie?		上课
12 月 2 日—8 日	14	模块评价			上课
12 月 9 日—15 日	15	7. Animals	Unit 10 On the farm		上课
12 月 16 日—22 日	16		Unit 11 In the zoo		上课

续上表

日期	周次	话题	学习内容	备课教师	备注事项
12 月 23 日—29 日	17	8. Colors	Unit 12 In the park	教师 C	上课
12 月 30 日—2019 年 1 月 5 日	18	模块评价			上课，元旦放假 1 天
1 月 6 日—1 月 12 日	19	期末复习			上课
1 月 13 日—19 日	20	期末评价			上课

注：（1）提前两周把负责备课单元根据备课组集体意见上传到科组群，包括：课件、教案、音频、视频、图片、头饰、评价等资源。

（2）课前 10 分钟是语音学习，内容包括 21 个辅音字母名、字母音、关联词。

（3）教案撰写请详细按《小学英语科组单元整体教学设计》。

3．贴合学生素养的螺旋上升

学校拓展课程为“PSR 课程”，分别是 Phonics（自然拼读）课程、Sight words（视觉词）课程、Reading（阅读）课程。拓展课程以课程总目标、分级目标、学生用书、教师用书的分级目录呈现，通过与奠基课程融合教学的方式帮助学生实现从培养音素意识，到“见词能读、听音能写”的自然拼读课程目标；以通过视频、歌谣等方式进行 220 个视觉词的学习，逐步实现自主阅读启蒙的视觉词课程目标；最后以一至六级的分级阅读逐步培养学生的阅读素养，从阅读能力、阅读品格出发，让学生 love to read 到 learn to read，通过 read to learn 实现 read to think，插上阅读的翅膀，飞向更广阔的世界。

例如，围绕“My friend”主题，学生在一年级能用简单的语言介绍朋友的外貌及能力，如“He is my friend. He is tall. He can draw.”。二年级能用简单的语言介绍具体五官特征，如“This is my friend. His hair is short. His eyes are big.”。三年级能简单表达朋友的外貌特征及喜好，如“This is my friend. He’s tall and thin. He likes ...”。四年级能介绍朋友的外貌特征、所穿服饰以及能做的事情，如“This is my friend. He is tall. He has a blue T-shirt and brown shorts. He can skate.”。五年级能描述与朋友的共同点及不同点，如“This is my friend Kitty. We both like animals. I like dogs. She likes cats. We both like sports. I like playing basketball. She likes playing table tennis.”。在小学阶段即将结束的六年级，学生能从 family、hobbies、favourite animals、favourite food、favourite subjects、school life 等范畴，把过去五年英语学习中所涉及的、能用作介绍朋友的内容

进行整合，实现综合语用输出。具体见图 4-5。

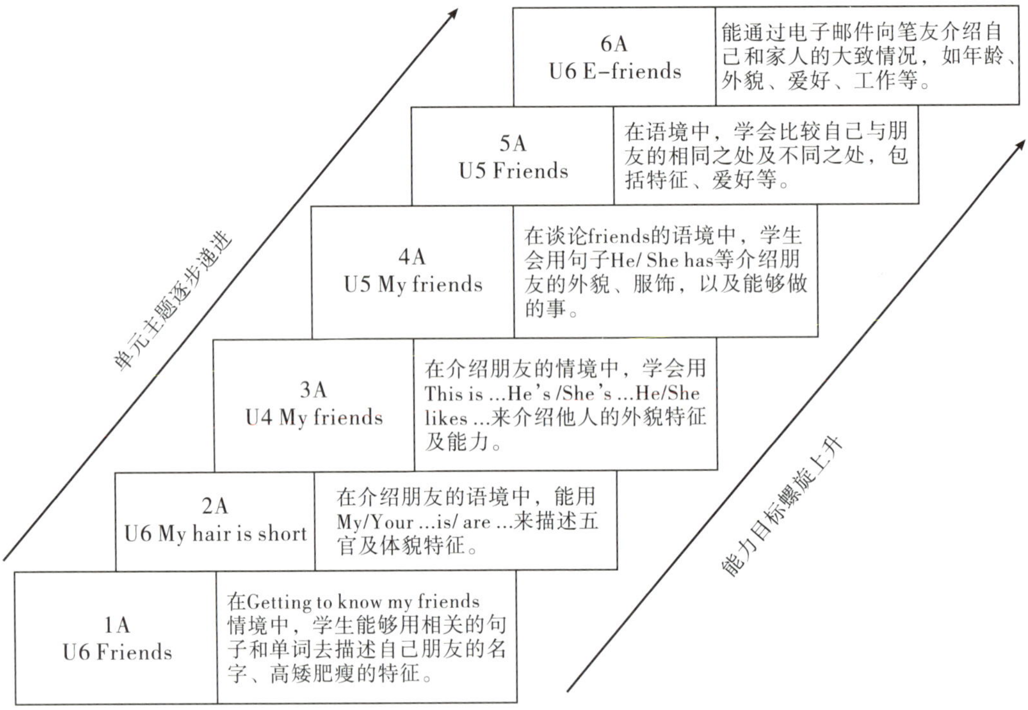

图 4-5　一至六年级“My friend”主题下能力目标的递进

以“My friend”主题为例，各年级的课程均体现了对学生表达能力要求的逐步提高，以主题递进、螺旋上升的结构，展现了从单一向综合的提升，从片面到全面的过渡，为学生语言能力素养的培养指明了方向。

英语学科学习地图，不仅是学生一至六年级英语学习的全景图、完整的学习路径，更是科组教师明确教学策略、精准把握国家课程本土化实施的有效依据。

三、例说：基于思辨理念的大单元教学

（一）大单元教学模式建构的相关理论

1．课堂教学要以发展学生的核心素养为目标

新课标提出，学生应通过义务教育阶段英语课程的学习，达到发展语言能力、培育文化意识、提升思维品质、提高学习能力的总目标，即英语课程要培养学生的核心

素养。课堂教学是实施英语课程的关键环节，也是学生发展核心素养的关键所在。核心素养背景下的英语课堂教学应该以学生学习为中心、以发展学生核心素养为目标。

首先，英语学习要与学生自身的知识、经验和情感建立关联性。学习体验来源于生活，语用实践回归到生活。这就要求教师在教材解读、学情分析、教学设计、教学评价的过程中要做到“眼中有学生”、以人为本，充分发挥学生的学习积极性和主动性。

特别是在课程内容的六要素中，以“主题内容”为例，分别包括人与自我、人与社会、人与自然三大范畴。三大范畴分别是以“我”的视角，对应“自我”，设置“生活与学习”“做人与做事”等主题群；对应“社会”，设置“社会服务与人际沟通”“文化、艺术与体育”“社会、历史与文化”“科学与技术”等主题群；对应“自然”，设置“自然生态”“环境保护”“灾害防范”“宇宙探索”等主题群。由此可见，以主题引领的课程内容要素，如语篇、语言知识、文化知识、语言技能及学习策略均离不开“人”，也就是学生的“我”。

其次，英语学习要与提升思维品质相结合。语言是思维的工具，而学习语言就是学习如何思维。语言学习就是在主题意义下，学习各种类型的语篇内容，通过理解、比较、分析、归纳、阐释、评价等不同层次的认知过程实现的。简单而言，英语学习就是思维发展的过程，也是使用英语解决问题的过程，在具备一定的英语水平之后，学生尝试在学习和生活中使用英语，继而在英语学习的过程中建立英语思维的能力。

2. 课堂教学要以单元整体教学为导向

新课标指出，课程实施的教学建议要加强单元教学的整体性，推动实施单元整体教学。教师要强化素养立意，围绕单元主题，充分挖掘育人价值，确定单元育人目标和教学主线；深入解读和分析单元内各语篇及相关教学资源，并结合学生的认知逻辑和生活经验，对单元内容进行必要的整合或重组，建立单元内各语篇内容之间及语篇育人功能之间的联系，形成具有整合性、关联性、发展性的单元育人蓝图；引导学生基于对各语篇内容的学习和主题意义的探究，逐步建构和生成围绕单元主题的深层认识、态度和价值观判断，促进其核心素养综合表现的达成。较之《义务教育英语课程标准（2011 年版）》，明确而具体地提倡单元整体教学是史无前例的，也由此看出，大观念、大概念、单元整体都让英语学习提升到一个更高的高度，同时对于人的全面发展提出了更高的要求。

3. 课堂教学要以英语学习活动观为原则

2022 年版新课标倡导秉承英语学习活动观组织和实施教学，具体表述为：“教学设计与实施要以主题为引领，以语篇为依托，通过学习理解、应用实践和迁移创新等活动，引导学生整合性地学习语言知识和文化知识，进而运用所学知识、技能和策略，围绕主题表达个人观点和态度，解决真实问题，达到在教学中培养学生核心素养的目的”。要让学生在体验中学习，在实践中运用，在迁移中创新。英语学习活动观的关键在于：要设置真实情境和真实问题；要激活学生已知学习和运用语言的能力；要深入探究主题意义。

基于以上三点，英语教研组结合学校培养目标，提出了基于核心素养的课堂教学理念——基于思辨理念的大单元教学。

（二）大单元教学模式建构的相关历程

创校以来，英语教研组对大单元整体教学探索与实践从未间断（见图 4–6），具体历程有以下几个方面。

（1）2013 年，我校全体英语教师前往上海参加单元整体教学设计工作坊培训、“汇师杯”课堂教学观摩研讨会，初探“单元整体教学设计”。“走出去”的培训模式带来教学观念上的冲击、促进科组教师对教学现状进行反思，为英语教研组走上“大单元整体教学”的大路指明了方向。

（2）2014—2016 年，我校英语教师代表先后参加了宝安区第二学区组织的骨干教师研修班和名师、骨干教师培养基地的深入推进项目，科组教师系统学习了大单元整体教学的相关理论，并以工作坊的方式进行单元整体教学设计实践，把“单元规划、内容整合、语境带动、语用体验”的十六字单元整体教学设计方针在学校课堂落地。“请进来”为大单元整体教学的有效实施打下了坚实的基础。

（3）随着实践的深入开展，英语教研组尝试开展专题研讨，探索大单元整体教学的实施路径，比如，单元整体教学设计及单课有效实施，全年段的大单元整体教学设计，从一个年级的单元探索，到基于主题意义探究的一至三年级的大单元整体教学设计，实现了在实践中探索，在探索中提升。

（4）为了推进大单元教学、打造科组教研特色，在实践探索中提升，提出了英语课堂教学理念——基于思辨理念的大单元教学。

基于思辨理念的大单元教学理念的提出是站在“全面育人”的高度，运用统整思维，形成教学的大理念、大概念、大视野、大主题、大行动，并在大单元的教学实施中，建立起立体的知识网络，通过引思、促思、研思、汇思，借助“六学（自学、导学、研学、互学、展学、拓学）”学习方式，构建适合学生思维水平和认知结构的教学活动，培养学生的思维品质，提升学生的核心素养，培育有为少年。

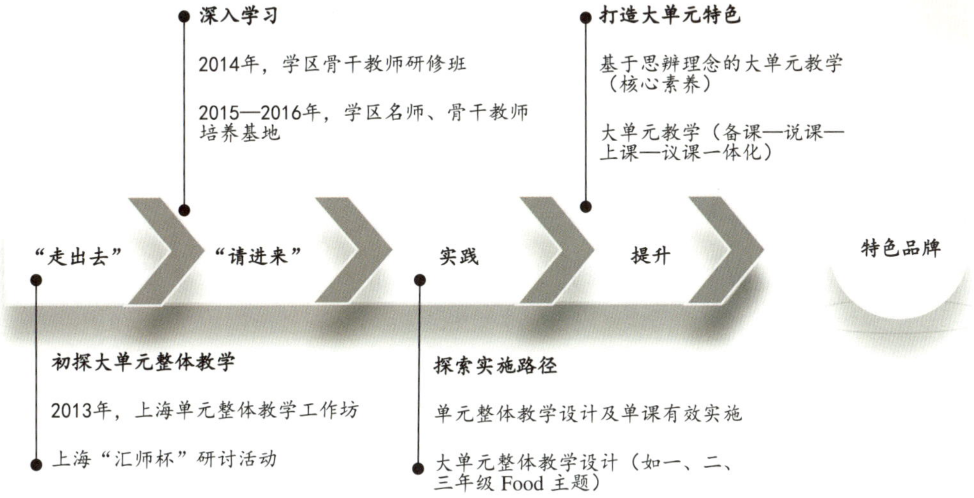

图 4–6　英语学科大单元教学历程

（三）大单元教学模式建构的核心概念

1. 思辨

在哲学的角度，思辨即运用逻辑推导而进行的思考；在非哲学的角度，思，即思考；辨，即辨析。“慎思”“明辨”便是思辨，即在思考中进行辨析。

西方最早的思辨可追溯到苏格拉底的思想和讨论方式，即“苏格拉底问答法”。苏格拉底问答法，是采用对话讨论和启发的教育方式，通过激励学生向对方提问，然后辩论，逐渐发现和揭露对方在回答当中的矛盾之处以及推理的缺陷，从而引发双方更为深入的一个思考。苏格拉底问答法是逻辑推理和思辨的过程，它要求对概念的定义进行进一步的思考，对问题做出更加深入的分析，而不是简单地接受或者说去重复别人说过的话。即使对方是名人或权威，都不应该全盘地接受盲目跟随，而鼓励学生去独立思考，敢于质疑。从而培养学生由“思考什么（what to think）”到“怎么思考（how to think）”的能力。

思辨能力，是一种抽象的思维能力。所谓思考，指的是分析、推理、判断等活动；所谓辨析，指的是对事物的情况、类别、事理等的辨别分析。简要地说，层次分明，条理清晰的分析，清楚准确、明白有理的说理，就是思辨能力的特征。2001 年，安德森（Anderson）和克拉斯沃（Krathwohl）对美国教育心理学家布鲁姆（Bloom）早期思辨能力的分类进行了修正和升级，形成了由记忆、理解、运用、分析、评价、创造组成的改良版思辨能力类级模型。思辨能力类级模型为小学英语教学思辨能力培养的模式建构提供了理论支撑。总之，思辨能力强调的是经过自己认真地分析和论证，运用恰当的评价标准进行思考，挑出自己认为重要和正确的东西，最终做出有理据的判断，有目的地选择正确的信息，并在此基础上理性地解决问题。

2. 大单元教学

大单元教学指的是以培养学生学科核心素养为追求，运用整体性和系统性思维对单元学习内容进行有逻辑联系的整合和组织，设计相应的情境任务，整合相关的学习资源，让学生在经历和完成学习任务的过程中习得知识和技能，并基于知识和技能的运用开展概念性理解，借助概念的迁移和协同思考开展解决现实问题能力的一种课程组织形式和实施方式。也就是说，大单元教学，需要围绕真实性学习任务开展，以学科大概念深化理解为目标，按学科研究过程的逻辑推进，由各个不同性质学习活动的小单元组成的大单元研究型教学模式。大单元教学具有整体性、全局性、系统性的特点。

“大单元”是个高概念，是在教材自然单元基础上提出的新定义。“自然单元”，即教材中已经划分好的单元内容。“大单元”的类型目前主要有以下四种：①有自然单元上的重组，即在教材自然单元的基础上进行整合、增删等，使其教学主题更鲜明，教学流程更合理，教学效果更突出；②有不同学段的单元重组，即同一学科内，不同的学段，相同教学主题内容可进行适度重组；③有跨学科的单元重组，即不同学科间具有相同教学理念、教学主题、学习任务时，可进行重组；④有学习与生活间的单元重组，将校园内的学习活动与学生日常生活紧密结合在一起形成的单元教学内容（韩立福，2023）。

以沪教版牛津英语教材 2A M1 U1 Good morning 单元教学设计为例，以 Greetings（问候）为单元主题统整，分别以 Eddie’s day（in the morning、in the afternoon、in the evening）、Kitty’s day 以及 Greetings in a day 为五个课时话题，帮助学生在语境的推进中，学会一天内不同时间的问候用语，在情感上不断深化，从 A nice morning 到 A happy afternoon，再到 A sweet night，完整呈现一天不同时段的美好时光，继而通过生活化、多样化的活动促进语用达成，实现 Different greetings in a day 的情感体验。最后，通过文化拓展，让学生感知并总结一天不同时间段问候方式的差异，在此基础上了解不同国家初次见面的问候方式，达成 Different greetings in different countries 的情感体验（如图 4–7 所示）。通过大单元整体教学，让学生体验问候方式因时间而异，问候方式因地区而异，在生活中要学会用适切的语言进行交流，实现交际的得体性。

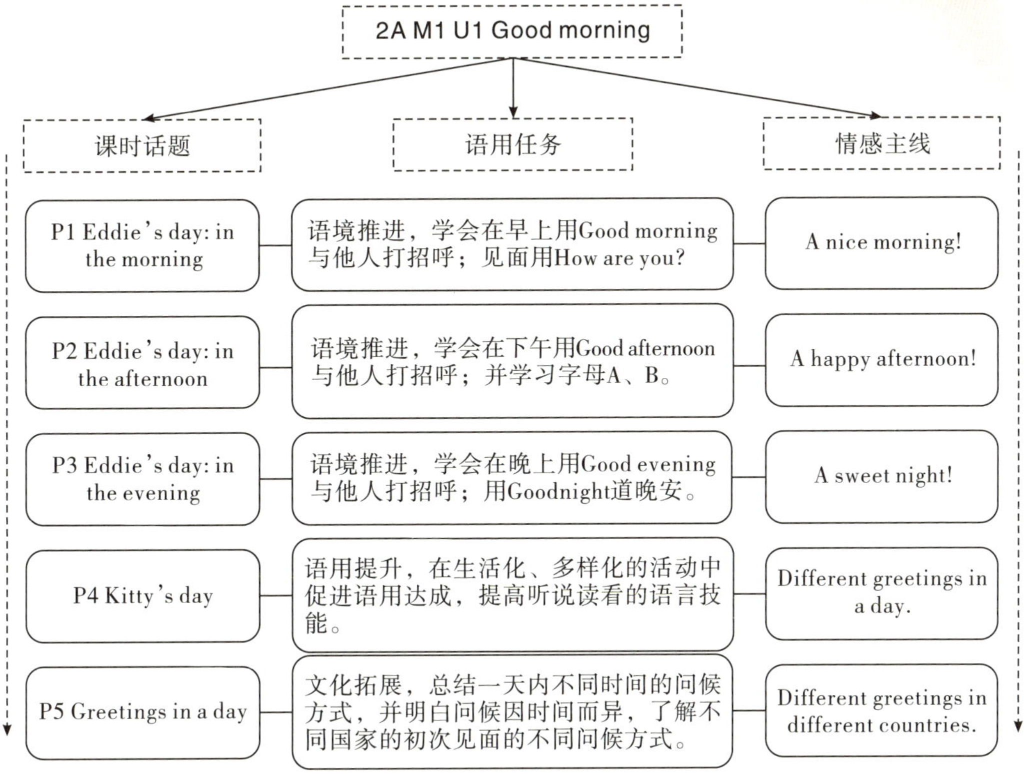

图 4-7　沪教版牛津英语 2A M1 U1 Good morning 单元教学设计框架①

（四）大单元教学的研讨流程

为了更好地探索大单元整体教学实施路径，以备课组为单位开展专题研讨课活动，主要流程有六步，分别是：集体备课、单元说课、确定观课点、研讨课上课、观课点评课、教学反思，如图 4-8 所示。

① 设计者：罗苑、薛宁文、汪宝妍、李小玲、张青。

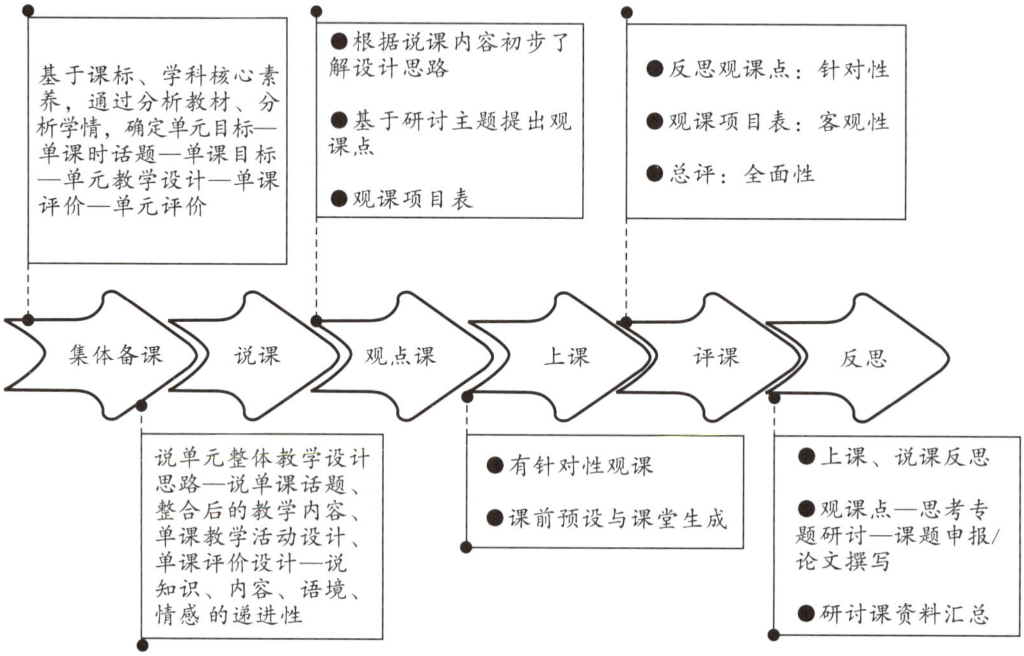

图 4-8　大单元整体教学研讨课流程

（1）在集体备课环节，要基于新课标理念，以培养学生核心素养为目标，围绕单元主题，通过解读教材、分析学情，充分挖掘教材内容育人价值，对教学内容进行必要的整合或重组，确定单元教学目标。在单元教学目标的统领下，根据单课时在单元中的作用，确定单课时话题，以及单课时教学目标。通过单元教学设计的实施，推进单课时评价以及单元整体评价的有效落实。

（2）在说课环节，备课组教师从大单元整体教学设计思路出发，说单课时话题、整合调整后的教学内容、单课时教学活动设计及评价设计，注重体现知识、内容、语境、情感等各个方面的递进性。说课环节可根据实际情况以现场全英说课或微课全英说课的方式展现。

（3）科组其他教师要根据说课内容初步了解大单元教学整体设计思路，同时基于研讨的主题提出观课点，制定观课表，为观课评课做好前期的准备，避免观课、评课出现“假”“大”“空”的问题。提前确定观课点，有利于增强观课评课的有针对性及可操作性，为教师做主题研究做出专业的引领（见表 4-2）。

表 4-2　确定观课点——以研究的视角观课

姓名	观察点（观看说课微课后填写）	姓名	观察点（观看说课微课后填写）
教师 A	师生互动	教师 H	学生课堂上的生成如何体现
教师 B	Life cycle 概念如何建构	教师 I	教学设计的层次性
教师 C	如何在 the growth of the plant 的语境中区分主语和动词的单复数	教师 J	提问座位点状分布分析
教师 D	板书设计的有效性	教师 K	故事复述的真实性和有效性
教师 E	学生输出的递进性	教师 L	操练的有效性
教师 F	教学资源的有效利用	教师 M	提问的有效性
教师 G	教师提问的有效性	教师 N	教学结构安排的合理性

（4）上课是教学理念化作教学行为的过程，使教学思路、教学设计附之实践。上课时，教师需要把课前预设在课堂中落实下去，同时根据课堂生成、学生的学习情况对教学设计进行现场的调整。观课教师则根据提前确定的观课点及观课量表，对真实的教学情况进行观察、记录、分析、总结，结合照片、录像等影像资料，为评课议课提供了有力的客观支持，做到有理有据，也为后续的大单元教学研讨奠定了基础。

（5）在评课、议课环节，主要体现其问题诊断、改进教学的功能。先由执教教师进行课后教学反思，针对大单元教学设计的落实情况进行分析，继而由观课教师评课议课，从观课点出发，体现了较强的针对性；以观课项目表进行记录，体现了客观性，避免了缺乏主题、泛泛而谈的普遍的评课议课问题的出现。最后，对研讨课进行总体评价，弥补因观课点过于具体而缺乏全局性的弊端，做到既能全面把握，又能突出重点。

（6）在反思阶段，任课教师、备课组说课教师要根据课堂实施情况，反思大单元整体教学设计是否合理，是否高效，还有哪些方面可以进行调整，以及如何为后续教学的顺利开展提供保障。把这些思考用文字的方式记录下来。

从观课教师的角度出发，则需要根据观课点及观课所记录的教学案例，进行专题研究，为课题申报、论文撰写收集珍贵的第一手资料。最后要做好研讨课相关资料的汇总，逐步建构以研讨课为抓手的校本教研机制。例如，科组教师对“板书的有效设计”专题进行连续性的研究，在三年级和四年级教研课观课后写下了对两次研讨课的观察、记录、分析。

表 4–3 “板书设计的有效性”观课点评课

教学内容	板书设计的有效性
3B M3 U7 Hobbies	本节课板书以鱼骨图的形式呈现，教学内容清晰，布局合理，书写整洁美观。设计以四季为时间轴线，上下两行分别呈现了 Bob 和 Ben 在不同季节的行为及情感，清晰地呈现了故事的发展脉络及情感变化，对激发学生思维有直观的作用。故事中 Bob 和 Ben 的行为和情感变化也在鱼骨图上能够进行强烈的对比，达到一目了然的效果。故事学习完后，教师利用板书与学生共同回顾故事内容，实现了板书的语意功能
4B M4 U10 My garden	本节课以学校四月份的科技节为契机，自然过渡到 Amy 的植物观察日记，通过视频及真实的图片，将孩子们的生活经验唤醒，提炼出 life cycle 的概念，实现了学科的无缝衔接及整合，post task 输出环节，孩子将某种植物生长过程的图片放入 life cycle 的过程中，创设了真实的用英语做事的情境。本节课的板书通过图片和文字构建了开花植物生命周期的概念，板书呈现了重点句型 “There is/ are...” “It has...” 以及表示时间顺序的 first、next、then、after that、finally 来建构了文本的框架，学生可以借助板书提示完整地介绍开花植物的生长特点和过程，促进达成本节课教学目标，实现了板书的语意功能，我觉得板书设计也是这节课的最大的亮点之一

在研讨中实践，在实践中探索，逐步形成了“基于思辨理念的大单元教学”的教学理念；在研究中建模，在建模中提炼，逐步建构出校本教研机制。大单元整体教学在英语科组扎根成长、焕发生机，收获累累硕果，在各级各类教研活动中进行单元说课展示、研讨课教学展示等；在深圳市教学设计资源征集比赛中，屡获佳绩；科组骨干团队 2 次承担深圳市托底课的开发；六年级上、下册两个单元的单元整体教学设计入编深圳市小学英语教学参考资源集。

表 4–4 “基于思辨理念的大单元教学”成果列表

名称	成果
说课展示	2014 年沪深论坛“The Weather”说课展示
	2016 年为北京顺义区骨干教师考察团展示 At the Fruit Shop 单元说课
课例展示	六上 Unit 5 Animals in danger（区级）
	六上 Unit 9 Great cities of the world（区级）
	三上 Unit 9 In my room（省级）
	二上 Unit 11 In the forest（区级）
	六下 Unit 9 Reusing things（区级）
深圳市资源包 / 托底课	三上第 8 单元 At the fruit shop（市级资源包）
	六上第 9 单元 Great cities of the world（市级资源包）
	六下第 2 单元 Changes in our lives（市级资源包）
	六下第 5 单元 Crafts（市级资源包）
	二下第 4 单元 Things I like doing（市级托底课）
	二上第 1 单元 Good morning（市级托底课）

续上表

名称	成果
深圳市小学英语教学参考资源集	六上第 9 单元 Great cities of the world
	六下第 5 单元 Crafts

（五）大单元教学的具体案例

传统的英语课堂教学环节通常分为：课前热身（warm-up）—新课导入或复习（lead-in/ revision）—新知呈现及讲解（presentation and explaining）—操练及巩固（practice and consolidation）—小结（summary）。各环节之间呈递进关系，为达成教学目标层层递进。不少英语课堂虽然目标明确，但多以“教”为中心，学生处在一个被动机械操练的角色。学生思维往往受到束缚，难以得到真正的发展。从而导致教学内容碎片化和学生学习动机不强、效率不高的问题。放眼当今全球教育，正在从“记忆型教学文化”转变为“思维型教学文化”，而教育最重要的任务之一是发展学习者的审辩式思维能力。

2022 年版英语新课标倡导秉承英语学习活动观组织和实施教学。“英语学习活动观”改革传统的知识点传授和吸纳的教学模式和学习方法，倡导以学生为主体，以素养发展为目标，知行合一、学以致用的学习活动观。活动观立足在体验中学习、在实践中运用、在迁移中创新的学习理念，要求教师组织学生围绕真实情境和问题，激活已知，参与指向主题意义探究的学习理解、应用实践和迁移创新等活动。事实上，英语课堂的教学环节也是教学目标达成的过程，教学环节中的具体活动则是实现目标的方式方法。

基于课堂教学理念、学科教学宣言、学科学习地图，为了更好地让科组教师从“带着理念进课堂”到“让理念落地课堂”，提出英语学科教学主张——基于思辨理念的大单元教学。教学设计秉承英语学习活动观组织和实施教学，根据低、高不同年段特点构建课堂教学模式，分别以沪教版牛津英语 3A M3 U8 At the fruit shop 和 6B M2 U5 Crafts 为例。

1．“基于思辨理念的大单元教学”课堂模式

为了更好地把理念落地于课堂，从思辨出发，设计指向深度学习的课堂教学模式。

课堂教学模式以 PSR 为引领，通过任务前提出 Problem：“What’s the problem？”，在设疑中，引导学生学会提问，激发学生强烈的求知欲，为接下来的学习做铺垫。在任务中通过英语学习活动的推进，尝试实现 Solution：“How to solve the problem？”，在思维的发展中培养学生解决真实问题的能力。在任务后，呈现结果，解释原因，提出 Result 或 Reason，解释“What is the result？ Why？”，学生通过对结果的论证，运用实例与证据阐述结论。以提出问题、解决问题、论证问题为主线，在此过程中培养学生的思辨能力，同时也实现了深度学习。根据模式建构的三大步骤 10 组教学活动，联结学科教学宣言的有效落实，体现了核心素养的高质量培养。具体见图和表 4–5。

表 4–5　基于思辨理念的大单元课堂教学模式的教学活动

教学步骤	模式建构	具体做法	学科宣言
Pre-task	语音辨识 音准流利	根据学校英语拓展课程内容计划表，利用课前 10 分钟进行自然拼读学习，达到“音准”目标，为“流利”朗读做准备	自信表达
	语境创设 明确情景	通过语境的创设，引入主题，通过图片对比、视频列举等方式让学生明白主题，即“What is the topic？”	多元体验
	引出问题 明辨现象	通过问题的引导，用观察的方式透过现象明辨问题，为解决问题做好准备，即“What is the problem？”	思辨学习
While-task	整体感知 辨析问题	整体感知本课内容；以听、读、看等方式对语篇进行整体感知、初步理解，即“What is it about？”	思辨学习 多元体验
	问题追溯 明辨细节	以问题链的方式对语篇进行深入学习。在整体感知的基础上，继续追问，以分析、评价等方式完成学习体验，突破重点与难点让思辨伴随整个学习过程，使学习真正发生，让学习走向深度，即“Why is it like that？”“How is it like that？”“How to solve it？”	
	合作体验 解决问题	通过小组合作进行问题的解决，基本达成本节课的任务	
	体系辨释 梳理概括	建构主题下的知识体系支架，形成大观念，使知识学习向素养培养过渡。学生在此过程中，积极运用和主动调适学习策略，即“What have we learned today？”	
Post-task	呈现结果 解释原因	根据问题解决的结果，基于知识体系的框架下，进行口头或书面的成果呈现输出，并解释结果产生的原因，即“What is the result？”“Why？”	自信表达
	语用展示 实践转化	通过个人展示或小组展示体现语用目标的达成，并在语用实践中实现知识的转化，从语篇的学习转化为真实的语用，即“Can we use it in our lives？”“How？”	自信表达
	思辨拓展 迁移创新	拓展学习中，体现文化差异、文化尊重等跨文化意识的养成；同时以知识体系的迁移，实现对大观念的形成与学科融合的迁移创新，即“Are there any culture differences？”“What are they？”	多元体验

2．低年级课例

以沪教版牛津英语三年级上册 Module 3 Unit 8 At the fruit shop 为例。低年级英语的教学设计①，见表 4–6。

表 4–6　低年级英语教学课例

一、单元整体教学设计思路	
（一）学情分析	本单元的教授对象为三年级的学生。三年级学生的年龄在 9 ~ 10 岁，生性活泼好动，擅长直观形象思维，有着极强的求知欲和表现欲，模仿能力强。经过两年多的英语学习，学生已经逐渐形成了基本的英语语感，能进行简单的英语表达，喜欢歌谣和对话表演，大部分学生具备初步阅读并获取关键信息的能力。 在本单元学习之前，学生已经学习了关于食物和水果的一些词语，并能够用简单的句子进行购物。语言技能方面，学生能听懂基本课堂指令并做动作，完成相关的教学任务
（二）教材分析	沪教版牛津英语 3A Module 3 的教学主题是“Places and activities”，分为三个单元，本单元为第二个单元：At the fruit shop。通过本单元的学习，学生能运用核心词汇和句型询问物品价格及完成购物体验。本单元的教学内容作为体现单元主题“Places and activities”的载体，应实现学生在不同场所和相应主题下的语言学习、语言运用和初步的语言表达能力的提升。因此，本单元的学习，将涉及过去学习的相关知识的滚动复现 在本单元的学习之前，就购物话题，学生在一年级上册 U8、U9 学过购买食物，下册 U4 购买玩具，已学过的购物功能句型有：“Pears，please.”“How many pears？”“Six pears.”“Can I help you？”“I like ...”“May I have a ...，please.”“Here you are.”“Thank you.”对于本课出现的水果单词，在一年级上册 U8 已学习过，本课我们将会在文本的推动中复现水果、食物、数字等内容，涉及如下相关旧知：一年级上册 U8、U9，下册 U3、U5；二年级上册 U3，下册 U5、U12。对学生现有知识储备来说，只有询问价格的表达是新知。在本单元的文本推动中，结合感恩节，我们能在 Making a shopping list for Thanksgiving Day、Shopping for Thanksgiving Day、At the Thanksgiving Day Party 相关情境中复现这些学过的语言内容和语言知识，使学生的语言输入更加丰富，也为学生后续的语用输出做更好的铺垫。 根据三年级学生的年龄特征和学情分析，本单元新的语言知识比较少，但购物和食物话题相关旧知较多，为了能更好地达到语用的目标，我们在感恩节主题语境下，设定了相关的分话题，每个课时的分话题以时间纵向设定，在情节的推进中滚动复现与食物、购物主题相关的旧知，同时强化学生不定冠词的区别和单复数的用法，在感受节日氛围下，体验从制作购物清单、购买食物到聚会上分享食物，在这个过程中不断感知、体验购物的快乐，升华对他人的感激之情

① 设计者：刁艺姗、冯云开、阮瑜。

续上表

（三）单元设计思路和依据	基于对教材的理解和对学生的学情分析，三年级英语备课组从单元整体教学思想的角度，从语义理解、语用功能的实现以及情感的推进来设计教学内容和过程。按照课堂 PSR 模式，备课组从 Problem 问题呈现出发，以 Peter 为主人公，计划举行感恩节聚会，提出问题：聚会邀请谁？为什么？他们喜欢什么食物？家里已有哪些食物？还需要购买哪些食物？基于以上问题，以制作购物清单为主任务；紧紧围绕 Solution 解决方法，根据购物清单到水果店和零食店完成本单元主要任务：认识一些水果和食物的英语名称，学会询问价格，以完整的英语对话完成购物任务；最后，根据 Result 结果处理，在感恩节聚会上分享购物的成果，并通过唱歌、讲故事、分享食物等活动传达感恩之情，与“孔融让梨”的优秀传统美德呼应，促进学生关键能力和必备品格的培养。 01 Problem　　02 Solution　　03 Result **问题呈现** 为举行感恩节聚会做准备： · Who to invite? · Why? · What food they like? · What to have? · What to need? · How to make a shopping list? **解决方法** 根据Shoppping list完成购物任务： · Where to buy fruits or snacks? · How many to buy? · How much? **结果处理** 在感恩节聚会上分享购物成果： · What to do? · What is the story about? · What to eat? · How to share? 备课组重新设计了三个递进式的话题（每个话题为一个课时），以 Shopping for food 为主线，通过为准备感恩节聚会制作购物清单，去商店购买食物和感恩节聚会上分享食物三个真实的场景来习得语言。设计依据以教材内容为语量基础、以整体内容为语境基础、以主题内容为语用基础的原则，体现循序渐进的学习规律。课时安排如下：

续上表

<table>
<tr>
<td>（三）单元设计思路和依据</td>
<td>
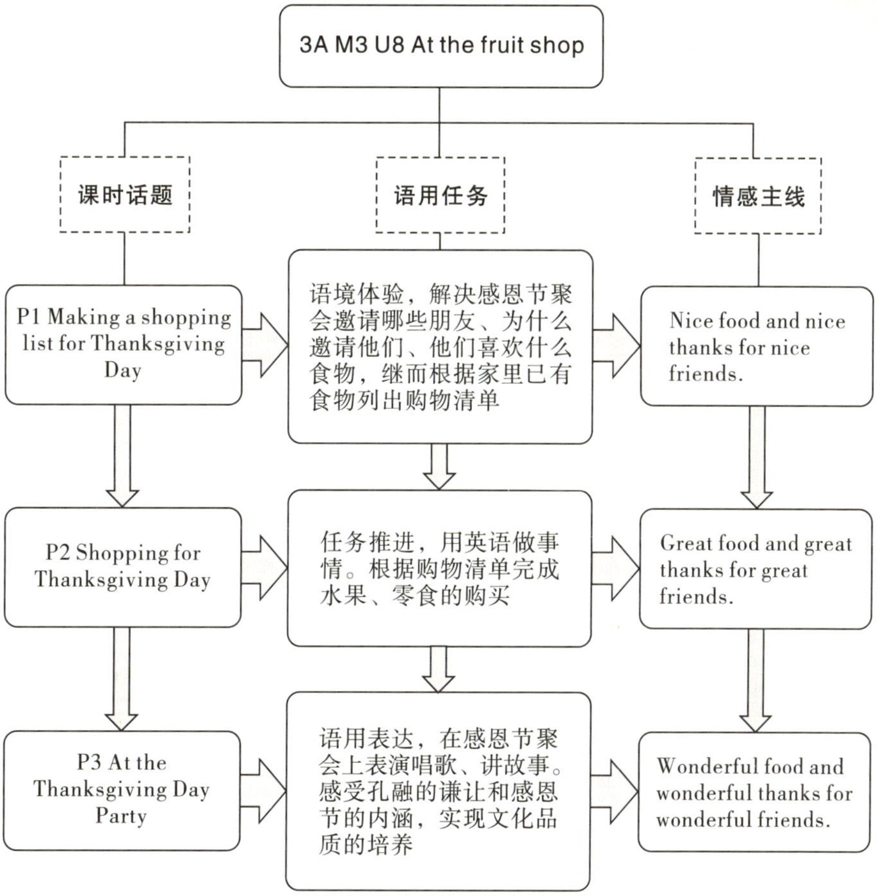

第一课时的话题：“Making a shopping list for Thanksgiving Day”，创设感恩节情景，通过妈妈问 Peter 感恩节聚会要邀请哪些朋友，为什么邀请他们，他们喜欢吃什么食物，根据家里已有食物，再给家里缺少的食物列出购物清单，最后学生为感恩节聚会制作自己的购物清单。在本课时滚动复现关于食物的旧知，通过制作感恩节聚会购物清单，为第二课时购买食物做好前期铺垫，渲染感恩节节日气氛，推进情感体验：“Nice food and nice thanks for nice friends.”

第二课时的话题：“Shopping for Thanksgiving Day”，延续第一课时感恩节情境，在总结上一课时列出的购物清单后，开始到水果店以及小吃店购买食物，把以前所学的有关购物的功能语言结合起来用于购买水果、零食中，重点突出问询价格：“How much is it? How much are they? ”通过各种方式的朗读和表演，让学生形成用英语购物的能力，在购物同时，情感体验得到进一步深化：“Great food and great thanks for great friends.”。
</td>
</tr>
</table>

续上表

<table>
<tr><td>（三）单元设计思路和依据</td><td>第三课时的话题：At the Thanksgiving Day Party，在总结上一课时购物成果的基础上，场景变换到 Peter 的好友的到他家里参加感恩节聚会，聚会上好友们竞相表演节目，与第一课时 Peter 邀请好友原因相呼应，同时引出孔融让梨故事，在感受孔融谦让的情感中，孩子们分享食物，分享相互的感恩之情：“Wonderful food and wonderful thanks for wonderful friends.”
三个课时是一个完整的、逐步递进的过程，对知识的教学也是从感知、体验，到运用，是一个循序渐进、由浅入深的过程。通过三个课时的教学活动，最终实现学生的语用输出及情感体验，学生能从制作购物清单、购买食物和分享食物过程中感受对食物、家人、朋友的感恩之情</td></tr>
<tr><td>（四）单元教学安排</td><td>
<table>
<tr><td>课时</td><td>第一课时</td><td>第二课时</td><td>第三课时</td></tr>
<tr><td>话题</td><td>Making a shopping list for Thanksgiving Day</td><td>Shopping for Thanksgiving Day</td><td>At the Thanksgiving Day Party</td></tr>
<tr><td>教学内容</td><td>Look and learn，Play a game，Learn the letters</td><td>Let’s learn，Learn the letters，Play a game</td><td>Enjoy a story，Learn the letters，Listen and enjoy</td></tr>
</table>
</td></tr>
<tr><td>（五）单元教学目标</td><td>语言知识目标：
（1）在为感恩节准备聚会购物的语境中，学生能够学习、理解并运用核心词汇 apple、banana、orange、pear；能理解拓展词汇 watermelon、queen、pumpkin pie、turkey 等。
（2）在为感恩节购物的语境中，学生能够感知理解并运用核心句型：How much is it? How much are they?
语言技能目标：
（1）在准备感恩节，为感恩节购物以及感恩节聚会的情景中，学生能整体感知理解文本内容，初步运用核心词汇和句型，进行角色扮演。
（2）在为感恩节购物的语境中，学生能够运用本单元核心词汇和句型完成购物体验，并能使用“How much is it?”“How much are they?”询问物品价格。
（3）在准备感恩节，为感恩节购物的语境中，学生能在角色扮演、制作购物清单、分享购物成果等语用活动中正确运用语言。
学习策略目标：
在准备感恩节，为感恩节购物以及感恩节聚会的语境中，学生通过整个单元的学习能以对话性文本、语篇带动核心词汇和句型的感知和理解，以 chant，song，act，role-play 等形式巩固核心内容，并以问答、表演、改编等形式实现语用输出。</td></tr>
</table>

续上表

（五）单元教学目标	情感态度目标： （1）在感恩节制作购物清单、购买食物、感恩节聚会的语境中，享受购物的乐趣，树立正确的购物观念。 （2）在准备感恩节，为感恩节购物以及感恩节聚会的语境中，学生能够感知感恩节主体思想，懂得感恩家人、朋友，体会与他人分享的快乐和重要性，常怀感恩之心，拥有阳光心态。 文化意识目标： 学生能在感受西方节日感恩节表达感恩的情感中，迁移到孔融让梨故事中谦让的情感，体验中西方不同文化中相同的正面价值观，实现兼容并蓄的跨文化意识
二、单课教学设计	
第一课时教学设计：3A M3 U8 P1 Making a shopping list for Thanksgiving Day（会话教学课）	
（一）教学内容	Look and learn，Play a game，Learn the letters
（二）教学目标	1. 知识目标 （1）初步感知字母 O、P、Q 在单词中的发音，正确朗读并理解含有 O 、P、Q 发音的单词。 （2）在“Making a shopping list for Thanksgiving Day”的语境中，感知、理解核心词汇。 （3）在计划邀请好友参加感恩节聚会的语境中，通过听、阅读提取信息，并学习用“We have …/ We need …”来表达已有的和需要的食物。 （4）通过在 Peter 制作购物清单的语境中，理解 watermelon、delicious、turkey、pumpkin pie、invite、share 等拓展词汇，理解以下的表达：“I want to invite Alice. ”。 2. 能力目标 （1）学生能在听力材料和阅读材料中获取关键信息。 （2）在教师的帮助下，根据关键信息输出小语段。 （3）能制作购物清单。 3. 情感目标 通过本课时的学习，在感恩节邀请好友参加聚会的语境中，让学生体会朋友间的友谊，对身边他人常怀感恩之心。此外，通过制作购物清单，体验购物的乐趣和有计划购物、适当购物，树立正确的购物观
（三）教学重难点	（1）能在语境中熟练并正确运用本单元核心词汇和区分不定冠词 a/an 的用法。 （2）制作购物清单并用英语进行描述

续上表

（四）教学过程	目的	教师活动 / 方法	学生活动 / 学法	条件 / 手段
组织教学及复习	1. 初步感知字母 O、P、Q 在单词中的发音 通过看图猜词游戏，初步感知字母 O、P、Q 在单词中的发音和字母写法指导	教师播放 PPT，引导学生说出单词，总结字母 O、P、Q 的发音和写法指导	学生看图、猜词，初步感知字母 O、P、Q 的发音和书写方法，欣赏歌曲	播放 PPT、歌曲
	2. 创设感恩节情境 通过图片、歌曲等创设感恩节情境，营造节日气氛，为接下来的三个课时做好情境铺垫。做感恩树，提出激励机制	教师利用 PPT 展示图片、播放歌曲，介绍感恩节的日期、习俗等。 提出制作感恩树任务，展示教师的感恩叶	学生观看图片、欣赏歌曲，感受节日气氛，了解节日习俗	播放 PPT、歌曲 感恩树
新知识的呈现与归纳	Task1：Listen and answer the questions. 通过听一听 Peter 要邀请哪些同学参加感恩节聚会、他们喜欢吃什么，复现旧知，推进情节，为准备感恩节聚会做铺垫。 通过句子填空的方式，根据图片，说出小语段，培养学生通过文本提炼关键信息、根据关键信息输出小语段的能力	教师布置任务，播放录音。通过以下问题引导学生总结 Peter 邀请好友的原因及他们喜爱的食物： 1. Who is Peter going to invite? 2. Why does he invite Alice，Kitty，Danny and Eddie? 3. What do they like?	学生听录音，在教师的指导下回答问题，并根据关键信息：Who、What、why、输出小语段：Peter is going to invite Alice，Kitty，Danny and Eddie. Alice can skip the rope. She likes pears. Kitty can sing and dance. She likes pizzas. Danny can play football. He likes cola. Eddie can read books. He likes ice creams.	播放 PPT
	Task 2：Look and listen. Make a shopping list for Peter. 通过听 Peter 和妈妈的对话，为 Peter 完成购物清单。初步感知文本，并通过问题引导，让学生理解、掌握文本	教师展示对话，通过问题引导学生找出对话中关键信息： 1. What do they have? 2. What do they need?	学生听对话，回答教师问题： They have ... They need ...	播放 PPT

续上表

新知识的呈现与归纳	通过完成购物清单，为第二课时购物做好准备；通过总结购物清单，培养学生根据信息表输出完整语段的能力	教师引导学生完成购物清 单内容，并引导学生语言输出，总结购物清单。以问题引导： 1. What do they need? 2. How many?	学生根据文本内容完成购物清单。通过购物清单信息，输出完整的语段。 They need one pizza. They need 9 pears. They need 1 watermelon. They need 9 ice-creams.	播放 PPT 板书
新知识的巩固与活用	Task 1：朗读教学文本。 通过朗读文本，巩固有关食物的旧知。进一步推进对文本的理解和掌握	教师指导学生朗读的语音语调	学生朗读文本	Paper sheet
	Task 2：Make a shopping list for Thanksgiving Day Party. 通过创设感恩节聚会的情景，为学生创造了语言使用的真实情景，也为第二课时的购物做好铺垫	教师营造节日氛围，提出感恩节聚会计划，以问题引导学生完成各自小组的购物清单： 1. What do we need? 2. How many?	学生小组合作完成购物清单的制作并展示	播放 PPT Paper sheet
小结	通过 Peter is a nice and thankful boy. 进行总结，紧扣感恩节主题，升华情感体验	教师总结本课情感线：Nice food and nice thanks for nice friends.	学生体验对朋友的感恩之情	歌曲 板书
作业布置	（1）Watch a video about Thanksgiving Day，know more about the festival.（看感恩节由来视频，了解节日习俗） （2）Read the dialogue between Peter and Mum.（朗读本课教学文本）			
板书设计				

续上表

教学后记	本节课是本单元教学的第一课时，在备课时，如何创设真实而又有意义的语境？本课核心词汇都是学生学过的单词，怎么体现新授？如何为第二课时的购物做好购物清单的前期铺垫？如何滚动复现旧知，并让情景更连贯、更真实？针对这些问题，在本课教学过程中，主要采用语境和任务推进教学，以达到学生语言输入量大和语用输出，实现培养学生核心素养的最终目标，设计层层递进的学习活动。 本课时，我先创设了本单元整体的语境“Thanksgiving Day”，通过图片和歌曲让学生感受节日氛围，为接下来的整个单元教学做好语境铺垫。在教学过程中，以情节推进，以任务驱动，让学生在 Listen and answer、Make a shopping list 的学习活动中，语言知识和语言技能由浅入深，层层递进地实现提升，培养语言能力。在各个任务中，特别注重学生通过听或阅读小语段找出关键信息，在此基础上通过信息表或关键词输出小语段，从而实现学生学习能力质的提升。在形式多样、环环相扣的活动中，学生情感也得到升华，感知感恩节内在意义，表达对朋友的感恩之情，培育了文化意识。全语境式的教学过程，能体现语言输入的情景性和整体性，同时体现三个课时语境的层次性和递进性，丰富了学生的语言输入量，为学生真实、有意义的语言输出奠定了坚实的基础。以情景推动的语言输入很好地滚动复现旧知，帮助学生建构系统的知识体系，促进学生用英语做事情、解决真实问题的能力；基于学习理解、实践运用、迁移创新的学习活动过程，实现了通过学科学习促进学生核心素养的培养
第二课时教学设计：3A M3 U8 P2 Shopping for Thanksgiving Day（会话教学课）	
（一）本节与上节相关性分析	（1）情境相关性分析：第一课时，Peter 和妈妈讨论，准备为感恩节举办一场聚会。于是，Peter 告诉妈妈他打算邀请哪些朋友来参加聚会，并向妈妈介绍了这些朋友所喜欢吃的食物。最后，他和妈妈根据家里已有食物的情况，列出了为感恩节聚会采购的购物清单。在第二课时，学生围绕 Thanksgiving Day 能够说出 Peter 将邀请哪四个朋友出席聚会以及为什么要邀请这四个朋友。此外，Peter 将带着制订好的购物清单，到水果店和零食铺购买感恩节聚会所需要的一些水果和零食。 （2）语言相关性分析：在第一课时，学生已经初步感知字母 O、P、Q 的字母音、字母形以及代表单词。本节课将实现小语段的输入。通过第一课时的学习，学生已初步学习了 apple、pear、orange、banana、peach、pizza、cola、ice cream、pie 等食物词汇，并能够区分食物的单数与复数。复习了已学句型“He/She can ... He/She likes ... We have ... We need ...”。在本课时，希望学生能在 Peter 为感恩节聚会购物的情境中展开购买所需食物的对话练习，以及学习询问价格“How much is it? It’s ... yuan. How much are they? They are ... yuan.”的语境运用，并能区分在此场景中食物的单数与复数
（二）教学内容	根据 Listen and say 和 Let’s play 整合后的教学文本： Shop assistant：Good morning. Welcome to Happy Fruit Shop. Peter：Good morning. Shop assistant：Can I help you? Peter：May I have some pears，please? Shop assistant：Look at the pears. They’re sweet and juicy. Peter：How much is it?

续上表

<table>
<tr><td>（二）教学内容</td><td colspan="4">Shop assistant：1 yuan a kilo. How many pears?
Peter：9 pears. How much are they?
Shop assistant：9 yuan，please.
Peter：OK. I want some watermelons，too.
Shop assistant：Look at the watermelons. They're red and yummy.
Peter：How much is it?
Shop assistant：10 yuan a kilo. How many watermelons?
Peter：1 big watermelon. How much is it?
Shop assistant：20 yuan，please.
Peter：OK. Here's the money.
Shop assistant：Thank you. Goodbye.
Peter：Goodbye.</td></tr>
<tr><td>（三）教学目标</td><td colspan="4">1. 知识目标
（1）学生能够在 Shopping for Thanksgiving Day 的语境中，学会运用本单元的核心句型：How much is it? How much are they?
（2）学生能够在 Shopping for Thanksgiving Day 的语境中，实际运用不同食物的单数与复数。
（3）学生能够在小语境中完成字母 O，P，Q 在语段中的学习。
2. 能力目标
能够在 Shopping for Thanksgiving Day 的语境中，运用所学去购物。
3. 情感目标
（1）学生能够在 Shopping for Thanksgiving Day 的语境中，真实运用本单元购物的相关交际用语以及体验其整个过程的逻辑顺序和交际礼貌；
（2）学生能够在 Shopping for friends for Thanksgiving Day 的语境中，感受感恩的可贵</td></tr>
<tr><td>（四）教学重难点</td><td colspan="4">针对不同食物的单数以及复数，使用相关的询问价格的句型：“How much is it? How much are they? ”</td></tr>
<tr><td>（五）教学过程</td><td>目的</td><td>教师活动 / 方法</td><td>学生活动 / 学法</td><td>条件 / 手段</td></tr>
<tr><td>组织教学及复习</td><td>1．在第一课时初步认识 O、P、Q 字母形、字母音以及代表单词的基础上，实现小语段的输入学习</td><td>教师通过 PPT 创设一定的情景，有助于学生理解其学习内容以及其学习的语音知识</td><td>学生在教师语言的引导下以及 PPT 的帮助下，能够说出第一课时 O、P、Q 字母形、字母音以及代表单词。同时在教师创设的场景的帮助下，能够流利朗读小语段</td><td>教师言语
PPT 课件</td></tr>
</table>

续上表

组织教学及复习	2. 对第一课时所学 Making a shopping list for Thanksgiving Day 进行复习巩固	教师将利用 PPT 以及言语重新回顾第一课时的情景：“Peter is going to make a shopping list for Thanksgiving Day.”。同时，教师将引导学生回顾以下四个问题： 1.Who are going to attend Peter’s party? 2. Why does Peter invite these four little friends? 3. What can we eat or drink at Peter’s party? 4. What is Peter going to buy on his shopping list?	学生将看着 PPT 上重现第一课时的场景并在教师言语的帮助下回答出相关的问题： 1. Eddie，Alice，Kitty and Danny are going to attend Peter’s party. 2. Because Eddie can read books with Peter at school. Alice can sing and dance with Peter at school. Kitty can jump the rope with Peter at school. Danny can play football with Peter at school. They are nice friends. 3. We can eat so many things at Peter’s party, such as ... 4. Peter is going to buy 9 pears，1 watermelon，1 big pizza and 9 small ice-creams.	教师言语 PPT 课件 第一课时的板书
		教师指着 Peter’s shopping list 引导学生回答：“Why does Peter need only 1 watermelon for 9 people? Why does Peter need only 1 pizza for 9 people?”并带着学生学习 share.	学生在教师的引导下回答出：“One for you and one for me. We can share.”学生跟着教师学习 share.	PPT 课件 食物模型
新知识的呈现与归纳	学习本课时的主要内容：在水果店 Shopping some fruits for Thanksgiving Day.	教师将提出疑问：“Where can Peter buy these things? What fruits are Peter going to buy?”。然后，教师将播放相关的动画视频：“Peter is shopping at the fruit shop.”。随后，教师教授 the fruit shop、9 pears、1 watermelon.	学生将观看动画视频并回答教师提出的问题：“Peter is going to buy 9 pears，1 big watermelon at the fruit shop.”学生随后学习 the fruit shop、9 pears、1 watermelon.	第二课时的动画视频 板书

续上表

新知识的呈现与归纳		教师第二次提出问题：“How much are the pears？ How much is the watermelon？”。随后，教师教授核心句型：“How much is it? How much are they？”。	学生第二次观看视频，能够回答出：“They’re 9 yuan. 和 It’s 20 yuan.”。随后，学生学习核心句型：“How much is it? How much are they？”	第二课时的动画视频板书
		教师引导学生说 fruit shop 其他水果的价格，让学生继续操练：“How much are the ...？ How much is the ...？”。同时，教师渗透 a 与 an 的区别	学生看着课件的 fruit shop 的场景，回答不同水果的价格。学生在教师的引导下能够初步区分 a 与 an	PPT 课件
		教师将对板书出现的内容进行简单的小结。随后，教师将引导学生跟读 Peter 在水果店买东西的对话，让学生注意买东西的语气语调以及相应的逻辑顺序和交际礼仪	学生将模仿动画音频的发音，并练习买东西的语气语调以及相应的逻辑顺序和交际礼仪	第二课时的动画视频
		教师将引导学生在四个小组内进行演读的训练，教师会注重身体语言和手势的引导	学生将在四个小组内进行演读的训练，并练习运用正确的身体语言和手势：Group 1&2：shop assistant；Group 3&4：Peter	PPT 课件
新知识的巩固与活用	1. Self-learning about shopping some snacks at the Snack Bar. 对第二课时学习的核心内容 How much are they? How much is it? 进行固定语境下的运用	教师将提问“Where can Peter buy the pizza and the icecreams？”。引导学生看着 snack bar 的场景，操练本单元的核心句型：“How much are the ...？ How much is the ...？”同时，教师有意渗透 a 与 an 的区别	学生看着课件的 snack bar 的场景，回答不同零食的价格。同时，学生在教师的引导下能够熟练区分 a 与 an	PPT 课件

续上表

新知识的巩固与活用		教师将用课件和言语引导学生思考：“Can you help Peter buy 9 ice creams and 1 big pizza？”随后，教师将给出情景以及本课时对话的框架让学生在两人小组内自由练习扮演	学生将围绕在 Snack Bar 买 1 big pizza，9 small ice-creams 的情景下，按照教师给的框架和句子提示，在两人小组内自由完成对话并扮演	PPT 课件 板书
	2．对第二课时的核心学习内容“How much is it？ How much are they？”进行运用	教师引导学生拿出第一课时制作的小组 shopping list 并进行描述，运用句子：“We have ... We need ... We can share ...”	学生围绕他们在第一课时制作的 shopping list 并进行描述	第一课时制作的 shopping list
		教师引导学生以小组的形式完成购物的对话。随后，在教师准备好的 Family Mart 的场景中运用，真实购买本小组为感恩节准备的食物	学生在教师引导下以小组的形式完成购物的对话。随后，在 Family Mart 的场景中运用，真实购买本小组为感恩节准备的食物	Family Mart 的场景布置
小结	checking out the shopping list for Thanksgiving Day. 对本节课的内容与知识进行回顾，并联系第一课时为第三课时做好铺垫	教师将引导学生看着板书总结本节课所学，并回顾第一课时的 shopping list，为第三课时做好铺垫	学生将看着板书回顾本节课所学，并回顾第一课时的 shopping list，为第三课时的学习做准备	板书
作业布置	（1）Read the dialogue twice.（朗读对话两遍） （2）Try to buy one thing for Thanksgiving Day using English at the Flea Market.（在学校跳蚤市场用英语购买一件物品）			

续上表

板书设计	
教学后记	本节课的重点难点是学生能够围绕着“Shopping for fruits and snacks for Thanksgiving Day”的话题，针对不同食物的单数以及复数使用相关的询问价格的句型：“How much is it？ How much are they？”从上课教师的观察以及学生课后的效果来看，本节课的学习能够突破重难点，学生能够围绕主题，结合实际，并能注意交际过程中的语气语调，以及购物中的逻辑顺序和相关的交际礼仪。 本节课首先借助于第一课时对 O、P、Q 字母形、字母音和代表单词的学习，引入语音小语段的朗读。朗朗上口的句子有效帮助学生对语音进行语感的习得。接着，教师重现第一课时的语境“Making a shopping list for Thanksgiving Day”，并围绕着话题帮助学生针对“Who are going to attend Peter’s party？ Why does Peter invite these four little friends？ What can we eat or drink at Peter’s party？ What is Peter going to buy on his shopping list？”四个问题，有效帮助学生巩固复习第一课时的所学，并能够按照逻辑顺利按故事情节发展引入第二课时的学习。 在本节课学习的主要环节部分“Shopping for Thanksgiving Day”，教师巧妙地把学习内容分成两个部分：shopping some fruits at the fruit shop 和 shopping some snacks at the Snack Bar。在第一部分 shopping some fruits at the fruit shop 中，教师运用视频、跟读、演读、小组角色扮演以及班级展示，利用四个问题“What fruits are Peter going to buy at the fruit shop？ Why does Peter need 9 pears but only 1 big watermelon？ How much are the pears？ How much is the watermelon？”来详细帮助孩子们熟知场景，温故知新。而在第二部分 shopping some snacks at the Snack Bar 中，则采取让学生在搭建好的框架下，在小组内完成用英语购物的学习活动，实现语言学习的实践运用。同时，在学习完核心内容后，教师构建了 Family Mart 这个真实的购物区，帮助学生语用体验，并提供更多的语言支撑让学生在小组内自由发散思维，创设小组特色的购物情景，并在情景中运用所学，实现语言学习的迁移创新。 最后，教师又回归到板书总结本节课所学，并联系第一课时的 shopping list，为第三课时做好准备。同时，家庭作业则是在学校跳蚤市场上用所学英语买一次东西，以此训练孩子真实的购物体验

续上表

教学后记	上完本节课后，教师认为本节课不仅仅在第一课时的基础上实现了对相关内容的延续，也在话题的推进中很好地教授所学，让孩子在情景中去学习，去体验，去合作。唯一美中不足的是在课堂拓展部分 shopping some snacks at the Snack Bar 中，教师给予的材料多从课本中截取，如果能给更多真实购物情景中的材料，学生创编的对话一定会更精彩。同时，在作业完成上，也无法保证孩子能顺利运用所学实现一次真实的购物体验，毕竟学校跳蚤市场条件有限，课堂外的购物因素，如各年段的孩子是否能完成英语买卖东西的对话，我们无法保证。或许，我们只需要孩子在家里实现与家长角色扮演即可，因此作业设计应从更多的方面去考虑
第三课时：3A M3 U8 P3 At the Thanksgiving Day Party（活动交际课）	
（一）本节与上节相关性分析	1. 情境相关性分析：第一课时，Peter 和妈妈讨论，准备为感恩节举办一场聚会。于是，Peter 告诉妈妈他打算邀请哪些朋友来参加聚会，并向妈妈介绍了这些朋友喜欢吃的食物。然后，他和妈妈根据家里已有食物的情况，列出了为感恩节聚会进行采购的购物清单。在第二课时，Peter 已经按照 shopping list，到水果店和零食铺购买好了感恩节聚会所需要的一些食物。在第三课时，Peter 和他的家人、朋友们开心地举行了一场感恩节聚会，大家在聚会上进行才艺展示，开心地分享美食。 2. 语言相关性分析：通过前两个课时的学习，学生已经学习掌握了 apple、pear、orange、banana、peach、pizza、cola、ice cream、pie 等食物单词，并能够熟练掌握句型 How many ...? 来询问物品数量，并能根据物品的数量，运用 How much is it? 或 How much are they? 来询问价格。在第三课时，学生在巩固已学单词和句型的同时，学习运用学过的形容词来描述水果等食物的外形、颜色等，并运用核心句型“Here are/is ... for you. This is a big ... It's for you. This is a small ... It's for me.”，学会如何与他人分享食物。而在 letters and sounds 的学习上，在前两个课时，学生已经初步掌握含有字母 O [ɔ]、P[p]、Q[kw] 发音的单词、句子和儿歌。本节课将拓展含有 O [ɔ]、P[p]、Q[kw] 发音的其他单词
（二）教学内容	Enjoy a story（Kong Rong and the pears），Listen and enjoy，Learn the letters
（三）教学目标	1. 知识目标 （1）复习巩固字母 O、P、Q 在单词中的发音，正确朗读并理解含有 O [ɔ]、P[p]、Q[kw] 发音的单词、句子和儿歌。 （2）在回顾“Shopping for Thanksgiving Day”的语境中，复习核心词汇和句型。 （3）在“孔融让梨”的语境中，学习阅读提取信息，并学习用“This is a big ... It's for you. This is a small ... It's for me. Here are/is ... for you.”来分享食物等。 （4）通过主人公与小伙伴们分享食物的语境中，理解 thankful，share，wonderful friend 等拓展词汇，理解一下的表达：“Thanks a lot! We can share. You are my wonderful friend.”。 2. 能力目标 （1）学生能读懂“孔融让梨”的故事，并结合故事内容，能运用学过的形容词来描述水果等物品的外形、颜色等

续上表

（三）教学目标	（2）熟练运用核心句型“Here are/is ... for you. This is a big ... It’s for you. This is a small ... It’s for me.”与他人分享食物或其他物品。 3．情感目标 通过本课时的学习，在“孔融让梨”的故事语境中，让学生懂得在日常生活中要主动与他人分享，体会与人分享的快乐与重要性。此外，通过学习 Peter 在 Thanksgiving Day Party 上与小伙伴们分享食物，表达感谢之意，从而达到让学生常怀感恩之心，拥有阳光心态的教育目的			
（四）教学重难点	能在语境中熟练并正确运用本单元核心句型：“Here are/is ... for you. This is a big ... It’s for you. This is a small ... It’s for you.”			
（五）教学过程	目的	教师活动 / 方法	学生活动 / 学法	条件 / 手段
组织教学及复习	1．复习巩固字母 O、P、Q 在单词、句子、儿歌中的发音。 通过三个课时的语音学习，学生能正确朗读并理解含有字母 O、P、Q 的发音的单词、句子和儿歌。此外，适当拓展含有 O [ɔ]、P[p]、Q[kw] 发音的其他单词	教师通过 PPT 中的图片创设情境，让学生借助图片，复习巩固本单元的语音知识。 此外，拓展含有 O [ɔ]、P[p]、Q[kw] 发音的单词	在教师创设的语境中，正确朗读含有 O [ɔ]、P[p]、Q[kw] 发音的儿歌。 学生在教师的引导下，能够正确而朗读出含有 O [ɔ]、P[p]、Q[kw] 发音的词	PPT 课件
	2．复习第二课时所学的核心词汇与句型。 以头脑风暴、问题引领的形式，根据第二课时的板书，复习巩固第二课时的教学重、难点，起到承上启下的作用	教师通过语音部分的 pumpkin pie，引入： Today is Thanksgiving Day. What’s Thanksgiving Day? What do people eat on Thanksgiving Day?	学生进行头脑风暴，在图片的引导下，说出人们在感恩节常吃的食物	PPT 课件

续上表

组织教学及复习		T：Peter is going to have a party for Thanksgiving Day. So he went shopping for the party yesterday. What did he buy? 教师引导学生根据第二课时的板书，复习上一课时学习的内容。 1. How many? 2. How much? 3. Why?	学生将根据第二课时的板书，复习 Peter 已经为感恩节的聚会准备了哪些食物。 S：Now，they have 9 pears. They are nine yuan. Because they have 9 people.	PPT 课件 第二课时板书
		带领学生复习第二课时的购物对话	学生分角色读第二课时的购物对话	PPT 课件
新知识的呈现与归纳	1. 创设 At the Thanksgiving Day Party 的语境 教师播放 Peter 和小伙伴们在聚会的才艺展示，为引出“孔融让梨”的故事做铺垫。此外，引导学生学会对朋友、家人谦让，并对他们表达感恩之情	教师利用 PPT 创设出 Thanksgiving Day Party 的语境，引导学生欣赏 Peter 和小伙伴们的才艺展示	学生在教师的引导下，欣赏 Peter 和小伙伴们的才艺展示。齐唱歌曲“What are we thankful for”，齐读“Listen and enjoy”中的儿歌	PPT 课件
		引导学生用英语对朋友、家人表达感恩之情	学习与理解辅助文本：Thank you，Kitty. You can sing and dance with me. You are my wonderful friend.	
	2. 学习“孔融让梨”的故事。引导学会阅读并提取信息	在“才艺展示”的情境中，Eddie 讲述了“孔融让梨”的故事	学生观看完“孔融让梨”的故事后，回答教师提出的问题，进而理解故事大意	PPT 课件

续上表

新知识的呈现与归纳		教师播放“孔融让梨”的视频，提出问题： 1.What does Kong Rong's Dad have? 2. How are the pears? 3. Which pear do you like? 4. Which pear does Kong Rong choose? 5. Why does Kong Rong give the big pear to his elder brother?	在教师的提示下，总结出：Kong Rong is a good boy. He is thankful. He can share.	
	3. 跟读故事，模仿单词、句子的正确读音	教师再次播放“孔融让梨”的故事	学生跟读故事，模仿单词、句子的正确读音	PPT课件
	4. 通过替换练习，巩固本故事中的核心语言知识	引导学生强化运用核心句型“This is a big ... It's for you.” “This is a small ... It's for me.” 让学生初步建立谦让、分享的概念	学生看图。 PPT中将出现一大一小两只香蕉、一大一小两个桃。操练故事中的核心句型“This is a big ... It's for you.” “This is a small ... It's for me.”	PPT课件
	5. 通过观看Peter与小伙伴的对话，引导学生学习用“It's for me/you. Here are/is ... for you.”来分享食物或其他物品	教师播放动画：Peter与小伙伴们分享美食。并引导学生学会表达： A：Here are/is ... for you. B：Thank you. It's ... A：This is a ... It's for you. B：Thanks a lot. It's ...	学生观看视频，学习核心句型 A：Here are/is ... for you. This is a ... It's for you. B：Thank you./ Thanks a lot. It's yummy/nice/ sweet/ delicious.	PPT课件
新知识的巩固与活用	1. 听录音跟读，学习强化本课的核心语言知识	教师播放“Peter与小伙伴们分享美食”的对话，学生跟读	学生听录音，跟读对话	PPT课件

续上表

<table>
<tr><td rowspan="2">新知识的巩固与活用</td><td>2. 在 Our Party Time 的语境中，尝试运用本课的核心语言知识</td><td>教师组织学生以小组为单位，利用食物图片，学习如何与他人分享食物。在学生分享食物前，教师先和其中一组学生做示范</td><td>学生利用食物图片，运用句型 Here are/is ... for you. This is a ... It's for you. 与组员分享食物</td><td>PPT 课件
食物篮
食物图片若干</td></tr>
<tr><td>3. 学生展示学习成果</td><td>教师邀请一至两组学生展示与他人分享食物的场景</td><td>部分学生将面向全班同学展示如何与他人分享食物等</td><td>食物篮
食物图片若干</td></tr>
<tr><td>小结</td><td>对本节课的核心内容进行梳理、回顾，并通过图片等，引导学生要常怀感恩之心，善于积极主动地表达自己的感激之情</td><td>教师运用语言进行引导。
T：Kong Rong is a good boy. He can give the big pear to his brother.
Peter is a good boy. He can share food with his friends. He can say 'Thank you!' to his friends.
Do you want to say 'Thank you' to your family or friends?</td><td>学生在教师的引导下，完成感恩卡的制作，向他们的家人、同学、朋友表达感恩之情</td><td>PPT 课件</td></tr>
<tr><td>作业布置</td><td colspan="4">（1）Listen and read the story 'Kong Rong and the pears'.（听读故事《孔融让梨》）
（2）Make a thankfulness card and give thanks to your family and friends.（制作感恩卡表达对家人朋友的感恩之情）</td></tr>
<tr><td>板书设计</td><td colspan="4">
</td></tr>
<tr><td>教学后记</td><td colspan="4">本节课是本单元教学的最后一课时，在备课时，教师首先考虑的是如何结合一、二课时的内容创设语境，如何在一、二课时的基础上实现知识与情感的螺旋上升，以便于让学生在语境中巩固、复习本单元的核心语言知识，同时能在教师创设语境中，用英语做事情。因此，在本课时，教师主要采用故事和语境推进教学过程，以此达到完成本单元语用任务的目的</td></tr>
</table>

续上表

教学后记	本堂课，教师创设了“At the Thanksgiving Day Party”的语境，学生在课堂中始终围绕这一线索，学会如何表达与他人分享食物，向他人表达感谢之意。本课时的重点为学习“孔融让梨”的故事。在整个故事的学习中，教师特别关注学生学习能力的培养：视听结合，获取信息；模仿朗读，理解句文的含义；合作表演，提升语境体验。在形式多样、层层递进的故事推进中，学生的情感也得到循序渐进的升华，从而引导学生学会与他人分享，做一个懂礼仪的孩子。让学生利用食物图片进行“食物分享”，体现了从故事到生活，从感知到体验的语用升华。本课时的情感价值是在一个完整的语境中不断推进和升华的。课堂的最后，通过教师的语言引导，让学生体会到，向他人表达感谢之意不仅仅是在感恩节这天，而是要在日常生活中拥有一颗感恩的心，拥有积极阳光的心态。 全语境式的教学过程，可以激发学生的学习兴趣，调动起观察、模仿并获取信息的积极性，学生能够充分理解语义，并结合自己的语言，进行有品质的语用输出。今天的课堂中，学生在教师提供的故事和语境中，有效地巩固了已学的核心语言知识，此外，还学习了新的故事、新的儿歌以新增的辅助文本，扩大了学生的语言选择面，丰富了学生的语言。这堂课上的遗憾是，学生在运用 Here are/is ... for you. This is a big ... It’s for you. This is a small ... It’s for me. 这几个句型进行语用输出的时间还不够长，有点匆匆带过，训练得还不够扎实

3．高年级课例

以沪教版牛津英语六年级下册 Module 2 Unit 5 Crafts 为例，高年级英语的教学设计[①]，见表 4-7。

表 4-7　高年级英语教学课例

一、单元整体教学设计思路	
（一）知识背景、指导思想和理论依据	2022 年版的“新课标”在 2011 年版的基础上迭代升级，其中 8 个理念的变化需要每一个学科在教育教学中更新相关方式方法，落实核心素养。 《普通高中课程方案（2017 年版）》指出，重视以学科大概念为核心，使课程内容结构化，以主题为引领，使课程内容情景化，促进学科核心素养培养的落实。以学科大概念促进中小学学科核心素养的培养是我国课程领域的里程碑式变革，它能突破琐碎、零散的知识，促使知识联结的发生，其主要价值和意义在于：①聚焦真实问题的解决；②提升学生元认知水平；③形成有效的决策力；④促进学科融合。大概念的提取难点在于教师是否能准确理解大概念，并根据学生和教学的实际情况进行细化，包括梳理下位的大概念或小概念，以及找到教学的重点、难点等。一般教师可以从课程标准、核心素养、育人价值、学习难点、学科历史等方面进行大概念的提炼。基于大概念的整体教学设计一般涵盖四个方面：①教学目标的设定，含对课程目标、学业质量要求、学情分析、教材解读等要素；②提炼和获取大概念；③教学过程的设计；④学习评价和作业设计

① 设计者：刁艺姗、冯云开、罗苑。

续上表

<table>
<tr><td>（一）知识背景、指导思想和理论依据</td><td>《义务教育英语课程标准（2022 年版）》多处体现大概念理念，如“秉持在体验中学习、在实践中运用、在迁移中创新的学习理念，倡导学生围绕真实情境和真实问题……”“提高英语教学的真实性，激发学生的学习兴趣与动机”。核心素养是在三维目标基础上整合提升凝练而成的，在传统教学中，知识、技能、品格等各种素养成分被零散分布在各个课时中，学生获得的是叠加起来的各种素养；为了操作方便，英语学科核心素养被分为语言能力、文化意识、思维品质和学习能力，而学生获得的核心素养应该是这四个重要元素的有机整体。学校教育的最终目的是把所获得的学校知识应用到现实世界中解决具有挑战性的真实问题，而这往往不是具备具体哪一门学科的素养就能达到目的，而是需要多个学科整合起来的综合素养共同作用，因此，发展学生核心素养必须是跨学科甚至要与真实世界进行整合的教学。大概念是抽象概括出来的具有联系整合作用并能广泛迁移的概念，它具有的中心性、抽象性、网络状、可迁移性、持久性等特征，表明大概念不仅是连接课程知识与核心素养的中介，而且能统摄与整合学生的关键能力、必备品格和价值观念等多方面协同发展。因此，发展学生的核心素养必须是基于大概念的整合性教学样态</td></tr>
<tr><td>（二）教学目标的设定</td><td>1. 教材分析
沪教版牛津英语 6B Module 2 的教学主题是：Work and play，分为三个单元，本单元为第二个单元：Crafts。通过本单元的学习，学生能运用核心词汇和句型介绍手工艺品的相关信息及询问并回答其所需要的材料、特点、制作步骤、制作目的等。本单元的教学内容作为体现模块主题 Work and play 的载体，学生在贴合自身校园生活主题 Science Fair 科技节的基础上，从计划制作手工艺品谈论其所需材料、特点、制作目的，到谈论制作手工艺品的步骤，最后到在科技节的 Trash to Treasure Crafts on Science Fair “变废为宝最佳作品”的投票平台介绍自己制作的手工艺品。
三个课时的学习不仅让学生通过本单元的学习，综合运用过去所学的语言知识，例如一般现在时、一般将来时和一般过去时，同时还真正让学生学以致用，引导学生在生活中去发现、去实践、去创造，让生活中的“废弃品”成为富有思想与创新的“创作品”。
在本单元的学习之前，就 crafts 的话题，学生在一至五年级的学习内容中较少涉及，主要有以下的内容：
<table>
<tr><th>Book</th><th>Module</th><th>Unit</th><th>key points</th></tr>
<tr><td>1</td><td>4 The world around us</td><td>10 On the farm</td><td>Let’s play：Draw. Cut. Stick.</td></tr>
<tr><td>2</td><td>4 Things we enjoy</td><td>11 New Year’s Day</td><td>Let’s play：Make a New Year card
（Draw，Write，Fold.）</td></tr>
<tr><td>4</td><td>4 Things we enjoy</td><td>11 Book Day</td><td>Let’s play：A card.
（Write，Draw，Tie.）</td></tr>
</table>
</td></tr>
</table>

续上表

（二）教学目标的设定

Book	Module	Unit	key points
5	1 Getting to know you	1 Hello! Project 1	Make and say：a name card Draw a picture. Colour it. Cut it out.
6	4 Things we enjoy	10 Funny cartoons 11 Mother's Day	Make and say：a puppet Make and say：a card
7	1 Getting to know you 4 The world around us	1 Meeting new people 12 Weather	Make and say：a poster Make and say：a weather turntable
8	1 Using my five senses	3 Look and see	Make and say：Draw. Cut. Stick.
9	4 The natural world	10 Wind 12 Fire	Make and say：make a windmill. Draw a circle and cut it out. Draw eight lines and cut along them. Fold. Pin it to a pencil. Make and say：make a sign. Draw a sign. Write the words.
11	4 The natural world	10 Air	Make and say：Take a piece of cloth. Tie a piece of string to each corner. Bring the four pieces of string together and tie them to a small toy. Throw up the toy in the air. What happens?

可见，学生对于手工艺品还是相对比较熟悉的，除了英语学习中经常制作的 mask、word cards、posters、puppet、windmill、parachute、turntable、signs 等，还有美术学科各种手工艺品、科学课上各种小发明。在本单元学习之后，学生将手工艺品的材料、特点、制作步骤、制作目的、用途等进行综合运用。这些活动不仅实现对学生逻辑思维、完整表达能力的培养，也为接下来的学习做充分的准备

续上表

（二）教学目标的设定	2. 学情分析 本单元的教授对象为六年级的学生，年龄在 12 岁左右。学生的自主意识逐渐强烈，喜欢用批判的眼光看待其他事物；记忆力强，注意力集中，敏锐，特别是由于抽象思维逻辑思维能力加强了，自我意识、评价和教育的能力也得到了充分发展，初步形成了个人的性格和人生观。学生了解外部世界的途径与方式增加，对外界的了解更多，眼界更开阔。经过小学一至六年级上学期共 11 册书的英语学习，学生已经形成了良好的英语语感，能进行语段式的英语表达，绝大部分学生具备阅读较长篇章并获取关键信息的能力。 在本单元学习之前，学生已经学习了手工艺品的相关内容，例如部分手工艺品的名字、用材、特点、用途等，并能够用简单的句子描述手工艺品的相关信息。学生已经初步学习过一般现在时、一般将来时、一般过去时，并进行过对比。他们能听懂教学文本，能用简单的英语流利表达与主题有关的综合性内容，能流利朗读教学文本，能就某一话题输出较完整的小语篇。 3. 目标设定 本单元的语用任务为：能在 Crafts on Science Fair 的语境中听、读文本，提取制作手工艺品的基本信息，例如：所用材料、制作目的、手工艺品用途、制作步骤、手工艺品的特点等，向他人介绍自己制作的手工艺品的基本信息，要求思维合理、内容达意、语音正确、语法正确。各具体目标如下。 （1）语言知识目标。 ①能在 Learn the sounds 的儿歌语境中，正确朗读并辨析含有字母组合 air、ere、ear、are、ure、our、oor 的单词，能在文本语境中归纳总结这些字母组合的发音规律，能拼读出相应的单词。 ②在 Crafts on Science Fair 的语境中，能拼读核心词汇及短语：scissors、tape、glue、tool、easily、still、saw、craftsman、himself、model house、a long time ago、at work、say to oneself，要求能听、会说、会读、会写。 ③在 Crafts on Science Fair 的语境中，能运用核心句子 “What do you want to make? I want to make a ... What are you making? I'm making a ... 以及一般过去时 What did you make? I made a ... How did you make it? First，I ... Then，I ... After that，I ...” 问答关于制作手工艺品的相关信息，做到发音正确，表达流利。 （2）语言技能目标。 ①能在 Learn the sounds 的儿歌语境中，正确朗读含有字母组合 air，ere，ear，are，ure，our，oor 的单词，辨析并总结字母组合发音的其他不同的单词。 ②通过对比，能在 Crafts on Science Fair 的语境中向大家介绍制作手工艺品的基本信息，例如：所用材料、制作目的、手工艺品用途、制作步骤、手工艺品的特点等。 （3）学习策略目标。 在 Crafts on Science Fair 的语境中，学生通过整个单元的学习能对文本、语篇的核心词汇和句型理解，并以问答、朗读、语篇表达等形式实现语用输出

续上表

（二）教学目标的设定	（4）情感态度目标。 学生能在实际生活中根据实际情况选择制作不同的手工艺品，自主选择其手工艺品的材料，独立思考制作的过程并去实践，自行完成手工艺品的介绍。同时，在三个课时的学习中，明白到“生活观察中出智慧，智慧创作产品，产品改善生活”的道理，做一名名副其实的“有善心，有善行，会思考，懂创造”的学生
（三）大概念的提炼与获得	1. 提取路径 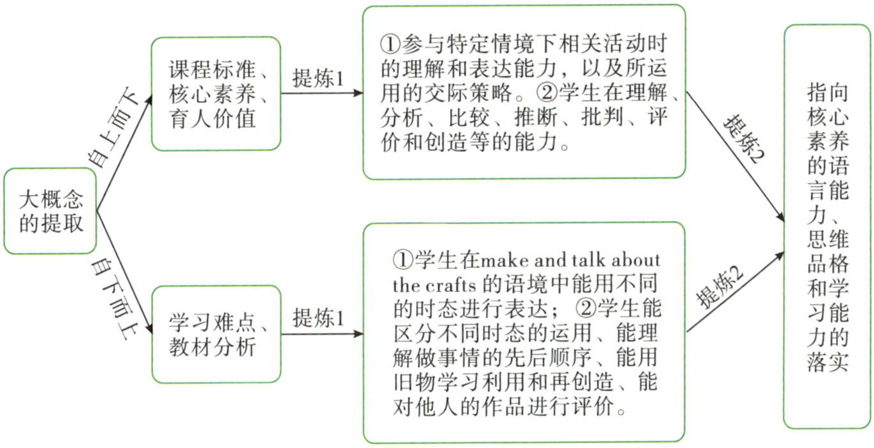 2. 提取内容 在学科教育教学中，大概念代表了学科核心概念。大概念以及在应用大概念解决问题上的表现体现了学科课程标准的要求。由于学科核心素养代表了学科课程的目标，因此对大概念的理解与应用体现了学科核心素养的要求。英语学科核心素养包括语言能力、文化意识、思维品质和学习能力四大方面。 围绕着本单元的话题 crafts，涉及的大概念有： （1）语言能力：指运用语言和非语言知识以及各种策略，参与特定情境下相关主题的语言活动时表现出来的语言理解和表达能力，主要以听、说、读、看、写等方式。 （2）思维品质：指学生的思维个性特征，反映在理解、分析、比较、推断、批判、评价、创造等方面。 （3）学习能力：指积极运用和主动调适英语学习策略、拓展英语学习渠道、努力提升英语学习效率的意识和能力。 （4）理解：顺着条理进行详细的分析，从一定的认知上了解，明白（注：在布鲁姆的认知目标中理解属于第二级别，仅次于识记）。 （5）分析：在头脑中把事物或对象由整体分解成各个部分或属性（注：在布鲁姆的认知目标中分析属于第四级别）。 （6）比较：辨别两种或两种以上事物的高下异同。（注：在布鲁姆的认知目标中比较属于第五级别，属于高阶认知）

续上表

（三）大概念的提炼与获得	（7）评价：指对一件事或人物进行判断、分析后的结论。在布鲁姆的认知目标中属于第六级别，属于高阶认知。 （8）创造：是指将两个或两个以上概念或事物按一定方式联系起来，主观地制造客观上能被人普遍接受的事物，以达到某种目的的行为，是高阶思维模式。 涉及的小概念有： （1）情景：在英语教学中，主要指在教学过程中，教师有目的地引入或创设具有一定情绪色彩的、以形象为主体的生动具体的场景，以引起学生一定的态度体验，从而帮助学生理解教材，并使学生的心理机能得到发展的教学方法。本单元围绕着 Crafts 的话题，结合学生日常生活实际，创设了 Making Crafts for Science Fair、An Invention Story for Science Fair 以及 Trash to Treasure Crafts on Science Fair 三个真实的情景。 （2）Crafts：本单元主要是指手工艺品，包括制作手工艺品的材料、制作的目的、手工艺品的用途、手工艺品的特点、手工艺品的再利用等内容
（四）教学活动设计	本单元是 6B Module 2 Work and play 中的第二个单元，单元主题为 crafts。基于对教材的理解和对学生的学情分析，从单元整体教学思想的角度，从语义理解、语用功能的实现以及情感的推进来设计教学内容和过程，我们重新设计了三个递进式的话题（每个话题为一个课时），以 Science Fair 为主线，通过 Making Crafts for Science Fair、An Invention Story for Science Fair 以及 Trash to Treasure Crafts on Science Fair 三个真实的场景来感知、习得和输出语言。本单元的设计依据以教材内容为语量基础，以整体内容为语境基础，紧密贴合学生 5 月校园生活"科技节"的情景，以主题内容为语用基础和内容整体的原则，体现循序渐进的学习规律

续上表

<table>
<tr>
<td>（四）教学活动设计</td>
<td>

三个课时是一个完整的、逐步递进的过程，对知识的教学也是从感知、体验，到运用，是一个循序渐进的、由浅入深的过程。通过三个课时的教学活动，最终实现学生的语用输出及情感体验。学生能在生活中根据实际情况选择制作不同的手工艺品，自主选择其手工艺品的材料，独立思考制作的过程并去实践，自行完成手工艺品的介绍，实现学生“自主学习”与“创造实践”。同时，在三个课时的学习中，能实现“学习从生活而来，学习为生活服务”的情感态度价值取向的导向
</td>
</tr>
</table>

续上表

<table>
<tr><td rowspan="3">（五）单元教学安排</td><td>课时</td><td>第一课时</td><td>第二课时</td><td>第三课时</td></tr>
<tr><td>话题</td><td>Making Crafts for Science Fair</td><td>An Invention Story for Science Fair</td><td>Trash to Treasure Crafts on Science Fair</td></tr>
<tr><td>教学内容</td><td>Look and read，look and learn，Learn the sounds，Listen and enjoy</td><td>Read a story，Learn the sounds，Listen and enjoy</td><td>Make and say，Listen and enjoy，Learn the sounds，基于配套练习《活动手册》整合后的文本</td></tr>
<tr><td colspan="5">二、单课教学设计</td></tr>
<tr><td colspan="5">●第一课时教学设计：6B M2 U5 P1 Making Crafts for Science Fair</td></tr>
<tr><td>课型</td><td colspan="4">新授综合课</td></tr>
<tr><td>（一）教学内容</td><td colspan="4">基于教材 Listen and say、Look and learn、Make and say、Learn the sounds 及配套练习《活动手册》的整合文本：
1. 语音文本

2. 主文本
The students are making crafts for Science Fair. Ms Guo is helping them.
Ms Guo：What do you want to make，Jill?
Jill：I want to make a pen holder.
Ms Guo：That sounds nice. What do you need?
Jill：I need a bottle，a pair of scissors，some coloured paper and some tape.
Ms Guo：How will you make it?
Jill：First，I will cut the bottle. Next，I will stick the coloured paper with tape on the bottle. Then，I'm going to draw and cut two paper fish. Finally，I will stick the fish on the bottle with some tape.
Ms Guo：What are you making，Joe and Alice? What do you need?
Joe：We are making a model house with some sticks.
Alice：We are going to draw a model house first. Then，we will colour the sticks. Finally，we will stick the sticks with some glue.
Ms Guo：What about you，Peter? What are you making?
Peter：I'm making a puzzle. I like playing with puzzles.
Ms Guo：That's good.</td></tr>
</table>

续上表

<table>
<tr><td>（二）教学目标</td><td colspan="4">本课时的语用任务为：能在 Making Crafts for Science Fair 的语境中听、读文本，提取 Make Crafts 的关键信息，例如“What does she want to make? What does she need? How will she make it？”介绍完成一个手工艺品所需要的材料及制作步骤等，要求思维合理、内容达意、语音正确、语法正确。具体目标如下。
1．在小语段中感知字母组合 ere、ear、air、are 在单词中的发音 /ɛə/，正确朗读单词并理解小语段。
2．在 Making Crafts for Science Fair 的语境中，感知、理解核心词汇 a pair of scissors、some tape、some glue 等，初步感知核心句子“What do you want to make? What do you need? How will you make it？”以及相应的回答“I want to make a ... I need ...First/Next/Then/Finally，I...”做到发音正确，表达流利。
3．在 Making Crafts for Science Fair 的语境中，能初步运用核心句子及其相应的回答，询问他人及介绍自己想要制作的手工艺品及所需要的材料和制作步骤。
4．通过文本的学习，感受手工艺品的美，并挖掘身边可“变废为宝”的物品，提高环保意识</td></tr>
<tr><td>（三）教学重点</td><td colspan="4">用核心句型“What do you want to make? What do you need? How will you make it？”询问他人手工艺品信息和用“I want to make... I need... First，I will... Next/ Then/ Finally...”描述自己制作手工艺品的基本信息，包含所用材料、制作步骤等</td></tr>
<tr><td>（四）教学难点</td><td colspan="4">1．在文本学习过程中人称、动词第三人称单数和时态的转换。文本内容是以第一人称和第二人称对话的形式展开的，涉及一般现在时、现在进行时和一般将来时，而在问答中需要转换人称，如当回答“What does she want to make？”时需要注意“She wants to make...”中 want 的动词第三人称单数加 s。
2．介绍手工艺品的制作步骤。每一个手工艺品的制作步骤都是不同的，所用句式也不尽相同</td></tr>
<tr><td>（五）教学过程</td><td>目的</td><td>教师活动 / 方法</td><td>学生活动 / 学法</td><td>条件 / 手段</td></tr>
<tr><td rowspan="2">组织教学及情境导入</td><td>1．通过看图回答问题，呈现小语段，初步感知字母组合 ere、ear、air、are 在单词中的发音 /ɛə/</td><td>呈现图片，通过问题引出小语段</td><td>看图回答问题，在小语段中感知字母组合 ere、ear、air、are 在单词中的发音</td><td>PPT 课件</td></tr>
<tr><td>2．总结归纳字母组合 ere、ear、air、are 的相同发音规律 /ɛə/，列出以上字母组合的单词</td><td>播放小语段，指导学生划出其中有字母组合 ere、ear、air、are 的单词，引导学生发现规律</td><td>从小语段中找出发 /ɛə/ 音的单词，归纳发音相同的字母组合有 ere、ear、air、are，总结语音规律</td><td>PPT 课件</td></tr>
</table>

续上表

组织教学及情境导入	3．拼读字母组合及单词，齐读小语段，进一步巩固四个字母组合的发音	展示字母组合、单词及小语段，要求学生齐读	拼读字母组合及单词，齐读小语段	PPT 课件
	4．创设学校举办科技节 Science Fair 的情境，引出本课时话题	播放往届科技节的视频，帮助学生了解主题	观看科技节视频，进入本课时话题内容	视频
		图片展示部分科技节 Science Fair 上的手工艺品，引导学生说出一些手工艺品的名称	浏览手工艺品图片，在老师的引导下说出 Science Fair 上有的一些手工艺品的名称	PPT 课件
新知识的呈现与归纳	1．通过图片和录音的形式整体感知主文本	展示图片动画，播放主文本录音，提出问题：What do they want to make?	看图片，听录音，整体感知主文本，回答问题： Jill wants to make a pen holder. Alice and Joe want to make a model house. Peter wants to make a puzzle	PPT 课件 录音
	2．通过语境推进，引导学会阅读并提取信息，学习 Jill 想要做的手工艺品 pen holder 的相关内容	播放图片动画和音频，提出问题：What does Jill need to make a pen holder? 并教授核心词汇 a pair of scissors、tape	1．看图片，听录音回答并学习核心词汇及句型：She needs a bottle，a pair of scissors，some coloured paper and some tape	PPT 课件 实物
		继续播放图片动画及音频，提出问题：How will she make it? How many steps to make a pen holder? 总结用 “First... Next... Then... Finally...” 来介绍制作步骤	2．看图片，听录音回答问题：She will make it in four steps. First，she will... Next，she will... Then，she is going to ... Finally，she will...	PPT 课件 录音

续上表

		3. 展示一个已经做好的 pen holder，结合板书，引导学生介绍它所用的材料及制作过程	看实物 pen holder，结合板书，介绍它所用的材料及制作过程	实物
	3. 通过阅读获取 Alice 和 Joe 做的 model house 的具体信息，学习 underline 的阅读技巧，提高学生阅读能力	提出问题：What do they need? How will they make it?	细读文本，找出细节信息并画线，回答问题。 They need some sticks and some glue. First，they are going to draw a model house. Then，they will colour the sticks. Finally，they will stick the sticks with some glue	纸质文本 PPT 课件
		根据表格信息，引导学生用自己的语言表达	根据表格中的关键词、句尝试表达	PPT 课件
新知识的呈现与归纳	4. 通过语境的推进，让学生根据所学，获取 Peter 制作手工艺品 puzzle 的相关信息	提出问题，小组讨论：What does peter need to make a puzzle? How will he make it?	小组讨论 Peter 制作 puzzle 的相关信息。 He needs... First，he will... Next，... Finally，...	
		播放制作 Puzzle 的视频，并引导学生学习制作的信息	观看视频，学习 Peter 制作 puzzle 的相关信息	视频
		引导学生根据关键信息，输出 Peter 制作 puzzle 的文本语段	根据关键信息，输出 Peter 制作 puzzle 的文本语段。I want to make a ______. I need ______, ______，some ______ and a pair of ______. First，I will ______. Then，I will ______. Finally，I can ______.	PPT 课件

续上表

<table>
<tr><td rowspan="3">新知识的巩固与活用</td><td>1. 通过朗读文本，巩固对文本的理解和掌握</td><td>播放主文本</td><td>朗读文本</td><td>PPT 课件</td></tr>
<tr><td>2. 通过总结，达到情感的升华</td><td>展示由原材料到手工艺品的图片，引导学生多思考、多动手，变废为宝</td><td>观看图片，增强“变废为宝”的环保理念</td><td>PPT 课件</td></tr>
<tr><td>3. 结合实际，实现学生的综合语言运用</td><td>提出问题，引导学生小组讨论“海港小学科技节‘变废为宝’手工大赛”。What do you want to make? What do you need?</td><td>小组讨论在“海港小学科技节‘变废为宝’手工大赛”要完成的手工艺品。I want to make a ... I need ...</td><td>PPT 课件</td></tr>
<tr><td>小结</td><td>利用板书对本课时核心知识进行简单小结</td><td colspan="2">T：我们学习了从几个方面来介绍制作手工艺品？
S：三方面：想要做什么，需要什么材料和准备怎么做。
T：Good. 那在介绍制作步骤的时候，我们可以怎样来连接呢？
S：我们可以用 First，... Next，.... Then，... Finally，... 来表述制作的先后顺序。
T：太棒了。除此之外，如果步骤多，还可以在 finally 前加上 After that 或者将两步放在同一个连接词后</td><td>板书</td></tr>
<tr><td>作业布置</td><td colspan="4">（1）Read the text.（朗读文本）
（2）Make your own craft for the Science Fair and write it down.（制作手工艺品并写下相关信息</td></tr>
<tr><td>板书设计</td><td colspan="4">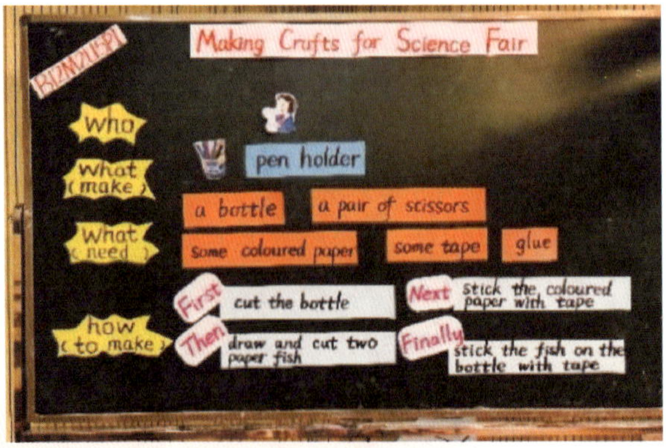</td></tr>
</table>

续上表

教学后记	本课时是整个单元学习的第一课时，话题是 Making Crafts for Science Fair，核心词汇是制作手工艺品所需的工具，如 scissors，tape，glue，核心句型较为分散，纵观教材文本内容和配套练习，基于单元的整体设计，本课时主要运用一般现在时、现在进行时和一般将来时讨论将要做或正在做的手工艺品“What to make? What do we need? How to make? ”三个方面的信息，为接下来两课时用过去式介绍已做好的手工艺品做铺垫。 在教学过程中采用全语境式教学，以情节推进，以任务驱动，体现语言输入的情景性和整体性，让学生在 Listen and say、read and learn、discuss in groups 等任务中，帮助学生建构系统的知识体系，语言知识和语言技能由浅入深，以情景推动的语言输入很好地滚动复现旧知，并层层递进实现提升。在各个任务中，特别注重学生通过听或阅读小语段找出关键信息，从而实现学生综合语言运用能力质的提升。在形式多样，环环相扣的活动中，学生在第一课时能够初步掌握和运用核心词汇和句型，介绍制作手工艺品所需要的材料和制作步骤，为学生真实、有意义的语言输出奠定了坚实的基础。 但由于每一件手工艺品所需要的制作材料和制作步骤都是不一样的，因此在输出环节，要学生现场表述还是有一定的困难，因此只能作为作业布置给学生，给予他们更多的时间和空间去发挥
●第二课时教学设计：6B M2 U5 P2 An Invention Story for Science Fair	
课型	新授故事教学课
（一）本节与上节相关性分析	1. 情境相关性分析 第一课时 Making Crafts for Science Fair 情境中，Ms Guo 与学生们讨论为 Science Fair 制作手工艺品，第二课时延续 Science Fair 主题，讨论 Kitty 做了什么手工艺品，为什么做，从而引出故事 Lu Ban and the saw，再讨论需要什么材料以及怎么做。 2. 语言相关性分析 （1）在第一课时，学生已经初步学习归纳了字母组合 ere、ear、air、are--/εə/ 的发音，本课时将继续通过一个小语段学习字母组合 our、oor、ure--/uə/ 的发音。 （2）通过第一课时的学习，学生已初步学习了如何用英语描述制作手工作品的相关信息，如“What do you want to make? What do you need? How will you make it? ”在本课时，学生在相同情境中学习 Lu Ban and the saw 的故事，并尝试用一般过去时描述制作手工艺品的相关信息，如“What did you make? What did you need? How did you make it? ”

续上表

（二）教学内容	Read a story，Learn the sounds & Listen and enjoy 1. 故事文本  2. 对话文本 Ms Guo：Kitty，what did you make for Science Fair? Kitty：I made a saw. Ms Guo：A saw? Why did you make a saw? Kitty：I read a story about the saw. I think the saw is a great invention. Ms Guo：What did you need to make the saw? Kitty：I needed some wood，some string and a knife with sharp teeth. Ms Guo：How did you make the saw? Kitty：First，I made a hole in each piece of wood. Next，I connected two pieces of wood with another wood in the middle. After that，I connected one side of the wood with a knife with sharp teeth. Finally，I connected another side of the wood with a piece of string. 3. 语音文本 The Long-hair girl had a tour. She met some people who are poor. They said，"Can you share some bread with us?" She said，"That's for sure."
（三）教学目标	本课时的语用任务为：能在 An Invention Story for Science Fair 的语境中听、读文本，学习故事 Lu Ban and the saw，了解 saw 的来源，并初步使用一般过去时描述手工艺品的相关内容，要求思维合理、内容达意、语音正确、语法正确。具体目标如下。 1. 知识目标 （1）在语音文本中感知字母组合 our、oor、ure 在单词中的发音，正确朗读含有 our、oor、ure 发音的单词并理解语音文本。

续上表

<table>
<tr><td>（三）教学目标</td><td colspan="4">（2）在 An Invention Story for Science Fair 的语境中，感知、理解核心词汇 tool、easily、still，初步感知核心句子“What did you make? I made ... ”“What did you need? I needed ... ”“How did you make it? First, ... Next, ... After that, ... Finally, ...”做到发音正确，表达流利。
（3）在 An Invention Story for Science Fair 的语境中，能根据关键问题引导用一般过去时描述制作的手工艺品、所需材料及步骤。
2. 能力目标
（1）学生能在问题引导下理解故事大意，尝试总结故事、朗读故事及复述故事。
（2）学生能在回答关键问题的基础上，用完整语段描述制作的手工艺品，所需材料及步骤。
3. 情感目标
通过故事的学习，学生能了解鲁班造锯的故事中所蕴含的道理，学会开动脑筋、善于观察、勇于尝试，成为像伟大科学家一样对社会有贡献的人</td></tr>
<tr><td>（四）教学重难点</td><td colspan="4">学生能在回答关键问题的基础上，用完整语段描述制作的手工艺品、所需材料及步骤。因在第一课时使用一般现在时、一般将来时的基础上要求学生使用一般过去时来描述已发生的事情，对学生能否根据不同情况灵活、综合运用各种时态提出了比较高的要求</td></tr>
<tr><td>（五）教学过程</td><td>目的</td><td>教师活动 / 方法</td><td>学生活动 / 学法</td><td>条件 / 手段</td></tr>
<tr><td rowspan="2">组织教学及复习</td><td>1. 复习第一课时字母组合 air、ere、ear、are 的发音</td><td>1. 通过询问天气引出单词 air 及其发音。
What's the weather like today?
2. 复习发 /ɛə/ 音的字母组合 air、ere、ear、are 并引导学生朗读第一课时的语音文本</td><td>根据实际情况回答今天天气情况。
回忆发 /ɛə/ 的字母组合，朗读第一课时语音文本</td><td>播放 PPT</td></tr>
<tr><td>2. 学习第二课时语音文本，总结 /uə/ 发音字母组合</td><td>呈现图片，通过以下问题引出小语段：
Where's the long-hair girl?
Who did she meet?
What did they ask?
What did the long-hair girl answer?</td><td>看图、回答问题，在以下的小语段中感知字母组合 our、oor、ure 的发音</td><td>播放 PPT，呈现图片及问题</td></tr>
</table>

续上表

组织教学及复习	3. 总结归纳字母组合 our、oor、ure 的发音规律，列出以上字母组合的单词	指导学生朗读语音文本，找出含有 /uə/ 发音的字母组合 our、oor、ure 及其单词，引导学生发现规律	从语音文本中发现字母组合的发音规律	播放 PPT
	4. 齐读字母组合、单词及语音文本，进一步巩固对这三个字母组合的发音	展示字母组合、单词及语音文本，齐读	齐读字母组合、单词及语音文本	播放 PPT
	5. 以图片延续第一课时情境，根据第一课时的表格复习 "What to make?" "What to need?" "How to make?" 来讨论做手工的关键信息	出示图片，引出 Science Fair 主题，展示表格，根据以下问题复习上一课时内容： "What are they going to make?" "What do they need?" "How will they make it?"	根据表格的关键信息，问题引导，以完整语篇讨论各人物计划制作的手工艺品的相关信息	播放 PPT
	6. 以"变废为宝"手工大赛的计划表作为 Homework checking，让学生用完整的语段描述自己的手工艺品、需要的材料及制作步骤	Homework checking：要求学生两人小组讨论，再请学生描述手工艺品制作的计划	两人小组分享手工艺品制作的计划，包括 "What to make?" "What to need?" "How to make?"	播放 PPT，作业 "Trash to Treasure" for Science Fair
新知识的呈现与归纳	1. 引出 Science Fair 情境，复习已学过的部分手工作品名称	创设情境，指出同学们在 Science Fair 现场，同时图片展示已学过的手工艺品	根据图片提示说出学过的手工艺品名称	播放 PPT

续上表

新知识的呈现与归纳	2．以 Kitty’s craft for Science Fair 引出本课时核心故事 Lu Ban and the saw	展示 Kitty 与 Ms Guo 的对话，引导学生猜一猜 Kitty 制作了什么作品？为什么要制作？ Ms Guo：Kitty, what did you made? Kitty：I made a saw. Ms Guo：Why did you make it? Kitty：I read a story about the saw. I think the saw is a great invention.	听对话，猜一猜 Kitty 的小制作： Maybe she made a ...	播放 PPT
	3．发散思维，思考在读故事前可以了解故事的哪些方面的信息，实现读故事的学法指导	问题引导学生思考，读故事前可以提出问题，在故事中找出答案。 If you were Peter, Alice or Joe, what would you know about the story? 学生猜测后列出 Peter、Alice、Joe 的三个问题： Who invented the saw? What did the inventor get idea from to make the saw? What can a saw do?	根据故事标题猜测人物将问的问题，随后朗读 Peter、Alice、Joe 的三个问题	播放 PPT

续上表

新知识的呈现与归纳	4. 一听故事，了解故事大意，回答第一个问题：“Who invented the saw？”了解鲁班及其重要发明。二读故事，找出鲁班发明锯子的灵感来源及其过程。三读故事，找出锯子的用途及重要影响力	1. 播放故事，引导学生回答问题：“Who invented the saw？” 头脑风暴学生对鲁班的已有认知。引导学生对鲁班为人类做出的贡献的肯定	听故事，回答问题并深入认识鲁班及其重要发明，提升对 great inventor 的崇拜之情	播放 PPT 板书
		2. 以 Alice 的问题“What did Lu Ban get idea from to make the saw？”为引导，要求学生听读、默读故事第二、三部分，找出鲁班发明锯子的灵感来源及过程	以 Alice 的问题为引导，听读故事第二、三部分，找出鲁班的灵感来源于 leaf。再细读故事第二、三部分，找出得到灵感的过程	播放 PPT 板书
		3. 三读故事第四部分，回答 Joe 的问题“What can a saw do？”及“Did Lu Ban make the saw at last？”带读核心词 easily、still、tool	根据问题引导，读故事第四部分，回答问题，并跟读核心词 easily、still、tool	播放 PPT 板书
新知识的巩固与活用	1. 以 Jill 想知道故事大意为语境推动，尝试归纳故事，提高学生对故事的归纳总结能力	展示 Jill 的问题，引导学生帮助 Kitty 完成对故事的归纳总结。 Jill：What's the story about? 分角色朗读对话	学生根据 Kitty 的回答完成对故事的归纳。 分角色朗读对话	播放 PPT
	2. 以 Peter 帮助 Kitty 给其他学生朗读故事为语境推动，齐读故事，巩固对故事文本的掌握	语境创设“Peter is helping Kitty read the story to some students.”，要求学生帮助 Peter 齐读故事	帮助 Peter 齐读故事	播放 PPT
	3. 以 Alice 帮助 Kitty 给其他学生复述故事为语境推动，根据图片、短语复述故事，培养学生复述的能力	语境创设“Alice is helping Kitty retell the story for some students.”，要求学生帮助 Alice 复述故事	帮助 Alice 根据图片和关键短语复述故事	播放 PPT

续上表

新知识的巩固与活用	4. 以 Ms Guo 和 Kitty 的对话为语境推动，回归到第一课时关于制作的三个关键信息“What to make？”“What to need？”“How to make？”中的后两项，以一般过去时展现制作锯子所需材料和制作步骤，实现三个课时对小制作信息描述的统一，第二课时使用一般过去时描述也体现了对第一课时的延伸及为第三课时做好铺垫	1. 呈现 Ms Guo 和 Kitty 的对话，学习制作锯子所需要的材料。 Ms Guo：What did you need? Kitty：I need some wood，some string and a knife with sharp teeth.	根据对话，看图，学习 Kitty 制作锯子所需要的材料，并分角色朗读对话	播放 PPT 板书
		2. 呈现 Ms Guo 和 Kitty 的对话，学习制作锯子所需要的步骤。 Ms Guo：How did you make the saw? Kitty：First，... Next，... After that，... Finally，...	根据对话，看图，学习 Kitty 制作锯子所需要的步骤，并分角色朗读对话	播放 PPT 板书
	5. 感情升华，总结鲁班的特点并鼓励学生开动脑筋、善于观察、勇于尝试，成为像伟大科学家一样对社会有贡献的人	提出问题“How do you think of Lu Ban？”，总结鲁班的特点，并以优秀科学家、世界优秀发明激励学生成为对社会有贡献的人	提出对鲁班的看法，同时以优秀科学家、世界优秀发明激励自己成为对社会有贡献的人	播放 PPT
小结	1. 通过板书设计，帮助学生根据板书上的关键信息，以一般过去时描述小制作的关键信息“What to made？”“What to needed？”“How to made？”	师：第一课时讨论计划要制作小手工是用哪三个句子引导的？ 生：What do you want to make？ What do you need？ How will you make it？ 师：那第二课时描述一制作的小手工是用哪三个句子引导的？ 生：What did you make？ What did you need？ How did you make it？		板书

续上表

<table>
<tr>
<td>小结</td>
<td>2. 引导学生通过观察，了解同一个单词有不同的含义。师：Look at the word “saw”. What does it mean?</td>
<td>生：It means 锯子 in Chinese.
生：It’s the past tense of “see”.
师：You are both right. How about the word “plane”?
生：It means “飞机” in Chinese.
生：It also means “刨子” in Chinese.
师：You are both right. In English, there are different meanings in the same word, just like saw and plane.</td>
<td>单词卡</td>
</tr>
<tr>
<td>作业布置</td>
<td colspan="3">（1）Read the story Lu Ban and the Saw.
（2）Write a report about your craft.（给你的手工艺品写一份报告）</td>
</tr>
<tr>
<td>板书设计</td>
<td colspan="3">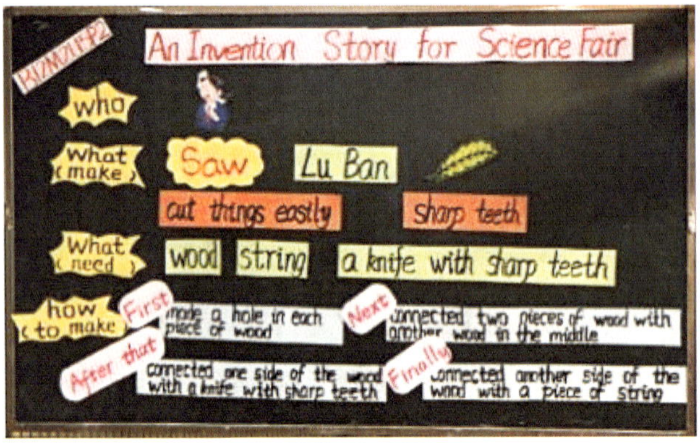
</td>
</tr>
<tr>
<td>教学后记</td>
<td colspan="3">本节课是本单元教学的第二课时，因本课时主要文本是故事 Lu Ban and the saw，与第一、三课时联系不紧密，且对于如何把故事放在单元的整体语境中教学成为本课教学设计的难点，故事与制作的相关性在哪里？课堂上又如何让学生感受故事蕴含的道理显得尤为重要。
1. 语境带动，自然流畅
本单元的主题为 Crafts on Science Fair，在第一课时 Making Crafts for Science Fair 情境中，Ms Guo 与学生们讨论为 Science Fair 制作手工艺品的基础上，第二课时延续 Science Fair 的主题，主要讨论 Kitty 做了什么工艺品，为什么做，从而引出故事 Lu Ban and the saw，再讨论需要什么材料，怎么做。在“Why did Kitty make the saw?”中插入故事教学，显得特别自然，同时故事教学中需要设计的活动，如小结故事、朗读故事、根据图片复述故事都在 Jill、Peter、Alice 的提问和帮助下进行，始终在语境中推进教学活动</td>
</tr>
</table>

续上表

教学后记	2. 各课时体现复现性与递进性 通过第一课时的学习，学生已初步学习了如何用英语描述制作手工艺品的相关信息，如“What do you want to make？”“What do you need？”“How will you make it？”。在本课时，学生在相同情境中学习 Lu Ban and the saw 故事，并尝试用一般过去时描述制作手工艺品的相关信息，如“What did you make？”“What did you need？”“How did you make it？”。在第三课时也将继续用一般过去时介绍学生制作好的手工艺品，实现小语篇的完整输出。从三个课时来看，以不同的时态复现对于手工艺品介绍的框架，如“What to make？”“What to need？”“How to make？”。但每个课时比上一课时对时态都有提高，同时要求以 first、next、then、after that、finally 来描述制作过程。同时，第一课时作业也以学生计划制作手工艺品为由，让学生以一般现在时、一般将来时讨论计划，第二课时作业则是以一般过去时来描述已完成的事情。因此，三个课时能体现知识的复现性和能力的递进性。 经过课堂教学后，学生能很好地掌握本课核心词句，能用一般过去时描述制作的手工作品、需要的材料及制作的步骤，同时能很好地理解 Lu Ban and the saw 的故事大意，明白故事所蕴含的道理，激励自己开动脑筋、善于思考、勇于尝试，做一个对社会有贡献的人。但教学也有不足之处，如对于“What did you need？ How did you make the saw？”这两个问答的学习过于仓促，没有让学生很好地感受 saw 的制作过程，今后可让学生事先思考如何制作，或者播放相关视频，学习对话后也应给学生提供同桌问答的时间，进一步熟悉文本。最后，也应就板书总结本课核心内容后，让学生 Role-play Kitty and Ms Guo，让学生能对本单元的核心知识框架实现整体的语言输出
●第三课时教学设计：6B M2 U5 P3 Trash to Treasure Crafts on Science Fair	
课型	综合运用课
（一）本节与上节相关性分析	本节课为第三课时，是在第二课时的基础上进一步学习 Crafts on Science Fair。学生在回顾制作手工艺品的情境中继续开展教学。学生结合实际生活，利用废旧物品，制作了属于他们的 trash to treasure crafts。以同学 Sara 制作的 book leaf 为例，先是再次搭建第二课时的框架“What did she make？ What did she need？ Why did she make it？ How did she make？ How is the ...？”让学生回顾旧知，形成语篇的概念。接着在科技节现场投票的平台上，学生详细介绍自己手工艺品的完整信息：所用材料、制作目的、手工艺品用途、制作步骤、手工艺品的特点等，真正明白到“生活观察中出智慧，智慧创作产品，产品改善生活”的道理，做一名名副其实的“有善心，有善行，会思考，懂创造”的海港小学“善为、智为”的学生

续上表

<table>
<tr><td>（二）教学内容</td><td>●教材：Make and say、Listen and enjoy、Learn the sounds，基于配套练习《活动手册》整合后的文本。
●整合文本

语音文本
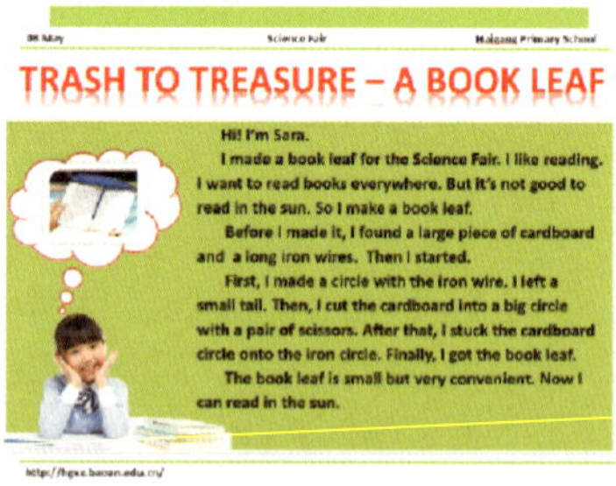

主文本</td></tr>
<tr><td>（三）教学目标</td><td>本课时的语用任务为：学生能在“Trash to Treasure Crafts on Science Fair”的语境中听、读文本，提取制作“变废为宝”的手工艺品相关信息，例如“What did she make？ What did she need？ Why did she make it？ How did she make？ How is the ...？”。并在此基础上形成对自己手工艺品的描述，介绍自己作品的基本信息，例如：所用材料、制作目的、手工艺品用途、制作步骤、手工艺品的特点等，要求思维合理、内容达意、语音正确、语法正确。具体目标如下。
（1）能在“Learn the sounds”的儿歌语境中，正确朗读并辨析含有字母组合 air、ere、ear、are、ure、our、oor 的单词，能在文本语境中总结这些字母组合的发音，辨析它们的发音。
（2）在“Trash to Treasure Crafts on Science Fair”的语境中，能拼读核心词汇及短语：a pair of scissors、some glue、some tape、craft，要求能听、会说、会读、会写。
（3）在“Trash to Treasure Crafts on Science Fair”的语境中，能运用核心句子“What did she/you make？ What did she/you need？ Why did she/you make it？ How did she/you make？ How is the ...？”以及相应的回答“I made a...I needed ...I made it because ...First/Then/After that/Finally，I... It's...”做到发音正确，表达流利。
（4）通过分析与对比，能在选择“the best ‘Trash to Treasure’ crafts on Science Fair”的语境中向大家介绍自己的手工艺品和自己最喜欢的手工艺品</td></tr>
<tr><td>（四）教学重点</td><td>用过去式描述制作手工艺品的基本信息，包含：所用材料、制作目的、手工艺品用途、制作步骤、手工艺品的特点等</td></tr>
<tr><td>（五）教学难点</td><td>一般将来时、一般现在时与一般过去时三种时态根据情境的转换</td></tr>
</table>

续上表

（六）教学过程	目的	教师活动 / 方法	学生活动 / 学法	手段 / 条件
组织教学及情境导入	1. 通过复习第一、第二课时带情境的两篇语音小文本，复习总结语音 ear、are、ere、our、oor、ure	出示语音小文本。 T：Did you learn this chant in the last two periods? What does “ear/are/ere” sound? What does “our/oor/ure” sound?	齐读语音小文本，列出含有字母组合 ear、are、ere、our、oor、ure 的单词	播放 PPT
	2. 总结语音核心词汇中字母组合的发音，给出五组新的单词，让学生自行辨析	引导学生总结字母组合 ear、are、ere、our、oor、ure 的发音。 T：What do these letters sound? Can you blend all these new words?	让学生在新的单词中去自行分类与总结 ear、are、ere、our、oor、ure 的发音	播放 PPT
	3. 通过一篇新的语音小文本，巩固发音规律	让学生听音辨词，完成语音小短文。 T：Let’s listen to the short passage about the sounds. Can you find out the words we need?	听音辨词，完整第一、第二课时情境延续的语音小短文，实现整体输入整体输出的语音练习	听音辨词：情境延续下的语音辨析
	4. 巩固复习第二课时 Kitty made a saw 以及故事 Lu Ban and the saw，复现语境，复习旧知	复习上一课时的核心内容： T：What did Sue make? What did Alice and her brother make? What did Kitty make? Who invented the saw? Where did Lu Ban get idea from? What can the saw do?	通过问题引导，复习第一、第二课时的旧知： Sue made a pen holder. Alice and Joe made a model house. Kitty made a saw. Lu Ban invented the saw. It was from the small but sharp leaf. The saw can cut things easily.	播放 PPT

续上表

组织教学及情境导入	5．通过问题，引入本课时的语境及主题“Trash to Treasure Crafts on Science Fair”	1．头脑风暴，以问题引入第三课时学习主题。 T：Guess，what did other students make for the Science Fair?	小组讨论，分享观点	小组讨论
		2．引入本节课的语境：“They made these crafts for old things. We can call them ‘Trash to Treasure’ crafts.”	问题引导，猜出“变废为宝”手工艺品的内容	播放PPT
新知识的呈现与归纳	1．引入同学Sara制作的“变废为宝”的手工艺品	引导学生发散性思维对Sara的手工艺品进行猜测。 T：What do you want to know about Sara’s trash to treasure craft?	头脑风暴，小组讨论后分享。 What did Sara make? Why did she make it? What did she need? How did she make? Who was it for? How long did she make? How is her craft?	让学生自主讨论，引发发散性问题的讨论
	2．整体感知文本，提炼总框架	播放文本，提出问题： T：Can we know ...?	第一次整体感知文本，了解Sara手工艺品的大致信息	观看视频
	3．分解整体文本，进一步从细节处学习文本的内容	通过听、回答问题，第二次接触文本，细节处处理文本。 T： What did Sara make? Why did she make it? What did she need? Who was it for?	第二次细节处学习文本，回答问题。 Sara made a book leaf. Because it is not good to read in the sun. She needed a large piece of paper and a long iron wire. It was for Sara herself.	播放PPT

续上表

新知识的呈现与归纳	4．培养学生提取信息的思维能力，并把信息合理地排列	问题引导，指导学生找出细节信息，并按顺序排列。 T： First，what did she do? Then，what did she do? Next/After that，what did she do? Finally，what did she have? How is it?	细读文本第四、五段落，找出细节信息，并形成信息表格。 First，she made a big circle with the long iron wire. She left a small tail. Then，she cut the cardboard into a big circle with a pair of scissors. After that，she stuck the cardboard paper onto the iron circle. Finally，she got the book leaf. It is small but convenient.	板书
	5．根据信息表格，初步进行语用输出	根据提炼的表格，引导学生用自己的语言表达	根据板书中的关键词、句尝试复述故事	播放 PPT
	6．不同层次的跟读、自读和小组读	—	跟读模仿，正音辨音，强调难点重点	播放 PPT
		—	个人内化自己读	—
		—	小组分享读	—
	7．聚合性思维的主题训练	开放性问题讨论： What should we introduce if we wanted to talk about our craft?	小组讨论，分享观点。 We should tell： What did we make? Why did we make it? What did we need? How did we make? Who was it for? How long did we make? How is our craft?	小组讨论：聚合性思维的训练

续上表

新知识的巩固与活用	进一步拓展学生围绕本节课主题“Trash to Treasure Crafts”所学，滚动第一、第二课时的学习内容，实现学生的综合语言运用	引导学生自行尝试介绍自己的手工艺品	根据所学，学生自行介绍自己的手工作品	实物介绍
		引导学生在四人小组内分享自己的作品	学生在四人小组内分享自己的手工作品以及其完整的信息	实物四人小组内介绍
		搭建平台让学生在班级展示自己的作品	在班级展示自己的作品	班级展示
		搭建“Choose the Best Trash to Treasure Craft on Science Fair”的投票平台，引导学生说出和写出自己的选择以及其理由。 T：We made so many crafts for the Science Fair. Let's pick our favourite one up and tell the reason.	1.4　给自己喜欢的作品投票，并说出和写出相应的信息卡	投票卡
小结	1. 利用板书对本课时核心知识进行简单小结	When we want to introduce our craft，don't forget to tell： What did we make? Why did we make it? What did we need? How did we make? Who was it for? How long did we make? How is our craft?		板书
	2. 总结做手工的顺序	Remember to use “First/ Then/ After that/ Next/ Finally” to talk about the procedures.		板书
	3. 情感教育：明白到“生活观察中出智慧，智慧创作产品，产品改善生活”的道理，做一名名副其实的“有善心，有善行，会思考，懂创造”的学生	T：In this unit，we planned，thought，made and talked about trash to treasure crafts on Science Fair. How do you feel? S：Let's watch more，think more. Let's turn “trash” to “treasure” and make our life better.		教师言语

续上表

作业布置	（1）Vote for the best designer in Class 6B （2）Watch the TV program *Dirty Money*《变废为宝》with your parents （3）Read the book *Turn Trash to Treasure*	播放 PPT
板书设计	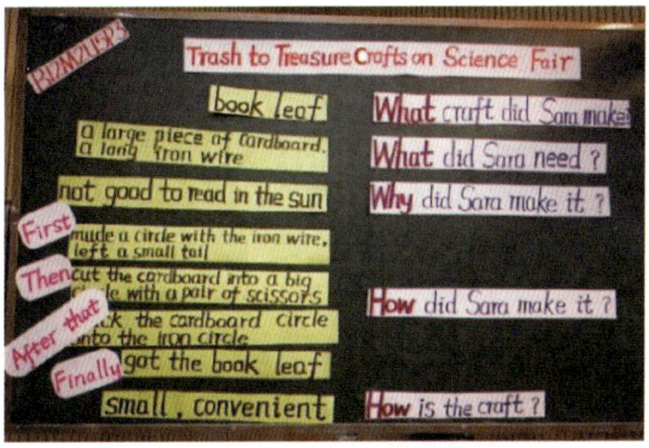	
教学后记	本单元我们围绕着 crafts 这个上课主题，创设了紧密贴合学生校园生活的科技节 Science Fair，分别以 Making crafts for Science Fair、An invention story for Science Fair 以及 Trash to Treasure Crafts on Science Fair 三个真实的场景来感知、习得和输出语言。当完成本单元三个课时的学习后，从教师的教到学生的学，都能表明这个单元的语用任务完成得相当不错。我们认为主要有以下的三点优势。 （1）学习内容紧密围绕校园生活，不仅仅是学生耳熟能详的科技节，学生更是真正参与了“变废为宝”Trash to Treasure Crafts 的制作，从而让学习内容接地气，学生有话可说。同时，在科技节的语境中，又增加了新颖的内容“变废为宝”，让学生在三节课的学习中逐渐意识到生活中要多观察，多思考，多创造，改善生活与环境。 （2）搭建简单易懂却便于整体输出的框架，帮助学生从“学会”走向“会学”。本单元的三个课时中，从第一课时的框架性问题“What do you want to make? What do you need? Why do you make it? Who is it for? How will you make it? How is it the craft?”，到第二课时的“What did she make? What did she need? Why did she make it? How did she make? How is the saw?”，再到第三课时的“What did we make? Why did we make it? What did we need? How did we make? Who was it for? How long did we make? How is our craft?”，充分体现了教师教授的过程中从“教”到“半教”到“放手教”的过程，体现了学生在学习的过程中从“学习”到“扶着学”到“独立学”的过程，是一种真正让学生走向“自主学习”的策略性引领。 （3）灵活转化各种时态，让学生达成综合语用任务。本单元涉及一般将来时、一般现在时与一般过去时三种时态，教师设计的三个话题，从科技节前的 Making crafts for Science Fair，到科技节中的 An invention story for Science Fair，再到最后科技节“变废为宝”的作品投票 Trash to Treasure Crafts on Science Fair 中，实现根据情境进行灵活的转换，让学生无障碍地输出，达成语用目标。 “学习紧贴生活，问题引导推进，语篇完成输出”是本单元的三大特色，愿接下来的学习我们能牢记这三点，让学生真正学英语、用英语！	

续上表

三、教学特色分析

（一）基于大概念的单元统整创新模式

在过去单元整体教学的基础上继续创新进行基于大概念的统整教学，形成了初步的模式：

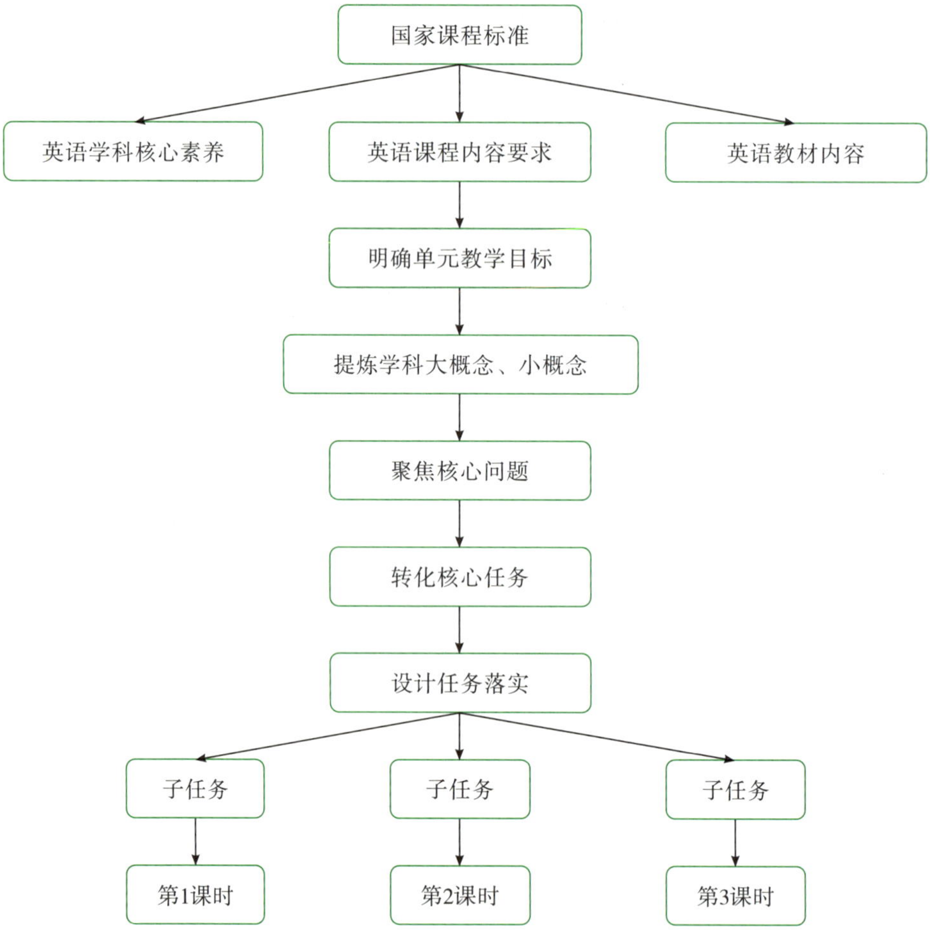

（二）基于学生真实生活运用的教学设计

新课标的课程理念特别强调一线教学要践行学思结合、用创为本的英语学习活动观，并提出“学思—学用—学创”的思路，本单元正是体现这一思想。围绕着 crafts 这一个主题，第一课时 Making Crafts for Science Fair 引导学生在学习理解类的活动中获取、梳理语言和文化知识，从而建立知识间的联结。第二课时 An Invention Story for Science Fair 利用传统文化故事“鲁班造锯”，结合科技节的背景，引导学生在应用实践活动中内化所学语言和文化知识，加深理解并学会初步运用；第三课时 Trash to Treasure Crafts on Science Fair 引导学生在迁移创新类活动中联系真实的生活，从科技节前的 Making crafts for Science Fair，到科技节中的 An invention story for Science Fair，再到科技节“变废为宝”的作品投票 Trash to Treasure Crafts on Science Fair 中，运用所学去解决现实生活中的问题，形成正确的价值判断和态度。

续上表

（三）基于教、学、评一体化的教学实施

本单元的教学注重课程实施过程的评价，以评促学、以评促教，注重发挥学生的主观能动性，引导学生成为科技节上各种活动的设计者、参与者和合作者，发挥学生的评价以促进学生的学习。从设计科技节的手工艺品，到研讨背后的设计原理和文化，到科技节展示手工艺品，最后到挑选最喜欢的手工艺品，这一系列的设计皆体现教、学、评的一体化。

（四）基于问题链的深度思维能力培养

本单元的设计着重对学生思维能力的培养，特别体现在无论是每一课时的任务达成，抑或是每一个教学步骤的推进，并非依靠形式上的活动去推进，而是依靠环环相扣的问题链让教学自然而然发生。例如在第一课时上的“What does she want to make? What does she need? How will she make it？”，第二课时的“What did you make? What did you need? How did you make it?”，第三课时的“What did she make? What did she need? Why did she make it? How did she make? How is the ...?”，这些问题能随着教学的进行顺势而为，让课堂很好地起承转合，真正让思维得到培养

四、学习效果评价与作业设计

（一）学习评价

1. 课堂学习的评价标准

本单元通过设置学习态度、学习能力、学习方法、学习目标共四个方面对学生的学习习惯、学科思维和交流合作能力进行评价。

<table>
<tr><th colspan="2" rowspan="2">评价目标</th><th rowspan="2">评价标准</th><th rowspan="2">等级</th><th colspan="3">结果</th></tr>
<tr><th>自评</th><th>组评</th><th>师评</th></tr>
<tr><td colspan="2" rowspan="4">学习态度</td><td>①能尊重他人的意见，不会毫无原因地固执己见</td><td>A/B/C</td><td></td><td></td><td></td></tr>
<tr><td>②能善于发现合作伙伴的长处</td><td>A/B/C</td><td></td><td></td><td></td></tr>
<tr><td>③遇到挫折能相互鼓励，群策群力</td><td>A/B/C</td><td></td><td></td><td></td></tr>
<tr><td>④回答问题时能自觉注意仪态仪表、语气语速、声音音量</td><td>A/B/C</td><td></td><td></td><td></td></tr>
<tr><td rowspan="4">学习能力</td><td rowspan="2">发现问题</td><td>①遇到不懂的问题或难题能主动请教老师、同学</td><td>A/B/C</td><td></td><td></td><td></td></tr>
<tr><td>②能主动思考问题，积极提出问题或回答问题</td><td>A/B/C</td><td></td><td></td><td></td></tr>
<tr><td rowspan="2">探究问题</td><td>③敢于对存在争议的观点提出疑问，甚至发表否定并说明原因</td><td>A/B/C</td><td></td><td></td><td></td></tr>
<tr><td>④能有“金点子”得到师生的认同并被采纳和实施</td><td>A/B/C</td><td></td><td></td><td></td></tr>
</table>

续上表

续上表

评价目标	评价标准	等级	结果		
			自评	组评	师评
学习方法	①主动学习，能记录学习要点	A/B/C			
	②主动思考，能积极发问	A/B/C			
	③主动交流，能与师生进行双向交流	A/B/C			
	④主动合作，能在小组中发挥自身的作用	A/B/C			
学习目标	①能明晰本节课的学习目标	A/B/C			
	②能掌握本节课的教学内容	A/B/C			
	③能应用课堂知识、技能解决生活相关问题	A/B/C			
备注					

2. 学习过程的评价标准

本单元通过设置听、说、读、写共四个方面对学生的学习过程进行评价。

评价目标	评价标准	等级	结果		
			自评	组评	师评
听	①语篇概括能力：能明白语篇的主要思想	A/B/C			
	②信息抓取能力：能抓取需要的信息	A/B/C			
说	① 流畅连贯度：口语的流利度。如何使用一系列的单词和短语来连接和组织你的想法	A/B/C			
	②词汇量：考官会考虑考生用词的种类，以及是否能选择正确的词语形式和使用正确的词语搭配	A/B/C			
	③语法准确性：想获得更高的分数，需要向考官展示你可以准确地使用一系列复杂的结构。此外，减少语法错误的数量也很重要	A/B/C			
	④发音：关注考生的发音特征，包括重音、语调和节奏	A/B/C			

续上表

续上表

评价目标	评价标准	等级	结果		
			自评	组评	师评
读	①语篇概括能力：能明白语篇的主要思想	A/B/C			
	②信息抓取能力：能抓取需要的信息	A/B/C			
	③上下文推断能力：能根据文本进行上下文的推断	A/B/C			
写	①任务完成度：是否完成了任务的各个部分，用扩展观点给出一个完整回答	A/B/C			
	②连贯衔接度：有逻辑性的排列信息，适当分段	A/B/C			
	③词汇量：广泛使用词汇	A/B/C			
	④语法准确性：是否有句子错误	A/B/C			

3．课后作业的评价标准

评价目标	评价标准
一、作业设计原则	①灵活性原则：设计的作业类型、形式灵活多样，让学生的多种感官动起来，而不仅仅是培养学生学会做题而已
	②层次性原则：作业的设计要有弹性，满足不同层次的学生对于知识巩固的需要，而且作业内容应该由浅入深，由易到难，由简到繁
	③独立性原则：鼓励学生通过自己独立思考，体验自主解决难题的快乐，学会独立学习，具备独立自主学习的能力
	④预见性原则：要预见学生在完成作业的过程中可能会出现的问题，并给予适当的指导和提示，避免不必要的错误
	⑤复现性原则：巩固新知识时，有机地融合旧知识，即可巩固已学语言材料，又可加快学习新知识的速度

续上表

续上表

评价目标	评价标准
二、作业形式	①书面作业：每周 2~3 次在作业本或练习册上完成
	②实践作业：与话题匹配的各项实践活动，如："Make a survey""Do a report"
三、作业要求	①书写规范，字迹工整，干净整洁，不使用涂改液
	②按时、按质、按量完成作业
	③独立完成，不得照抄作业
	④错题要及时纠正，下次做作业之前先纠正
	⑤一律使用同一种颜色的笔，中、高年级不使用铅笔
四、评价标准	①对于英语作文，将学生的作文分成 A+、A、B、C 四个等级。书写工整规范、符合要求，涵盖所有要点，结构规范，条理清楚，逻辑严密，词汇比较丰富，没有或者有少量语法错误为 A+ 等级。符合要求、书写规范，部分涵盖要点，行为基本连贯，词汇不够丰富，有一些语法错误为 A 等级。与要求有明显距离，书写不规范，要点不完整，行文不连贯，词汇量不足、错误较多，勉强能看出作文意图为 B 等级。能用句子表达，错误百出，只能勉强猜测出作文意图为 C 等级
	②对于练习题形式的作业书写规范，字迹工整，干净整洁，不使用涂改液。 正确率在 90% 以上为 A+，优秀；80% ~ 90% 为 A，优良；60% ~ 80% 为 B，合格；60% 以下为 C，不合格。
	③对于实践活动作业：口语练习，如：Make a survey；Do a report，则用教师的评语来评价，表扬学生敢于挑战选做题等。 正确率在 90% 以上为 A+，优秀;，80% ~ 90% 为 A，优良，60% ~ 80% 为 B，合格，60% 以下为 C，不合格。
五、具体内容	①第一课时。 ● Read the text. ● Make your own craft for the Science Fair and write it down. ②第二课时。 ● Read the story Lu Ban and the saw. ● Write a report about your craft. ③第三课时。 ● Vote for the best designer in Class 6B on the school website. ● Watch the TV program *Dirty Money* with your parents. ● Read the book T*urn Trash to Treasure*.

第五章

英语评价体系的建构与实施

一、英语课程的评价体系建构与实施

建立科学的教育评价体系，是落实教育立德树人根本任务、落实党的教育方针的根本保障。坚持教育评价创新，能有效激发学校教育教学活力，优化教育教学结构，引领教育教学方向，有利于学生五育并举、协调发展。英语学科的评价模式基于学校评价体系的开发，是学校评价体系的进一步细化与体现，能反映出一个学校课程实施的效果与落地的质量。

学校坚持树立科学教育质量观，以立德树人为导向，依托“有为·领航”课程体系，以科技赋能评价，变革育人方式，创新评价形式。经过九年多的探索实践，逐步形成了“有为·导航”智慧评价模式（见图 5-1）。“有为·导航”评价体系聚焦评价的六个核心要素：一个有力的支持体系——“有为·领航”课程体系；一套系统的评价指标体系——“5—4—4—N”分级指标；一套科学的操作评价标准——聚焦素养的评价标准；一套可操作的评价工具——“C+”智慧校园；一个多元协同的评价主体——评价共同体；一个教学相长的评价数据——赋能型评价。在英语学科的评价上，也充分体现了以上六个核心要素。

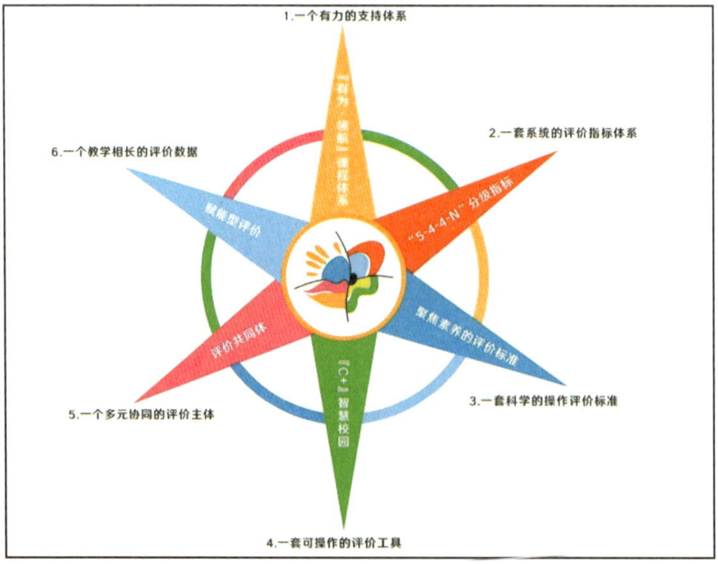

图 5-1 “有为·导航”评价体系

（一）一个有力的支持体系：英语学科 PSR 课程体系

学生学科素质评价“落地”，必须依托于学科课程建设的有力支撑和有效供给。英语学科根据国家课程方案及课程标准，建构了独具特色的 PSR 课程体系。具体包含以下几点。

1．一个模型

一个模型即课程路径模型。英语学科构建了国家课程校本化的模型，规划了详细的路径保证课程实施的最优化。

2．二个系统

二个系统即课程操作系统和支持系统。它们高度聚焦课程的“立德树人”功能，做到通观思考、宏观建构、微观实施、客观评价、回观反馈。

3．三类评价

三类评价包括以学生为中心的 PE 评价、以结果为导向的 KPI 评价、以奋斗者为本的赋能评价。

4．四级课程

为有效提升学生的学科核心素养，英语学科根据学科的特性和具体学情，把课程设置成四级课程，分别是奠基课程、拓展课程、自选课程、综合课程。

5．五大路径

一是将英语学科的核心素养内化为“教学宣言”；二是将各学科的知识点和能力训练点做统整和联结，形成“学习地图”；三是通过“学科整合”，使各学段、各学科之间和谐共振、协同发展；四是利用“全学科阅读”打开多元的、全方位的阅读视域；五是向“思辨课堂”要质量，让每个学生都成为思想者，让每一处思辨都留下痕迹。

英语课程体系和评价体系相辅相成、共生共长。课程体系的科学设置保障了评价体系的实施有平台、有内容、有依托。评价体系的实施又服务于课程建设的深思与改进，形成良性的闭环。

（二）一套系统的评价指标体系：“5—4—4—N”分级指标

学校依据《深化新时代教育评价改革总体方案》和《义务教育质量评价指南》的有关要求和学校的顶层设计，研发了一套系统的评价指标体系。英语学科隶属“德、智、体、美、劳”五个基础领域下的“智”领域，属于学校育人目标的“勇、智、善、美”四个维度中的“智为”层级，设置了奠基课程、拓展课程、自选课程、综合课程，最后根据学科核心素养形成 N 个评价方面，最终构建成“5—4—4—N”四个级别的分级评价指标体系（见表 5-1）。

表 5–1 英语学科“5—4—4—N”四个级别的评价指标体系

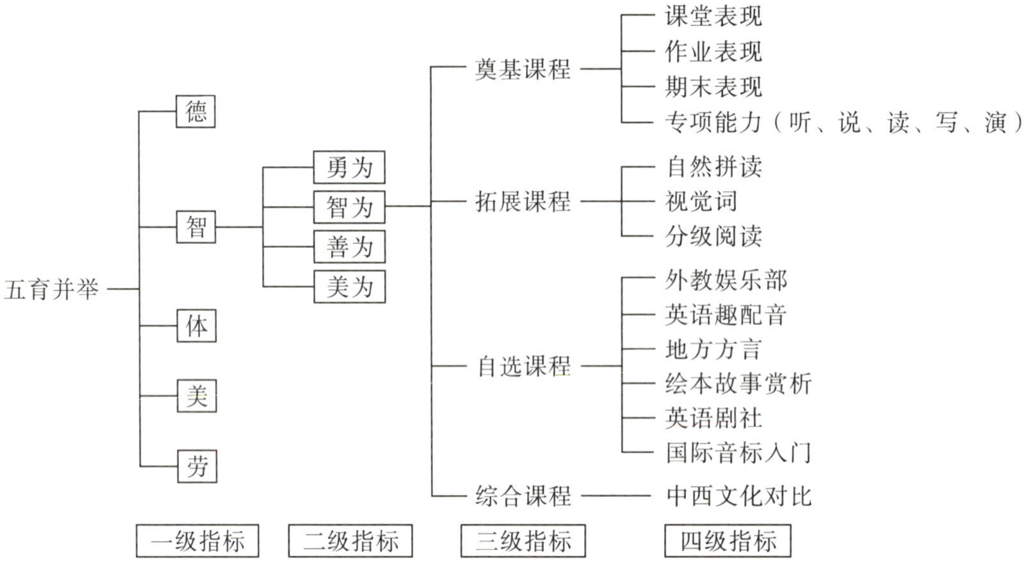

（三）一套科学的操作评价标准：聚焦素养的评价标准

英语学科的评价体系依据“5—4—4—N”四级评价指标，再结合学科特色进行进一步细化，制定具体的学科评价标准（见表 5–2）。

表 5–2 英语学科聚焦素养的评价标准（奠基课程）

类别	项目	A 级	B 级	C 级	个人评价	同学评价	教师评价
课堂表现	认真	上课认真听讲，作业认真完成，参与讨论态度认真	上课能认真听讲，作业依时完成，有参与讨论	上课无心听讲，经常欠交作业，极少参与讨论			
	积极	积极举手发言，积极参与讨论与交流，大量阅读课外读物	能举手发言，有参与讨论与交流，有阅读课外读物	很少举手，极少参与讨论与交流，没有阅读课外读物			
	自信	大胆提出和别人不同的问题，大胆尝试并表达自己的想法	有提出自己的不同看法，并做出尝试	不敢提出和别人不同的问题，不敢尝试和表达自己的想法			

续上表

类别	项目	A级	B级	C级	个人评价	同学评价	教师评价
课堂表现	善于与人合作	善于与人合作，虚心听取别人的意见	能与人合作，能接受别人的意见	缺乏与人合作的精神，难以听进别人的意见			
	思维的条理性	能有条理地表达自己的意见，解决问题的过程清楚，做事有计划	能表达自己的意见，有解决问题的能力，但条理性较差	不能准确表达自己的意见，做事缺乏计划性和条理性，不能独立解决问题			
	思维的创造性	具有创造性思维，能用不同的方法解决问题，独立思考	能用教师提供的方法解决问题，有一定的思考能力和创造性	思考能力差，缺乏创造性，不能独立解决问题			
作业表现	正确率	正确率高（达90%～100%），能及时订正错误的题目	正确率较高（达80%～90%），在教师的提醒下能及时订正错误的题目	正确率较低（低于80%），不能及时订正错误的题目			
	美观度	字迹清楚，书写工整，卷面美观	字迹比较清楚，书写比较工整，卷面比较美观	字迹不清楚，书写不工整，卷面不美观			
	完成率	独立完成，能做到每项作业按时提交	需要教师、家长或同伴帮忙，基本能做到按时提交作业	无法独立完成，不能按时提交作业			
期末检测	听力	听力正确率高（90%～100%）	听力正确率较高（80%～90%）	听力正确率不高（低于80%）			
	笔试	笔试正确率高（90%～100%）	笔试正确率较高（80%～90%）	笔试正确率不高（低于80%）			
专项能力·听	听写	听写正确率高（90%～100%）	听写正确率较高（80%～90%）	听写正确率不高（低于80%）			

续上表

类别	项目	A 级	B 级	C 级	个人评价	同学评价	教师评价
专项能力·说	看图说话（一至三年级） 主题演讲（四至六年级）	对提供的素材组合合理，理解正确；切合主题，内容具体连贯，用词恰当，情节完整；语音、语调规范、正准；吐字清晰，语言流畅，条理清晰	对提供的素材组合基本合理，理解基本正确；较为切合主题，内容较为具体连贯，用词较为恰当，情节相对完整；语音、语调基本规范、正准；吐字相对清晰，语言相对流畅，条理相对清晰	对提供的素材组合不合理，理解不正确；不太切合主题，内容不具体不连贯，用词不恰当，情节不完整；语音、语调不规范、不正准；吐字不清晰，语言不流畅，条理不清晰			
专项能力·读	沪教版课文朗读 分级阅读绘本朗读	语音准确，没有读错或漏读；语速恰当，声音洪亮，表达自然流畅；节奏优美，富有情感；能很好地运用体态、表情反映朗读内容	语音基本准确，基本没有读错或漏读；语速较为恰当，声音比较洪亮，表达比较自然流畅；节奏比较优美，富有情感；基本能运用体态、表情反映朗读内容	语音不准确，有读错或漏读；语速不恰当，声音不洪亮，表达不自然不流畅；节奏欠缺优美，没有情感；无法运用体态、表情反映朗读内容			
专项能力·写	看图写话（三年级） 主题写作（四至六年级）	所写内容涵盖要求；恰当应用了相关的语法和词语，基本没有语法或词语错误；有较强的语言表达能力；格式和标点使用规范；符合英语的表达习惯	所写内容基本涵盖要求；较为恰当应用了相关的语法和词语，基本没有语法或词语错误；较能体现语言表达能力；格式和标点使用基本规范；基本符合英语的表达习惯	所写内容没有涵盖要求；不恰当应用了相关的语法和词语，有较多语法或词语错误；语言表达能力不强；格式和标点使用不规范；不符合英语的表达习惯			

续上表

类别	项目	A级	B级	C级	个人评价	同学评价	教师评价
专项能力·演	课本剧表演	主题突出，思想性强；形式新颖；表演大方，富有感染力；表情自然，吐字清晰，语言流畅，动作协调；服装整齐美观，符合人物角色；背景音乐的选取与节目内容的整体搭配相符；组织有序	主题较为突出，思想性较强；形式比较新颖；表演比较大方，比较富有感染力；表情基本自然，吐字基本清晰，语言基本流畅，动作基本协调；服装较为整齐美观，比较符合人物角色；背景音乐的选取与节目内容的整体搭配比较相符；组织较为有序	主题不突出，思想性不强；形式不新颖；表演不大方，没有感染力；表情不自然，吐字不清晰，语言不流畅，动作不协调；服装不整齐美观，不符合人物角色；背景音乐的选取与节目内容的整体搭配不合理；组织无序			

（四）一套可操作的评价工具："C+"智慧校园

《深化新时代教育评价改革总体方案》指出："充分利用信息技术，提高教育评价的科学性、专业性、客观性。"英语学科借助于校园的信息化建设，利用 Seewo 课堂、作业管理平台、班级优化大师、钉钉、智慧校园管理平台，初步形成了"全数字、全连接、全融合"的智慧评价系统。"C+"智慧校园围绕着课堂，在课前、课中、课后和课外进行全方位的跟踪评价，以技术赋能评价，提升课堂质量，促进学生全面发展和个性发展。

1．课前

教师利用"问卷星"等 APP 进行学前测，做到"以学定教"。

2．课中

教师利用 Seewo 平台、平板电脑、投影等仪器现场生成相关数据，便于师生分享作品，记录成长。

3．课后

教师利用班级优化大师、钉钉等 APP 跟踪学生作业的完成情况，并对作业进行评价反馈，形成数据，增强家校之间的连接沟通。

4．课外

教师利用微课引导学生进行基于大单元的项目式合作学习体验，培养学生知行合一的实践能力。

（五）一个多元协同的评价主体：评价共同体

英语学科运用“C+”智慧校园，教师借助系统数据对学生进行课前—课中—课后跟踪式评价，关注学生学习过程，评价更精准；学生完成作业后，及时进行文字、图片等方式的自我评价，引发自我分析和反思，评价更具参考性；同时还可对同伴的问答情况、作业等进行对比评价，关注他人长处，激发自身成长动力，评价更立体。而家长则利用“作业管理平台”，聚焦学生在家表现，通过手机端反馈学生作业完成时长等情况，评价更全面。学校通过“智慧校园平台”管理班级，直接生成评选数据及名单，对学生授予“勇为之星、智为之星、善为之星、美为之星”称号，还可开展鼓励性评价、建议性评价。评价数据也可回流至教师、家长、学生等评价主体，形成评价闭环。

（六）一个教学相长的评价数据：赋能型评价

评价反馈结果具有导向、诊断、鉴定、调控、改进等功能。通过评价，学校管理者、教师、学生和家长只需在手机、平板等终端用个人账号登录网络空间，就能在相应菜单中及时了解可视化、数据化的评价信息，从而对管理、教学、学习等行为进行针对性改进。

评价数据呈现三大特点：基于 PE 评价主体和项目多元化，学校采取相对估值法，教师、家长和学生能够根据相应的数据了解学生相对应的学科素养。基于 KPI 评价的数据应用，经过取样、对比和分析后，学生可以对比自己学前和学后的数据，了解每一个学科的学习状态。基于学风“今日之我胜于昨日”的赋能评价，学生能从折线图、雷达图等分析自我成长的轨迹，便于规划未来的学习。同时，家长能及时了解学校发展状况、学生在校表现，有利于更好地履行监护人责任，更多地参与到学生学习成长的过程。

英语学科的评价体系不仅指引学生的学习方向，也给学科的发展注入变革动力。就教师而言，提升评价理念与水平，评价过程中既注重结果，又关注过程，不以单一的标准来衡量，更全面地发挥评价的各种功能，同时促进教师的专业发展。

英语学科的评价体系坚持做到从定量、定性向赋能转变，从“趋同化”向“个性化”转变，实现多元评价对学生学习过程的全域观照，注重生成性结果的判断描述。旨在引导学生实现自我认识、自我教育，明确发展方向，促进每个学生在原有基础上实现全面、和谐、可持续的发展。

二、英语课堂的评价建构与实施

课程的实施主阵地是课堂。围绕着学科课程体系，学科教研组建立课堂观察标准。基于单元整体教学背景，学科教研活动围绕着课堂，展开以课堂为中心的研讨，核心关注课堂的 LICC 课堂观察四维度，即学生学习、教师教学、课程性质、课堂文化，旨在引领教师科学观课、用数据和证据评课。

（一）基于思辨理念的大单元实施的 LICC 教研模式的内涵

LICC 课堂观察范式是一种由学生学习（Learning）、教师教学（Instruction）、课程性质（Curriculum）与课堂文化（Culture）四个维度构成的课堂观察新范式。其核心要素是“学生学习”，其他要素是影响“学生学习”的关键要素。崔允漷也提出课堂观察 LICC 范式有四方面的贡献：丰富了有关课堂的知识、提供了一套程序与技术、改善了学生的课堂学习、促进了教师的专业发展。

出于观察的需要，遵循理论的逻辑，将每个要素分解成 5 个视角，再将每个视角分解成 3~5 个可供选择的观察点，形成了“4 要素 20 视角 68 观察点”。它为我们理解课堂、确定研究问题、明确观察任务提供了一张清晰的认知地图和一个实用的研究框架（见表 5–3）。

表 5–3　课堂的 4 要素 20 视角 68 观察点 ①

要素	视角	观察点举例
学生学习（L）	1. 准备 2. 倾听 3. 互动 4. 自主 5. 达成	以“达成”视角为例，有三个观察点： ①学生清楚这节课的学习目标吗？ ②预设的目标达成有什么证据吗（观点、作业、表情、板演、演示）？有多少人达成？ ③这堂课生成了什么目标？效果如何？
教师教学（I）	1. 环节 2. 呈现 3. 对话 4. 指导 5. 机智	以“环节”视角为例，有三个观察点： ①由哪些环节构成？是否围绕教学目标展开？ ②这些环节是否面向全体学生？ ③不同环节、行为、内容的时间是怎么分配的？

① 沈毅．崔允漷．课堂观察：走向专业的听评课［M］．上海：华东师范大学出版社，2008.

续上表

要素	视角	观察点举例
课程性质（C）	1. 目标 2. 内容 3. 实施 4. 评价 5. 资源	以“内容”视角为例，有四个观察点： ①教材是如何处理的（增、删、合、立、换）？是否合理 ②课堂中生成了哪些内容？怎样处理？ ③是否凸显了本学科的特点、思想、核心技能以及逻辑关系？ ④容量是否适合该班学生？如何满足不同学生的需求？
课堂文化（C）	1. 思考 2. 民主 3. 创新 4. 关爱 5. 特质	以“民主”视角为例，有三个观察点： ①课堂话语（数量、时间、对象、措辞、插话）是怎么样的？ ②学生参与课堂教学活动的人数、时间怎样？课堂气氛怎样？ ③师生行为（情景设置、叫答机会、座位安排）如何？学生间的关系如何？

（二）基于思辨理念的大单元实施的LICC教研模式的五个关键环节

基于LICC课堂观察范式的校本教研活动开展，主要分为五个关键环节，分别是：①备课组说课：确定观察点，突出针对性；②课前团队研讨：开发观察量表，突出理论性；③课中观察：记录课堂观察，突出过程性；④课后团队研讨：分析量表，突出客观性；⑤撰写观课报告及反思：做出推论，突出逻辑性（见图5-2）。

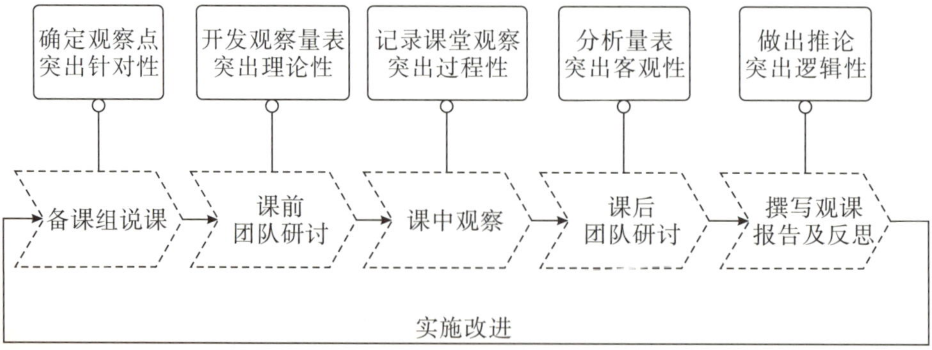

图5-2 基于LICC课堂观察范式的校本教研五个关键环节

（三）基于“思辨”理念的大单元实施的LICC教研模式观课量表

对于课堂教学的评价，主要使用教师根据观察点所开发的观察量表。此处的观察量表不是专家开发用于评价课堂教学的专业性测量工具，而是教师从各自的研究方向出发，把课堂教学中所涉及的学生学习、教师教学、课程性质和课堂文化四个维度的20个视角中，从某个或多个视角聚焦课堂教学效果，从专业的引领和自身的教学经验出发，开发出有针对性、有利于课堂观察的辅助性表格。这些观察量表是经过小组讨论，融合集体智慧，通过实践不断优化，适合教师在观课过程中用于记录观课过程及要点的实用性工具。根据四个维度、20个视角，教研组开发部分量表（见表5–4至表5–17）。

1．维度一：学生学习

表5–4　学生学习

项目	观察点	统计	评价建议
（一）达成：学生课堂达成如何？	1．学生清楚这节课的学习目标吗？		
	2．预设的目标达成有什么证据吗（观点、作业、表情、检测、成果展示）？有多少人达成？		
	3．这堂课生成了什么目标？效果如何？		
（二）互动：学生参与活动的有效性如何？	1．T-S（师生问答）		
	2．T-SS（师与生生活动）		
	3．S-S（同伴活动或Group work小组活动）		
	4．SS（集体活动）		
	5．Games（游戏）		
	6．S（个体展示）		
	7．S-S（生生问题）		
（三）准备：学生课前准备如何？	1. 学生课前准备了什么？是怎样准备的？		
	2. 准备得怎么样？有多少学生做了准备？		

2．维度二：教师教学

（1）环节：教学环节、时间分配，是怎样围绕目标展开的？怎样促进学生学习的？

表 5–5　教师教学：环节

教学环节	教学内容	时间	如何围绕目标展开？	怎样促进学生学习？
Pre-task				
While-task				
Post-task				
教学环节围绕目标达成分析				
建议				

（2）呈现：板书呈现了什么？怎样促进学生学习的？

表 5–6　教师教学：呈现

板书内容	
板书如何促进学生学习的？	
建议	

（3）对话：教师提问的类型、难度、话题与学习目标的关系怎样？

表 5–7　教师教学：对话

上课环节	教师提问	类型、难度、话题	与学习目标的关系
Pre-task			
While-task			

续上表

上课环节	教师提问	类型、难度、话题	与学习目标的关系
Post-task			
教师提问与学习目标的关系分析			
建议			

（4）机智：教师呈现哪些非语言行为（表情、动作、体态语）？结果怎样？

表 5–8　教师教学：机智

项目	上课环节	结果怎样？
表情		
动作		
体态语		
其他		
建议		

3．维度三：课程性质

（1）评价：检测学习目标采用的评价方式有哪些？

表 5–9　课程性质：评价

教学环节	学习目标（该环节为哪一项教学目标服务？）	检测与评价方式（认读、拼读、朗读、问答、练习、口头陈述、书写……）	效果达成（学生观点、学生表达、出现的问题等）	改进建议（针对该项检测与评价方式中出现的问题给予建议）

（2）目标：预设的学习目标是怎样呈现？是否达到学习目标？

表 5-10　课程性质：目标

教学环节	呈现形式	学习目标	效果达成（学生学习行为是否有达成该项教学目标？）	改进建议（学习目标是否合理？针对该项目标实施过程中出现的问题给予建议）

（3）内容：怎样处理教材，采用哪些策略？

表 5-11　课程性质：内容

教学环节	教材处理策略（改编、播放视频、文本挖空……）	学习目标	效果达成（学生学习行为是否有达成该项策略？学习行为：聆听、阅读、跟读、练习、复述……）	改进建议（针对该项教材处理策略中出现的问题给予建议）

（4）实施：创设什么样的情境？如何利用？

表 5–12　课程性质：实施

教学环节	情境创设方式 （通过什么方式创设什么情境？课本内容、改编文本、何种拓展材料、什么视频、什么教具……）	教学目标 （创设该情境服务于哪项教学目标？）	效果达成 （如学生学习行为是否有效体现对情境的理解）	改进建议 （针对该项情境创设中出现的问题给予建议）

4．维度四：课堂文化

（1）创新：教学设计、情境创设与资源利用怎样体现创新？

表 5–13　课程文化：创新

观察内容	课堂实录	评价与建议
教学设计		
情境创设		
资源利用		

（2）关爱：学习目标怎样面向全体学生？怎样关注不同学生的需求？

表 5–14　课程文化：关爱

观察内容	课堂实录	评价与建议
学习目标怎样面向全体学生		
怎样关注不同学生的需求		

（3）特质：师生关系具有哪些特征？

表 5–15　课程文化：特质

观察内容	观察点	课堂实录	氛围达成度（很好 5，较好 4，一般 3，较弱 2，没有 1）	评价与建议
自主	课堂常规活动中哪些事情体现或支持学生的自主行为？			
平等	课堂话语（数量、时间、措辞）是怎样的？ 怎样处理不同的意见？			
和谐	师生之间的关系如何？			

（4）民主：学生课堂参与情况如何？

表 5-16　课程文化：民主

组别	座位顺序						
第一组	1	2	3	4	5	6	7
第二组	1	2	3	4	5	6	7
第三组	1	2	3	4	5	6	7
第四组	1	2	3	4	5	6	7
集体活动次数（　　）　小组活动次数（　　）　个体活动次数（　　）（表格上画“正”字）							
学生参与情况							
建议							

（5）思考：怎样以任务驱动？怎样指导学生独立思考？怎样对待学生的错误？

表 5–17　课程文化：思考

教学环节	教师提问	目标层次						学生思考/回答		教师反馈				评价与建议
		1 识记	2 理解	3 应用	4 分析	5 综合	6 评价	正确	有误/未答	复述	评价	指导	追问	

（四）LICC 听评课课堂评价实例

通过开展“主题式”的校本教研，提高教研的深度；通过引入 LICC 课堂观察范式推进校本教研，提高教研的广度。在校本教研中，以“基于思辨理念的大单元教学”为主题进行深度学习、探索、实践，探索单元整体教学设计、大单元教学中的单课时教学推进、课堂教学留下思辨的痕迹、“双减”背景下的作业设计等，这些都为校本教研指明了方向，也是基于学校课堂教学理念下的实施途径，以大主题下的小主题研讨，以各个小任务的推进实现大任务。

为了提高校本教研的广度，通过引入 LICC 课堂观察范式，完善听评课制度，使观课议课有理论有实例，有理有据，突出针对性、理论性、过程性、客观性、逻辑性。以沪教版牛津英语教研课 4B M4 U11 Children’s Day 为例，基于 LICC 课堂观察范式的校本教研五个关键环节开展教学研讨活动（见表 5–18），分别从备课组说课、课前团队研讨、课中观察、课后团队研讨、撰写观课报告及反思展开。

表 5-18　基于 LICC 课堂观察范式的教学研讨活动

<table>
<tr><td>研讨主题</td><td colspan="2">基于思辨理念的大单元教学</td></tr>
<tr><td>研讨模式</td><td colspan="2">基于 LICC 课堂观察范式的小学英语校本教研模式建构</td></tr>
<tr><td rowspan="2">研讨流程</td><td>1. 备课组说课</td><td>由四年级备课组三位教师在多次集体备课后完成 4B M4 U11 Children's Day 的单元整体设计后，进行说课展示。单元整体说课分别从单元整体设计思路、第一课时、第二课时教学设计展开。其中，单元说课包括理论基础、教材分析、学情分析、单元设计思路、单元教学目标以及教学重难点。单课时说课则包括单课时教学目标、教学重难点、教学过程、作业设计及板书设计。
通过单元说课和单课时说课，科组全体教师均基本理解设计思路，也能提出问题，与说课教师进行交流，讨论教学设计的可行性。在学生学习、教师教学、课程性质、课程文化四个维度是否能体现新课标理念</td></tr>
<tr><td>2. 课前团队研讨</td><td>科组其他备课组教师根据个人的研究兴趣或对于本单元的整体教学设计所持有的疑惑，从 LICC 课堂观察的 4 个维度、20 个视角、68 个观察点选择其中一个或几个观察点，组成 LICC 四维度观课团队。
<table>
<tr><th>研讨小组</th><th>LICC 四维度</th><th>观察点</th></tr>
<tr><td>第一小组</td><td>维度一：学生学习</td><td>学生课前准备如何？学生参与活动的有效性如何？学生课堂达成如何？</td></tr>
<tr><td>第二小组</td><td>维度二：教师教学</td><td>教学环节、时间分配，是怎样围绕目标展开的？教师提问的类型、难度、话题与学习目标的关系怎样？板书呈现了什么？怎样促进学生学习？教师呈现哪些非语言行为（表情、移动、体态语、沉默）？结果怎样？</td></tr>
<tr><td>第三小组</td><td>维度三：课程性质</td><td>预设的学习目标是怎样呈现？是否达到学习目标？怎样处理教材，采用哪些策略？创设什么样的情境？如何利用？检测学习目标采用的评价方式有哪些？</td></tr>
<tr><td>第四小组</td><td>维度四：课堂文化</td><td>学生课堂参与情况如何？怎样以任务驱动？怎样指导学生独立思考？怎样对待学生的错误？师生关系体现了哪些特征？</td></tr>
</table></td></tr>
</table>

续上表

研讨流程		各观课维度的成员根据观察点，通过查找新课标、相关文献资料，设计出适应观课点的课堂观察量表。课堂观察量表的设计不同于专业的课堂观察量表的开发，更多的是帮助教师通过定观察点，提高观课的针对性；通过设计观课量表，促进教师在观课过程中重点突出有意注意，为评课、议课提供了实例支撑，使评课、议课更具理论性、更具说服力
	3．课中观察	在教研课观课中，观课教师根据观课量表对课堂教学过程进行详细的记录，同时关注上课教师在单元整体说课中对本课时教学目标达成、重难点突破、教学活动推进、语用输出等情况，重点关注预设与生成中所产生的差距、教师处理生成的教学智慧等。 课堂观察除了以文字进行记录，也要做好影像记录，这有利于上课教师回看进行反思，更能为观课教师日后专题研究留下课例素材
	4．课后团队研讨	根据课中观察所记录的过程性材料，各个维度的观课教师进行维度观课研讨，对于本维度不同观察点进行分析、对比、总结，为议课阶段做好准备。以维度三，观察点2为例，预设的学习目标是怎样呈现的？是否达到学习目标？观课教师的记录如下： 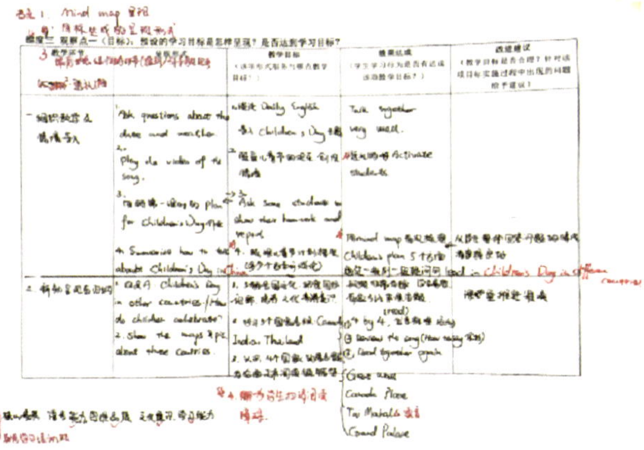 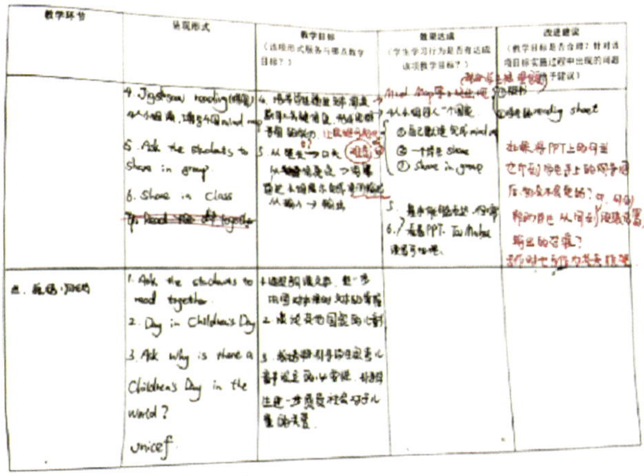

续上表

<table>
<tr>
<td>研讨流程</td>
<td>5. 撰写观课报告及反思</td>
<td>
研讨后就观课维度进行分享，通过不同维度的观察，全面分析研讨课达成情况，聚焦教学设计的实施与推进，形成文字，为综合评价研讨课提供了多维度、多视角、多观察点的大量素材，就是从点再回到面的过程，从观察点观课到全面综合评价研讨课的过程。下面选取部分观课后议课报告作为示例
<table>
<tr><td colspan="3">基于思辨理念的大单元整体教学主张下 LICC 课堂观察范式观课表
听课时间：2022.5.31　　　　课题：4B M4 U11 P2 Children’s Day
执教老师：冯云开</td></tr>
<tr><td>观课维度</td><td>具体观察点</td><td>议课</td></tr>
<tr><td rowspan="2">维度一学生学习・观察点一</td><td>学生课前准备了什么？是怎么准备的？</td><td rowspan="2">学生准备了：plan for Children’s Day（homework）、surf for the time of Children’s Day in different countries、the famous places in the country he/she surf。以上是第一课时的作业，发挥了承上启下的作用，很好地衔接了本堂课的内容，契合本堂课的主题，发挥了很好的延伸作用，拓宽了主题内容。从学生的反馈可以看出他们能够认真对待。从课堂学生的发言可以看出总体准备较为充分，每次教师提问后，学生回答的整体正确率高</td></tr>
<tr><td>准备得怎么样？有多少学生做了准备？</td></tr>
<tr><td>维度二教师教学・观察点二</td><td>教师提问的类型、难度、话题与学习目标的关系怎样？</td><td>本节课的教学目标是在语境中，能熟练表达儿童节的庆祝方式。在语境中，能通过文本的阅读获取关键信息，形成思维导图，并在框架的支持下完整介绍。本课教师提问：
“What do you do on Children’s Day?”指向目标：能熟练表达儿童节的庆祝方式。
“When is it? How is the weather? What do they do? Where do they go? How is it?”指向目标：在语境中，能通过文本的阅读获取关键信息，形成思维导图，并在框架的支持下完整介绍。
“Why is there Children’s Day? Why are children important? What should we do for the hungry children?”拓展学生思维，通过思辨，探究儿童节的重要性，引起对儿童现状的关心，达成目标</td></tr>
</table>
</td>
</tr>
</table>

续上表

研讨流程		续上表

续上表

观课维度	具体观察点	议课
维度二教师教学·观察点三	呈现：板书呈现了什么?	本节课的板书能够做到以下几点：①启迪学生思维，提供记忆的框架。这节课教师用简单明了的思维导图给学生呈现了整节课的具体内容。②突出重难点，形成知识结构。能够做到生动鲜明，重点突出，给学生在接下来的展示环节提供了直观的框架和素材
维度二教师教学·观察点四	机智：教师呈现哪些非语言行为?	教师语言生动，表情丰富，能让学生产生兴趣并在引导下进行各种课堂活动，教师在教授时会从讲台走到第5排，在学生阅读完成任务时会走到每一组进行观察指导。教师通过体态语的传递，如请、思考的动作，完成了信息的传递。同时，教师充分利用了第一等待时和第二等待时来等待学生回答以及对学生回答的评价
维度三课程性质·观察点一	目标：预设的目标是否呈现，是怎样达成?	本节课的教学目标为：①在语境中，能熟练表达儿童节的庆祝方式。②在语境中，能通过文本的阅读获取关键信息，形成思维导图，并在框架的支持下完整介绍。③能感受到儿童节的欢乐，并在探究儿童节重要性的基础上，引起对世界儿童现状的关心。 经过课堂的呈现，本节课能够较好地达成课时目标。本节课通过思维导图帮助学生梳理儿童节计划的框架，为最后的输出打下良好的基础。后通过 Jigsaw reading 拼图式阅读的方式锻炼学生通过阅读提取信息的能力，并形成思维导图。最后又运用这个思维导图，作为阅读分享的支架，支撑着学生描述不同地区不同的儿童节庆祝方式。思维导图贯穿整堂课，物尽其用，十分巧妙。有一点疑惑是最后的输出环节，从口头输出到笔头输出的顺序是否可以调换过来？先让学生看着导图说，再让学生填写框架文本。这样难度会由浅入深

续上表

续上表

	观课维度	具体观察点	议课
研讨流程	维度三课程性质·观察点三	实施：创设什么样的情境，如何利用？	课前播放“Hello in different countries”向学生展示不同国家有不同的语言，从而自然导入本节课话题，在课中观察不同国家和景点，进一步学习和感受中国、加拿大、印度和泰国四个国家的不同之处。在课后部分，以鱼骨图形式通过一系列的师生问答进一步拓展延伸“为什么世界上会有儿童节？”，使学生情感得到进一步升华
	维度三课程性质·观察点四	评价：检测学习目标采用的评价方式有哪些?	为达到每个环节的教学目标，冯老师采用一对一问答、小组齐读单词、全班齐唱歌曲、齐读课文、小组展示 jigsaw reading 小任务等多种形式进行检测与评价，学生回答准确、表达清晰，可以看出，这些形式运用恰当、效果良好
	维度四课堂文化·观察点一	怎样以任务驱动？怎样指导学生独立思考？怎样对待学生的错误？	①教师在本节课中，单独提问次数不多，多为面向全班的提问，注重面向全体学生。②教师展示图片引导学生认识不同国家、不同国家的标志性地点，用简单的提问方式认识国家名及相关著名景点。③教师对学生的回答不仅给予表扬鼓励性评价，还不断地以问题的形式引导学生进一步思考，进行追加性提问，逐步引导学生向更深层的方向思考
	维度四课堂文化·观察点二	民主：学生课堂参与情况？	学生课堂参与情况分析主要从以下三个方面进行：学生集体活动的次数、小组活动的次数及个体活动的次数。首先，学生集体活动贯穿了整节课，从标题 Children’s Day 领读到最后齐唱歌曲 Heal the world，共 12 次集体活动；其次，小组活动共 5 次，从 jigsaw reading、sharing Children’s Day 到 think and say，小组活动讨论热烈，学生积极主动参与；最后，个体活动次数是 14 次，每个组提问分布较为均匀，提问面广。提问次数最多为 3 次，其他大部分同学有 1~2 次的提问机会。从提问座位分布来看，这节课学生参与面广，兼顾集体活动、小组活动和个体活动，课堂互动好！活动设计有效又有序。本课以集体活动和小组活动为主，教师指导评价，追问性提问居多，学生参与积极，但在个体展示方面，第一大组学生被提问人数较少，教师可多加关注

续上表

研讨流程

续上表

观课维度	具体观察点	议课
维度四课堂文化·观察点三	特质：师生关系体现了哪些特征？	在这节课中，冯云开老师在课堂常规中的每一次个人回答和小组回答都有积极而又具体的回应，例如：在 Pre-task 中，“Do you go to the....? I want to play with you next time.”。在 While -task 中，“Praise for each group with excellent! Good job.”。课堂提问共 45 条，大部分的问题面向全面引导性问题。教师的措辞清晰明了，从课堂话语中，处理不同的意见时，通过“Do you agree with him? What's your opinion? ”有效指导孩子。在和谐方面，师生关系和谐，从 Pre-task 中的两首歌可以感受到欢乐无比的学习氛围，在 Post-task 中的分享自己喜欢的歌星时，引出歌曲，最后在 sticker 的设计中，用心至极，值得学习
维度四课堂文化·观察点四	创新：教学设计、情境创设与资源利用怎样体现创新？	教学设计方面，本节课由学生自身实际经历开启话题，再用 mind-map 来呈现节日经历表达的各要素，如天气、时间、活动等，由此激发疑问，让学生思考不同国家的儿童节也会有所不同。课堂的 While-task 环节运用了 jigsaw reading 的阅读活动，利用信息差让学生分组进行阅读并分享和反馈。 情境创设方面，本节课从儿童节中创设和延续情境，使情境更真实，也更贴近生活实际。 资源利用方面，本节课使用了丰富的歌曲资源，如课堂开始的 Happy Children's Day、Hello Song，到课堂最后的 MJ 的 Heal the World，让课堂更生动。课堂中间环节用了丰富的教具，如国旗图片，著名景点的图片，让学生能直观地感受各国的不同特点

同时，执教老师也对本节课进行了教学反思，在与听课议课教师进行面对面交流后的教学反思，以教学改进为出发点，对于教学目标的达成、教学主张的有效落实都进行了自我思考

续上表

研讨流程		教学反思 4B M4 U11 Period 2 Children’s Day in different countries 冯云开 根据教材的编排，下学期的第四模块内容比较综合性，核心词句少，对学生的综合能力要求较高，且加入了跨文化意识的培养。因此，在本单元中，设计了两个课时，第一课时基于 Listen and say 部分，谈论学生的儿童节庆祝方式，贴近学生的生活，同时感受儿童节的快乐，在谈论及规划儿童节活动过程中，综合已学习的活动，加入 cinema、museum 的新知，拓展贴近生活的更多的活动，使得学生谈论儿童节庆祝活动更丰富。 第二课时基于 Look and read 部分，关于 China、Canada、India、Thailand 四个国家儿童节日期的不同，教材内容较为简单，如“In China，Children’s Day is in June.”也只涉及了月份，没有日期，因此，对于四年级的学生来说是过于简单的，因此在充分考虑学生的已有认知和现有水平，把第二课时话题定 Children’s Day in different countries，学生能理解在不同的国家儿童节在不同的月份，同时加入不同国家的儿童会有不同的庆祝活动，根据教材图片增加了四个国家的特色景点，让学生初步感知它们的名称。 在教学过程中，使用了 jigsaw reading 的阅读方式，以小组合作，让小组内每位学生负责一个国家的儿童节的阅读，完成思维导图，包括国家、日期、天气、活动、感受等。学生完成各自的国家思维导图后，在小组内进行分享，以此让学生通过自学、互学的方式完成本课时核心内容的学习。 从教学效果来看，学生基本达到教学目的，观课教师同时提到，学生能发挥互帮互助，协助同伴完成思维导图的填写。 在 Post-task 部分，提出问题：“Why is there Children’s Day in different countries? Why are children so important? ”学生能在小组讨论之后，用儿童的视角说出各自的心声，有的学生知道儿童节的由来，有的学生能说出：“Children are very tired of homework and studying. They need time to have a rest or relax.”。同时，学生还能通过歌曲、视频感受到对于成年人以及社会来说，儿童是未来的希望，儿童的健康成长非常重要。在此部分，使用了鱼骨图，体现出因果关系，虽然我们现在生活条件比较好，但是世界上仍有很多儿童处于饥饿、寒冷、疾病、没有机会受教育的严峻处境中，我们需要尽自己的能力让他们能在温饱、健康、受教育的条件下健康成长。最后介绍了 UNICEF 世界儿童组织，鼓励学生在有余力的情况中帮助困难儿童。让学生以大爱之心，共同关注世界儿童的健康成长

第六章

英语教师专业发展路径探讨

一、英语教师的基础专业理论

朱永新老师引领的新教育实验认为，对于任何具体的专业领域而言，存在着一个最合理的知识结构。教育作为专业领域，也拥有一个较为合理的知识结构，就英语教师而言，大致分为：教学学科知识（占 50%），即英语语言素养、中西文化知识等；教育专业知识（占 30%），即教育学和心理学知识等；人类基本知识（占 20%），即有关历史、地理、管理等方面的常识（见图 6-1）。

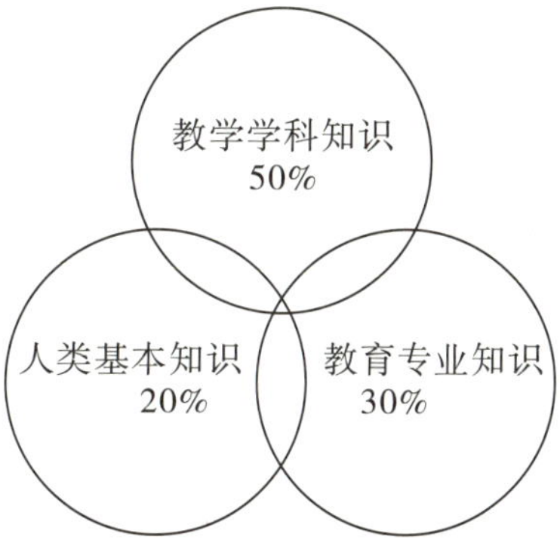

图 6-1　教师知识结构

作为新时代的英语教师，我们认为下列几大重点是需要每一位教师了解，并在日复一日的教育教学中去实践的。

（一）儿童与青少年发展心理学

儿童与青少年发展心理学是研究人类出生到青年前期（一般指 0~18 岁）心理发生发展的规律。它是每一位教育工作者从教之前就必须深入学习和了解的相关理论，直接决定一个教师在解决任何问题或困难时所选取的一个角度。懂得儿童与青少年心理发展规律的教师，在日常的教育教学中更倾向于一种正面管教，表现出耐心、温和而坚定，容易建立起一种和谐的师生关系。相反，不了解儿童与青少年心理的教师，常常因学生的种种行为表现出急躁、愤怒，进而有各种极端的行为，例如体罚或变相体罚，师生关系容易破裂。从某种意义上来说，每一位教育工作者都是心理学家。如何洞悉学生各种行为背后的动机从而去帮助他们，了解儿童与青少年发展心理学会给予我们无限的智慧。

（二）大概念教学法

大概念（Big idea）教学是指学科领域中最精华、最有价值的核心内容。现今的教育背景下，有限的课时与不断增多的知识之间存在着矛盾，教师可以应对的方法就是以最核心、最有价值的大概念作统帅，摈弃烦琐而细碎的知识学习，抓住重点与重心，使课程内容结构化。大概念是反映专家思维方式的概念、观念或论题，具有生活价值。在以核心素养为目标的课程改革的大背景下，每一位教师都需要深入了解大概念教学法，将观念和理论转化为实施策略和行动方案。

（三）整体教学法

整体教学法（The holistic approach）是一种以学生的认知结构的构建为核心目标，以学生的自我价值的展示为基本动力，以教师的启发、点拨与质疑为激活方式的教学方法。这种教学法以“教学整体”为工具，利用“教学整体”的知识性与功能性相统一的特征，规范学生的思维模式，帮助学生体验人生，把握科学知识，控制学习进度，达成学习目标，完成学习任务，构建能力素养。

在整体教学法下面，近十年来以上海为先行示范，英语教学盛行单元整体教学。单元整体教学就是把一个单元看成一个相对完整的整体，在明确的学习目标统领之下，对一个单元的学习内容和活动进行系统规划、整合设计，关注联系、关注发展，充分发挥和落实单元学习价值，以清晰的路径促进学生学习能力和英语核心素养的提升。

（四）任务型教学法

任务型教学（Task-based Language Teaching）是指教师通过引导语言学习者在课堂上完成任务来进行的教学。这是一种强调“在做中学（learning by doing）”的语言教学方法，是交际教学法的发展。这种“用语言做事”（doing things with the language）的教学理论被引入我国的基础英语课堂教学，是我国外语课程教学改革的一个走向。在教学活动中，教师应当围绕特定的交际和语言项目，设计出具体的、可操作的任务，学生通过表达、沟通、交涉、解释、询问等各种语言活动形式来完成任务，以达到学习和掌握语言的目的。

（五）跨学科教学

“跨学科”是一种学科与学科之间的“合作”与“融合”，指的是超越单一学科边界而进行的、涉及两个或两个以上学科的知识创造与传播活动。它指向学生知识结构的建构，其目的是学生在面临新的问题时能灵活运用自己的知识体系解决问题。跨学科教学的一个特点，就是打破学科界限，注重本学科与其他学科的联系，重视用本学科知识解决其他问题的能力的培养。不同学科的教材中，有不少内容互相联系，可以相互沟通，学生可以利用从其他学科中学习的知识和经验，解决本学科的问题，为新知识的学习铺平道路，有利于拓展学生思维，深化学生对教材的理解，提高课堂教学效率。

（六）教、学、评一体化

“教—学—评一体化”是教学与评价方式的全新体验，主要面向有效教学的实践讨论，涉及课程与评价两个领域的理论与实践。倡导“教—学—评一体化”，就是根据课程目标解决“教什么”“学什么”“会什么”三个方面的问题。教师教什么，学生学什么，落脚点在教学目标的设定上。清晰的目标是“教—学—评一致性”的前提和灵魂，在清晰的目标下开展“教—学—评”活动，实现“教—学—评”的一致。课堂教学的基本形式是学习活动，教学活动中课堂评价要突出学生的主体地位，对照目标和活动来设计，并贯穿教学始终。基于活动观的教学设计从教学目标、教学过程到教学评价要融合统一，从而实现“教—学—评一体化”，确保活动的落实效果。

二、英语教师的基础阅读书目

教育家朱永新曾在新教育实践中提到：现今的教师应该开启“三专模式”：专业阅读——站在大师的肩膀上前行；专业写作——站在自己的肩膀上攀升；专业交往——站在集体的肩膀上飞翔。教师专业阅读区别于大众生活中的消遣性阅读，是指以知性阅读的方法研读教师专业所需要的根本性书籍，旨在构建一个知识结构合宜的大脑。

下列书籍是我们认为对一线的英语教师帮助比较大的专业阅读书目[①]。

① 笔者根据个人阅读经验选取相关书目，仅供参考。

（一）有关儿童发展心理学

1.《伯克毕生发展心理学（第 7 版）》

图 6–2 《伯克毕生发展心理学（第 7 版）》

《伯克毕生发展心理学（第 7 版）》（见图 6–2）是发展心理学研究领域引用率极高的著作。它在系统而全面地阐述发展心理学各种理论和研究方法的基础上，以人的发展的生物基础和环境基础为依托，以真人真事为例，把生理学、身体发育与心理发展的知识和理论融为一体，对个体的生命早期、婴儿期和学步期、幼儿期、小学期、青少年期、青年期、中年期、老年期的各领域的发展都阐释得非常清晰。

教师阅读此书，不仅可以深入了解到自身的生命缘由：自己从哪里来，未来将走向何方，体验到人类生命的神奇与奥秘。同时，我们还可以站在生命整个长河中去看待学生这一阶段的行为表现及其背后的心理规律，有助于我们的教育更科学。

2.《发展心理学——儿童与青少年（第九版）》

图 6–3 《发展心理学——儿童与青少年（第九版）》

《发展心理学——儿童与青少年（第九版）》（见图 6–3）介绍了从产前发育一直到青少年时期的发展进程，系统阐述了关于生理、认知、智力、语言、情绪、人格、性别角色意识以及社会性等重要发展领域的各种理论观点和重要研究。

教师阅读此书可以深入了解儿童与青少年心理发展的规律，及其每一个阶段的特点。无论是对班主任处理日常的班级管理问题，抑或是一线教师在每天的备课、上课，都能得到极大的启发。教师了解学生特有的心理发展历程，在教育教学中实现正向的引导。

3.《发展心理学：儿童与青少年（第 8 版）》

图 6-4 《发展心理学：儿童与青少年（第 8 版）》

《发展心理学：儿童与青少年（第 8 版）》（见图 6-4）以其准确简洁的文字和生动详尽的内容，系统地阐述了发展心理学领域的各种理论和重要研究，并着重介绍了儿童青少年时期的发展进程。它是一本内容丰富的教材，为一线教师提供了儿童和青少年在每个发展领域连贯变化的图景。

教师阅读此书既可以学到发展心理学的各种知识，又可以帮助我们理解自己、理解他人、理解发展。

（二）有关核心素养

1.《核心素养：课程发展与设计新论》

图 6-5 《核心素养：课程发展与设计新论》

《核心素养：课程发展与设计新论》（见图 6-5）一书通过课程结构与课程意义、课程设计与课程研究、课程设计理论取向的意识形态、课程设计的模式、课程选择、课程组织与课程统整、课程发展、课程实施与课程领导、课程评价、课程研究的回顾与展望等内容为学校教师提供课程开发与设计的参考，为“核心素养”的研究提供借鉴，推动课程改革。

阅读此书可以帮助教师形成较为系统的课程观，从而更好地理解学校的课程体系设置以及自身学科的课程实施。

2.《基于学生核心素养的英语学科能力研究》

图 6-6 《基于学生核心素养的英语学科能力研究》

核心素养是指学生的必备品格和关键能力，具体到学科层面，学科核心能力就成为核心素养的关键内容。《基于学生核心素养的英语学科能力研究》（见图 6-6）围绕英语学科核心素养中“学科核心能力”这一关键内容进行阐述，包括学科能力的内涵和构成、学科能力表现指标、测评方法与发展水平、学科能力影响因素、教学改进策略等，具有很强的针对性和指导性。

教师阅读此书可以深入了解核心素养的背景，同时系统了解英语学科能力的组成、各项能力的评价指标，以及实施的方法。此书对于英语学科的管理人员有较强的理论指导意义。

3.《核心素养下的英语教学理念与实践》

图 6–7 《核心素养下的英语教学理念与实践》

核心素养下英语教学理念与实践都需要在继承传统的基础上进行大胆的创新与改革。《核心素养下的英语教学理念与实践》（见图 6–7）在解读英语学科核心素养实质内涵、核心素养下英语课程目标与内容、英语学业质量标准等关键内容的基础上，重点探讨核心素养下的英语教学方法、发展学生思维能力的途径、基于核心素养的测试理念与技术、英语教学与信息技术的深度融合、英语课程资源的开发与使用等方面的理论与实践问题。

教师阅读此书能了解如何在日常的教学中落实核心素养，是一本值得借鉴的书。

（三）有关英语课程

1.《义务教育英语课程标准（2022 年版）》

图 6–8 《义务教育英语课程标准（2022 年版）》

英语教学什么是“标准”？什么是“度量尺”？答案就是：课程标准。

2022 年发布的《义务教育英语课程标准》（见图 6–8），明确了英语教育教学的方向、支持理念、实施路径、课程内容、课程评价等，是每一位英语教师的案头必备工具书。不仅仅是教研人员、学校英语学科的管理者、科组长、备课组长需要研读，一线教师更是应该多次精读、深读，去理解每一个句子内在的含义，进而与自身日常的教学行为相联系，去迁移、去反思、去衡量、去分析、去改进。

2.《义务教育英语课程标准（2022 年版）解读》

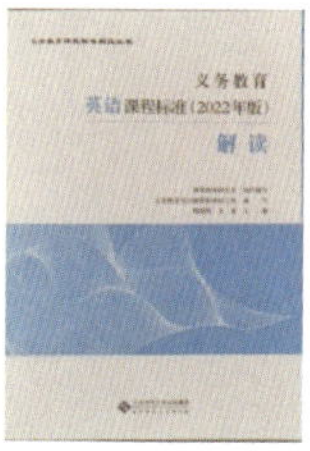

图 6-9 《义务教育英语课程标准（2022 年版）解读》

义务教育英语课程标准修订组编写的《义务教育英语课程标准（2022 年版）解读》（见图 6-9），有助于广大教育管理人员、英语教研员和教师、教学研究人员、教材编写者、一线教师通过研读它，能更好地学习、理解和实践课程标准。

3.《义务教育课程标准（2022 年版）课例式解读——小学英语》

图 6-10 《义务教育课程标准（2022 年版）课例式解读——小学英语》

“义务教育课程标准（2022 年版）课例式解读丛书”关注学段差异和重点学科，内容包括：上篇关键问题解读——聚焦 2022 年版课程标准的核心理念、重要内容以及新修订的变化点进行解读，并辅以教学片段：下篇典型课例解析——针对教师关注的教学重难点、困惑点，以完整课例（或教学设计）和要点点评的方式进行深度解析。

《义务教育课程标准（2022 年版）课例式解读——小学英语》（见图 6-10）的适用对象是英语教师。一线教师阅读此书，可以了解 2022 年版课程标准与 2011 年版的异同，并能从具体的教学片断中了解到新理念下英语课堂教学和单元设计的重点、难点、创新点、评价点，是一本非常实用的工具书。

（四）有关大概念

1.《追求理解的教学设计（第二版）》

图 6-11 《追求理解的教学设计（第二版）》

《追求理解的教学设计（第二版）》（见图 6-11）以优化的 UbD 模板为核心，借助各学科领域大量的实践策略、工具和案例，解释了逆向设计的基本原理；对一些关键概念做了清晰透彻的阐释，比如大概念和基本问题；关注理解六侧面如何丰富学生的学习。本书为教师建设课程体系提供了一条清晰的路径，确保学生获得更有效的学习体验。

教师阅读此书能更新自身的教学理念。尤其是现今的大概念、大观念、大单元等都是从此书衍生出来的。以输出倒追输入的逆向设计也是此书的一大亮点，值得每一位教师深入学习。

2.《大概念教学——素养导向的单元整体设计》

图 6-12 《大概念教学——素养导向的单元整体设计》

《大概念教学——素养导向的单元整体设计》（见图 6-12）在对大概念进行理论廓清的基础上，从教学设计的四个维度对大概念教学进行解读，结合具体的案例进行解释。重点回答大家关心的问题，如“为什么要进行大概念教学？它如何体现素养导向的课堂转型？”本书共分为五章，第一章是对大概念的理论阐述，分析时代转型背景下为什么要关注素养导向的教学，并引出素养导向的本质特征。后面四章从教学设计的四个要素，即目标、评价、结构和方法来具体勾勒大概念实践框架。最后附录中给出大概念视角下完整的单元整体教学设计案例。

本书理论深入浅出，案例具体详细。教师能从中学习到清晰的大概念教学的体系，含其实施背景、理念诠释、框架搭建、具体实施等。

3.《基于大概念的教学设计优化》

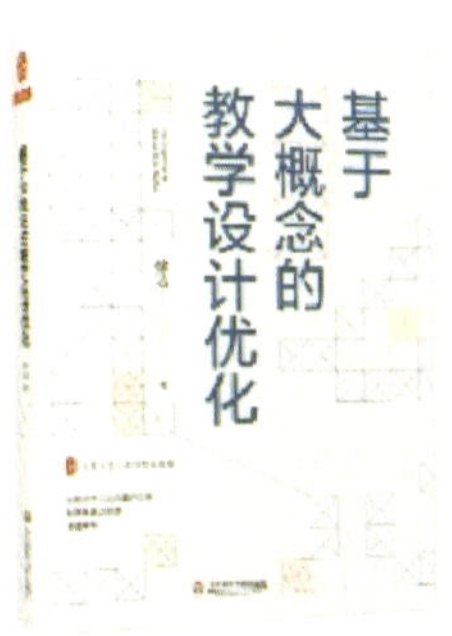

图 6-13 《基于大概念的教学设计优化》

《基于大概念的教学设计优化》（见图 6-13）已成为课程创新与教学变革的重要着力点，有利于从知识学习走向素养发展。本书不仅从单元学习设计、课时教学设计、跨学科教学设计三个方面提供了基于大概念的教学设计优化实用策略与可复制方案，还提供了基于大概念的学习与思维工具，有助于学生学习的体系化、结构化，实现教师教的更少、学生学的更多，从而引领学生发展高阶思维，促进学生深度学习、培育核心素养。

本书提供了较为优秀的大概念教学设计思路，教师可以从中学习到具体的着力点，值得借鉴。

4.《大观念导向的单元教学设计——模式与技术》

图 6-14 《大观念导向的单元教学设计——模式与技术》

单元设计是教师的日常专业活动，被视为教师专业知识结构的重要组成。《大观念导向的单元教学设计——模式与技术》（见图 6-14）梳理了当前典型的单元教学设计模式，并总结了以大观念为中心的单元教学设计。

教师阅读此书能够了解大量的教学设计模式，并通过这些模式深入了解其具体操作的技术。作者就大观念下的三种典型模式（逆向教学设计、论证式教学设计和基于建构主义的教学设计）进行详细的说明，并结合案例进行结构化的梳理，最后辅佐以具体的操作技术支持，含如何解读单元课程标准、如何诊断单元学情、如何分析单元教材、如何确定单元教学目标、如何明确单元主要问题、如何研制单元核心学习任务、如何设计单元评价方案。

（五）有关任务型教学法

1.《任务型语言教学》

图 6-15 《任务型语言教学》

《任务型语言教学》（见图 6-15）是一部总结了过去 20 年来任务型语言教学的理论和实践成果的学术专著。该书强调教师发展和培训的范式应是“自下而上”而不是“自上而下”的。语言课程和大纲的设计应该融入学习者的知识视域和生活经历。把学习者和教师的知识视域和经历带入课程的有效途径是任务。任务既是方法、内容，也是课程。

新版本增加了“任务型语言教学中任务和课程的其他要素之间的关系”“任务型语言教学的实证研究基础”“任务型语言教学中的形式教学”，以及“任务型语言教学中的评价”四个章节，使这本书无论从理论上还是实践上都更趋完善。作者从一个语言教育实践者和教育理论研究者的角度，用通俗易懂的语言，由浅入深地细数任务型语言教学的发展历程，与读者探讨任务型语言教学实践中的关键问题，以及分析课程和教师发展之间的关系等。

2.《任务型语言教学：任务、任务研究、任务型教学与评价及教师培训》

图 6-16 《任务型语言教学：任务、任务研究、任务型教学与评价及教师培训》

《任务型语言教学：任务、任务研究、任务型教学与评价及教师培训》（见图 6-16）论文集包括作者已发表的论文十七篇和未发表的论文三篇，共二十篇论文。

作者在国内英语教学上对“任务型教学”有独到的见解。教师可以从本书的论文中了解到国内有关“任务型教学”的发展情况、创新之处和具体的实施方法。

（六）有关单元整体教学

1.“小学英语单元整体教学实践与研究丛书”

图 6-17 “小学英语单元整体教学实践与研究丛书”

“小学英语单元整体教学实践与研究丛书”（见图 6-17）是一套很有价值的丛书，含第一册《单元整体教学的设计》、第二册《单元整体设计的实践》、第三册《单元单课设计的实践》、第四册《单元单项要素的设计》、第五册《单元同材异构的思考》、第六册《单元教学的教研探索》。

该丛书记录了上海市小学英语教师近 20 年来单元整体教学实践研究的轨迹，反映了上海市小学英语教师坚持不懈地实践研究，从单元教学要素到单元整体教学设计，从单元教学标准到单课有效实施，从单元同材异构到学科核心素养导向的单元整体教学推进的历程。

本套丛书从整体系统视角，通过理论依据、可操作的工具量表和有价值的实践案例，将教育教学理论的成果转化为具体课例并进行实证分析，促进教师群体思维方式的转变，提升专业支持的实效性，能帮助教师从宏观层面理解单元整体教学的内涵，又从微观角度解析如何实施单元整体教学。

教师阅读此套丛书可以较为完整地了解单元整体教学的发展历史、现在实施情况、具体优秀的案例、案例背后设计的理念、教师发展态势、课堂巧妙的设计和创意等，是值得教师们经常翻阅的专业书籍。

2.“小学英语教研丛书”

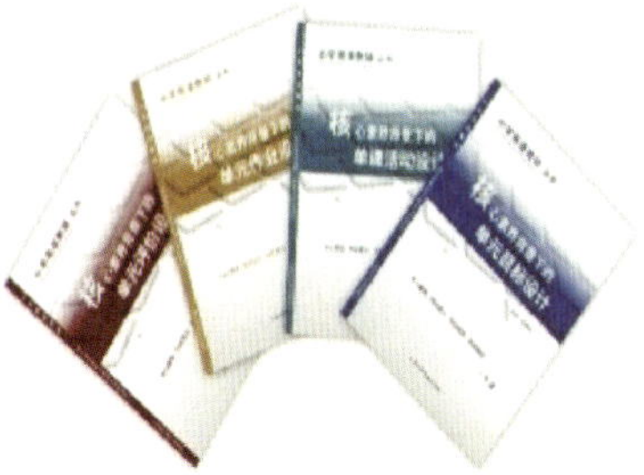

图 6-18 “小学英语教研丛书”

“小学英语教研丛书”（见图 6-18）主要记录了上海近 20 年以来在单元目标设计、单课活动设计、单元作业整合和单元评价设计四方面的具体内容。此套丛书偏向英语教研，对于备课组组织和科组长来说是一套比较实用的专业书籍。

（七）有关不同类型教学

1.《英语教师课堂话语分析》

图 6-19 《英语教师课堂话语分析》

《英语教师课堂话语分析》（见图 6-19）这本书特别适合于刚毕业的新教师，或日常对于课堂组织用语感到有困难的教师。通过阅读此书，教师们可以较为清晰地理解到适恰的教师课堂话语该如何设计，怎样才能通过课堂指令让学生的课堂学习更高效。

2.《英语教学研究方法与案例分析》

图 6-20 《英语教学研究方法与案例分析》

《英语教学研究方法与案例分析》(见图 6-20)分为三部分，第一部分为英语教学研究方法的概述，第二部分为英语教学研究方法的具体实施，第三部分为成果交流。

本书可作为研究方法的读本，非常适合英语教师认真研读。对如何在日常的教学中开展研究，这本书提供了详细且明晰的指引。

3.《英语教师学科教学知识的建构》

图 6-21 《英语教师学科教学知识的建构》

《英语教师学科教学知识的建构》(见图 6-21)从我国广大中小学英语教师课堂教学的实际需要出发，为教师们了解和获得基本的英语教学论知识与能力提供必要的信息资源：通过学科知识与教学知识融合的实际案例及其解释，了解英语学科教学知识的基本内容、本质和特点，并初步体验个人学科教学知识和能力发展的基本过程与方式。

4.《英语教学基础理论》

图 6-22 《英语教学基础理论》

《英语教学基础理论》(见图 6-22)针对我国英语教师在职前和职后专业发展过程中的需要，适当介绍相关理论，较多采用叙述案例、分析点评、提示启示并提出建议等形式，注重实践性和应用性。

对于一线的英语教师而言，“缺乏理论的指引”是一大特点。通过阅读此书，教师们可以了解到在英语教学上一些最基本的理论，有助于日常的教学形成科学的体系，即知道“Why do we teach”(我们为什么要教)，而不是“忙、茫、盲”。

5.《英语课堂教学策略——如何有效选择和运用》

图 6-23 《英语课堂教学策略——如何有效选择和运用》

“中国英语教师自主发展丛书”是国内首套运用新的语言教师教育理论来讨论中国外语教学改革实践问题、供我国英语教师参考的教师自主发展丛书。丛书理论与实践相结合，旨在帮助英语教师通过个人的教学实践研究与反思获得自主发展。

《英语课堂教学策略——如何有效选择和运用》（见图 6-23）能为一线教师提供具体且实用的课堂教学策略，是一本实用的工具书。

6.《做孩子最好的英语学习规划师——中国儿童英语习得全路线图》

图 6-24 《做孩子最好的英语学习规划师——中国儿童英语习得全路线图》

《做孩子最好的英语学习规划师：中国儿童英语习得全路线图》（见图 6-24）是写给家长的一本英语教育科普书。书中引入了二语习得理论，澄清了英语学习误区，探讨了英语启蒙方法，并推荐适用于各年龄段孩子的英语习得资源。

《做孩子最好的英语学习规划师：中国儿童英语习得全路线图》能够帮助教师或家长在纷繁杂芜的英语学习乱象中找到一条较为科学、高效、专业的英语启蒙方法，帮助孩子从小轻松乐享英语学习。

7.《Phonics 和 Sight Words 可以这样教》

图 6-25 《Phonics 和 Sight Words 可以这样教》

《Phonics 和 Sight Words 可以这样教》（见图 6-25）主要介绍一线教师如何基于基础课程系统地融合 phonics 和 sight words 进行日常教学。本书系统地介绍了：①什么是 phonics 和 sight words? ② phonics 和 sight words 的教学现状。③ phonics 和 sight words 科学的教授方法。④结合基础课程如何系统地制订三年教学计划。⑤ phonics 和 sight words 各个阶段的课堂模式建构。⑥ phonics

和 sight words 资源分享。⑦有关 phonics 和 sight words 教学的问答与细节。

此书特别适合一至三年级的英语教师。如何在日常的课堂教学中有效渗透 phonics 和 sight words，从而为孩子们的阅读启蒙打好基础，这本书会告诉你方法。

8.《教具、学具可以这样“做”和“用”》

图 6–26 《教具、学具可以这样“做”和“用”》

《教具、学具可以这样“做”和“用”》(见图 6–26）主要结合基础课程的实施，结合教材总结和梳理了 15 种常见教具和学具的制作和使用方法。本书系统介绍了：①什么是教具、学具？②教具、学具有什么特点？③教具、学具有什么作用？④为什么要使用教具、学具？⑤教具、学具有什么使用原则？⑥教具、学具的现状是什么？⑦教具、学具结合教材分析是怎样的结果？⑧教具、学具开发制作有什么意义？⑨教具、学具开发与制作有什么原则？⑩ 15 款英语教具、学具制作和使用指南。⑪市售教具、学具分享。⑫学生作品分享。⑬教具、学具相关问答。

教师通过阅读此书，可以系统地了解教具、学具的制作和使用方法。

9.《外研社·英语分级阅读教学指南》

图 6-27 《外研社·英语分级阅读教学指南》

《外研社·英语分级阅读教学指南》(中国英语阅读教育研究院·教师发展系列),如图 6-27 所示,分别从宏观、中观和微观三个层面为一线英语教师和教研员实施英语阅读教学、开展阅读教学研究提供指导。其中《英语阅读素养与教学设计》《英语分级阅读:理念、意义与方法》和《英语阅读教学研究方法》三本书从宏观角度,围绕英语阅读素养的概念,英语分级阅读的起源、意义、目标和途径,以及如何开展英语阅读教学研究等问题,为教师搭建理论学习、课程设计和教学实践的平台。《英语阅读与思维培养》《读写结合的英语教学》和《支架在英语阅读教学中的应用》三本书从中观层面探讨了英语阅读教学中需要特别关注的三个发展趋势,即如何通过阅读教学培养学生的思维能力,如何开展读写结合的教学设计,以及如何利用支架有效地帮助学生学好语言和发展阅读素养。最后四本书,分别是《图片环游在英语阅读教学中的应用》《持续默读在英语阅读教学中的应用》《拼接图文在英语阅读教学中的应用》和《阅读圈在英语阅读教学中的应用》,从微观层面,聚焦四种具体的英语阅读教学实施策略。这四本书为教师开展多种形式的阅读教学设计提供了可操作的指导,每本书中都附有典型案例作为参考。教师既可以选择从非常感兴趣的专题开始阅读,也可以按顺序逐本阅读。

王蔷老师及其团队多年来致力于英语阅读的教学研究。此套书不仅仅能让一线的教师理解阅读教学背后的理论支持,更多的是结合日常的阅读教学分享出最实用、有效且简单的阅读方法,值得教师们一读再读。

10.《美国学生阅读技能训练》

图 6-28 《美国学生阅读技能训练》

在《美国学生阅读技能训练》(见图 6-28)一书中，作者为从事阅读教学的教师及想要提升孩子阅读能力的父母提供：13 个阅读目标，为处于不同阅读水平的孩子确立合适的阅读目标；300 个阅读方法，为孩子提供分步指导，使其成为会读书的人；详细的方法讲解，向孩子清晰明了地教授阅读方法；个性化的使用贴士，适应孩子的个体需求，使阅读指导更具针对性；简单好用的训练提示，轻松引导孩子进行阅读训练，在家也能随时应用；更多材料以供延伸阅读，加深理解，启发创意。

“实用”是此书最大的特点。300 个阅读方法如何操作，此书都一一详细说明。此书应该是教师们日常的案头读物，是一本值得推荐的工具书。

11.《美国学生写作技能训练》

图 6-29 《美国学生写作技能训练》

《美国学生写作技能训练》(见图 6-29)可以帮家长、教师很好地解决写作中遇到的种种问题：不愿写、下笔难、结构散、思路闭塞、言之无物、语言匮乏等。书中将提高写作所需训练的能力，具体归纳为 10 个有形的目标，并且提供了 300 个可以协助孩子完成目标的可行的策略。结构清晰，内容明确，便于应用。其中，具体的一个策略包含了如下几点。①策略：语言概括性强，简洁明了，使读者能初步明确自己的解决方法。②示例：结合实际写作内容举例，带入感极强，让读者对策略的方案产生更感性的认识。③范文研读：例举经典英文原著相关段落，使读者了解其他作品对本策略的成功应用。④训练提示语：分条目列出本策略的具体训练步骤，让教师有的放矢，让学生有章可循。⑤笔记展示图：手写图画，轻松活泼，便于孩子理解，直接按图模仿应用。

教师通过阅读此书，不仅可以为学生在进行写作训练时建立了合适的目标，又能为他们在完成写作训练时提供了切实可行的指导。

12.《如何在课堂中使用布卢姆教育目标分类法》

图 6-30 《如何在课堂中使用布卢姆教育目标分类法》

布卢姆教育目标分类法是由美国当代著名的教育家和心理学家本杰明·布卢姆于 20 世纪 50 年代提出，自创建以来在教学中持续使用，产生了巨大影响力，成为教学的基础、当代教育最重要的基石之一。

布卢姆教育目标分类法，根据认知程度由低到高，在认知领域的教育目标可分成：知道、理解、应用、分析、综合、评价。

《如何在课堂中使用布卢姆教育目标分类法》（见图 6-30）是首部对布卢姆教育目标分类法在课堂上的实际应用进行系统分析的著作，详细介绍了它是什么，它为什么有效，以及教师如何最有效地运用这一教学法来提高课堂成效。麦克·格尔森总是以面向教师日常教学的角度写作，本书包含大量的方法、课堂活动、教学策略与技巧，覆盖英语、科学、社会学、历史、数学、化学等多学科案例，为教师有效课程设计、教学、评估提供了一套强大的工具。

作者逐一介绍了教育目标的各个层级，以及如何用布卢姆教育目标分类法：构建学习目标与结果；设计教学活动与产出；促进高质量的提问；有效评估学生的掌握情况；拓展与挑战学生的思维。布卢姆教育目标分类法适用于任何学科与任何年龄的学生，可以帮助教师提升教学成效，让学生快速取得进步，提高学生的认知水平及分析性、创造性和批判性思维，达到掌握。书中附录包含一系列针对理解、应用、分析、综合和评价的提问，供教师在教学中参考使用。

（八）有关作业设计

1.《核心素养导向的作业设计》

图 6-31 《核心素养导向的作业设计》

《核心素养导向的作业设计》（见图 6-31）聚焦新课改背景下作业的设计和实施。什么是好作业？答案因人而异。本书主要围绕着单元类作业的设计展开，为读者梳理了几类作业类型并进行了案例的辅佐：单元类作业、游戏式作业、合作类作业、体验式作业、自主式作业、创智类作业、跨学科作业。除此之外，此书对主题类作业、表达类作业、制作类作业、探究类作业、专题类作业、想象类作业、非正式作业等都有一定的涉及，可以作为一线教师具体的作业设计实操指导书。

2.《重构作业：课程视域下的单元作业》

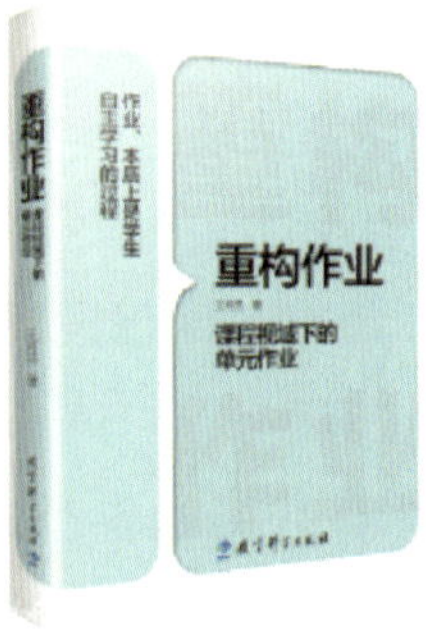

图 6-32 《重构作业：课程视域下的单元作业》

作业设计质量、作业实施效果等是衡量课程改革成效的重要指标。《重构作业：课程视域下的单元作业》（见图 6-32）一书聚焦单元作业，主要探讨了以下六个方面问题：一是作业的内涵和价值；二是作业设计思想的历史发展脉络；三是当下作业设计中存在的真实问题；四是为何要形成课程视域下的作业设计观；五是课程视域作业设计观下作业设计的策略与方法；六是课程视域下作业设计策略如何“可视化”。

教师可以通过阅读此书，了解到在课程的角度下作业该如何设计更为科学。

3.《作业设计：基于学生心理机制的学习反馈》

图 6-33 《作业设计：基于学生心理机制的学习反馈》

《作业设计：基于学生心理机制的学习反馈》（见图 6-33）从作业现状调查入手，分析学生作业心理机制，提出作业设计原则，并分别从常规作业、分层作业、单元作业、长周期作业等方面对作业设计进行具体指导。此书案例丰富，通过阅读此书教师可以提高作业设计能力。

（九）有关评价

1.《教—学—评一体化教学：策略与实践》

图 6-34 《教—学—评一体化教学：策略与实践》

《教—学—评一体化教学：策略与实践》（见图 6-34）共分五章，重点论述了教学目标制定与叙写、课堂评价设计与实施、以评价驱动教学等核心内容的理论与策略，案例翔实，论述简明，具有很强的实用性、操作性。

教师通过阅读此书可以系统地明白到有关“教—学—评一体化教学”的几大核心内容，包含何谓教—学—评一体化教学？怎样实施“教—学—评一体化教学”？

2.《怎样评价学生才有效——促进学习的多元化评价策略》

图 6-35 《怎样评价学生才有效——促进学习的多元化评价策略》

怎样评价学生才有效？怎样通过评价促进学生的学习与发展？《怎样评价学生才有效——促进学习的多元化评价策略》（见图 6-35）一书回答了这些问题。

作者擅长运用生活和工作中的事例来阐述自己的评价观念与方法。她从事过三四十年的中小学教学和课程研发工作，曾询问过无数教师对评价的看法及他们本人的评价实践情况。在此基础上，她结合自己的工作和生活经历，对传统评价方法中存在的问题进行了探讨，试图让人们从

"标准化考试的神话"中走出来，走向多元化评价的光明大道。

该书具有较强的可读性和实践指导性。通过阅读此书，教师可以通过大量实例系统、详细地了解当前最有效的学生评价方法与策略。

3.《促进学习的课堂评价：做得对 用得好（第二版）》

图 6–36 《促进学习的课堂评价：做得对 用得好（第二版）》

如果我们关注课堂教学，那么我们就必须关心学生评价。

《促进学习的课堂评价：做得对 用得好（第二版）》（见图 6–36）以明确的目的、清晰的目标、合理的设计、有效的交流、学生的参与等关键要素为核心，详细解析了优质课堂评价的七个有效策略，呈现了大量的方法、工具、示例、步骤、指南以及教师反思自身评价活动的小故事，并设计了针对评价策略的练习活动，为教师提供了易于理解、便于操作的自学方案和行动指南。

通过阅读此书，各级教师均能找到适合自己的方法来正确地使用评价策略，从而提升自己的效能感，为学生的学习增值。

三、英语教师的基础写作类型

郝晓东教授在《教师成长力：专业素养发展图谱》中写道："写作，是提升心智的重要途径，是深度学习的强有力工具，是塑造品牌最重要的能力。"写作能提升观察能力、资料搜集能力、分析与论证能力和整合能力。良好的写作能力能够帮助自己清晰表达观点，以及观点之间的联系。写作暴露出的问题都可以解释为思维的问题。不重视写作的学习是低层次学习。教师专业写作应少写随笔、感悟和文学性作品，多写教育教学反思、教育案例、教学案例和论文。专业写作，强调理解与反思，反对表现主义，强调客观呈现，反对追求修辞。教师应该让写作成为一种自然而然的工作、生活、思考的方式。

教师的日常工作较为烦琐，没有太多的时间专门用来写作。结合日常教学进行写作是最好的方式。我们可以写的内容有四大类。

（1）教学类：教学设计、教学案例、教学日志、教学总结、教学反思、班级检测评价分析等。

（2）教研类：论文、阅读笔记、教研课活动纪实等。

（3）管理类：班级管理、备课组管理、科组管理、部门管理等。

（4）故事类：师生教育教学故事、师徒学习故事、个人成长故事等。

四、小学英语教师发展路径研究范例

（一）区域名教师发展路径

行稳致远，从教从学——名教师的成长路径

刁艺姗

2007年，我从大学毕业走上教师这个岗位，如今回首已经过了十六年。我不敢相信我已经在这三尺讲台上耕耘了这么长的时间，因为我仍感觉自己每一天都仿佛第一天走进教室上课那般兴奋和充满期待。细数这近六千个日夜，我以“教师”这个身份获得了无数的感动和满足。今日我把这些获得一一用文字写出，既是给过去的自己一份礼物，告知自己不忘初心，也是给未来的自己一盏明灯，提醒自己继续向前，且教且行。

我是一名普通的英语老师，过去的十六年有迹可循：2007年，毕业于华南师范大学外国语言文化学院的英语教育专业；2007—2010年，担任两个班英语教学并担任一个班班主任；2011—2014年，担任两个班英语教学并担任英语科组长（2011年评上一级教师）；2014—2020年，担任一个班英语教学并担任教学处副主任（2019年评上高级教师）；2020年至今，担任一个班英语教学并担任教学处主任。

16年的教育教学工作稍加梳理，其实和大家知道的一样，无非就是“勤、谨、缓”三个字。若再细细总结，便是以下的五点。

一、坚固教师职业情感

日本著名企业家稻盛和夫曾说：要想拥有一个充实的人生，你只有两种选择：一种是“从事自己喜欢的工作”，另一种则是“让自己喜欢上从事的工作”。2021年新浪微博有一个问卷调查：“你的职业是你的兴趣吗？”

在接近5万名填写了问卷的网友中，只有接近8千名网友选择了“是”，剩下的网

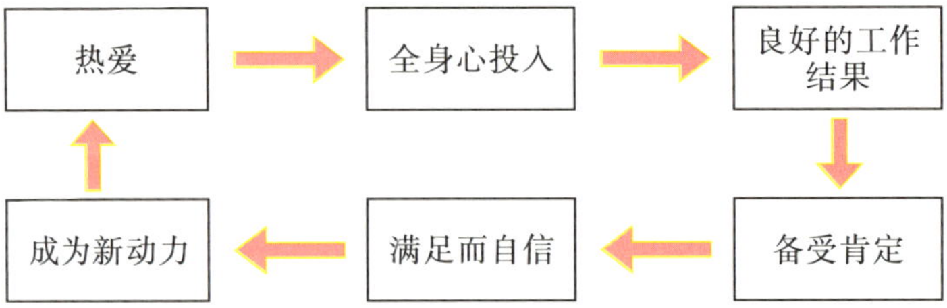

图 6–37　教师心路

友全都是“不是，为了生活，经常都感觉工作无趣”。我非常幸运，做一名英语教师是我从初中就开始的梦想。2023 年是我工作的第 16 年，我仍然感觉每一天的课堂都是新鲜的，每一个学生都是可爱的，每一件工作都是富有挑战并值得去努力完成的。正因为我发自内心地热爱教师这一个职业，我感觉到可抵未来的岁月漫长（见图 6–36）。热爱工作带给我的益处有：

1．我因热爱而使工作成功率变高

日常的教学工作烦琐无比，常规五项能按时按质完成已经相当不易，如果再遇上区域的教研展示活动，加班加点的磨课辩课也是让人身心疲惫。尤其是 2019 年以来，教师 + 志愿者 + 流调人员的三重身份加身经常日夜颠倒，线上线下教学的结合也需要极大的心理张力来适应。如果不是热爱这份工作，那么短暂的心力交瘁之后便无法身心复原投入到下一个事务中去，而是在亚健康的身心状态中陷入泥潭而不能自拔，久而久之便容易形成极端消极的工作情绪，最终对一切事务都提不起兴趣，极大降低工作效率。这如同一个死循环，日复一日，年复一年，最终是消耗自己内在的精气神。反之，我因为热爱这份工作，遇到任何的挑战总是保持一种 Growth Mindset（成长型思维）来应对。积极向上的心态总能让我的工作效率变高，感受到极大的成功，而这份成功继而又推动我以饱满的激情迎接下一个任务。这是一个好的循序，随着时间的流逝，不但能形成自身一套处理事情的高效方法，更是由于长期的积极心智，人的精气神都由内而外地舒服。

2．我因热爱而使课堂充满灵感

我曾经看过一个翻译家的随笔：“读了作者一段精彩的话，备受感动，但因为文化的差异，用中文如何表达，却手足无措，很是焦急。但是，既然热爱这项工作，我就不敢怠慢，不敢敷衍，无论如何必须把作者的思想忠实地传递给读者。这样一种强烈的愿望似乎会进入潜意识，让我在散步时，洗澡时，睡觉醒来时，甚至如厕时，头脑里灵光一闪，出现神来之笔，我因此会心一笑。当这一节翻译完成后，对照翻译前的窘态，我自己也会吃惊，我竟能译得如此酣畅淋漓。”这种状态常常出现在我的教学日常。我的课堂总是充满了奇思妙想，来听课的老师总是问你为什么能想到这些？由于我热爱这份工作，总是希望自己的课堂能呈现出最好的效果，因而我总是在日常注重收集素材。精致的课件模板、有趣的插画图、灵动的动画配图、让人印象深刻的电影片断、好听的音频，甚至是可以用来做头饰的纸张、布料、塑胶等，我都一一保存好，这些都能激发我上课的设计灵感。看书的时候、上下班的途中、外出用餐的时间、公园遛娃的片刻，我都会用心观察，那些好的想法我都会一一用手机记录下来，以备需要的时候能用到。因而尽管我已经教了十六年，很多年级都是反复教了，但是我没有两节一样的课。

3．我因热爱而使人格得以陶冶

拉丁语中有句谚语："比完成活儿更重要的是完善干活人的人格，但干活人的人格必须在干活中才能提升和完善。"我认为用真挚的态度正面面对生活、工作，遇到现实问题，绝不逃避，用勇气和良知去解决，这个过程就是提高心性。我非常喜欢和科组的老师们一起备战。有时候加班至深夜，但是我们的磨课总是显得意犹未尽。因为热爱工作，我享受和团队一起探讨的过程，这个过程让我感觉自身的思维得以完善，自身的眼界得以拓展。同事们也喜欢和我探讨课程，因为他们知道我的毫无保留和尽心尽力。我曾经帮助六位青年教师备战招考，最终都以第一名的成绩逆袭上岸。也曾经指导团队的徒弟们准备区域不同的展示，最终都是大放异彩。热爱工作的人总能相互吸引，因为这其中的认真和执着就如同一块磁石，有着惊人的魔力。

4．我因热爱而使自己得到他助

《牧羊少年奇幻之旅》曾写道："当你真心渴望某样东西时，整个宇宙都会联合起来帮助你完成！"这十六年，每一年我都会承担区域的展示活动，单靠一个人的力量是极其有限的。庆幸的是，我总是能得到身边同事的支持和帮助。他们总会说："看到用尽全力的你，总想搭一把手，让你在舞台上闪闪发光"。这样的言语让我感动，这样的行为让我感恩。正因为这一路我遇到太多的贵人，随着我的成长，我也希望能像他们一样做青年教师的贵人，在他们的成长上贡献我的绵薄之力。

二、坚守课堂职业根本

课堂乃教师之根本，学生乃教育之核心。没有课堂，你还凭什么去做一名教师？没有学生，你还凭什么说自己是一名教师？但是，你的课堂能否成为你的立根之本？

1．我心中的好课堂

从教十六年，每一年我都会承担区域展示课例或讲座，这是迫使我不断更新教学理念和不断完善课堂结构的最重要的一环。"以教为学"是我一直坚持的信念。我经常问自己我心中的好课堂是什么模样？对于低年级的课堂，我认为要做到以下几点：

①正确示范，树立标准；②模仿跟读，利用原音；③自然拼读，方法科学；④及时反馈，有效评价。对于中高年级的课堂，我则认为应该做到以下几点：①任务驱动，明确目标；②主题解读，明晰语境；③厘清结构，突破重难点；④整体教学，分层推进。课堂是教师之根，拥有了课堂，一个教师才有无尽的故事可以说，才有无数的歌曲可以唱。

2．我认为最重要的一层关系

16 年的教学让我愈发明白，作为教师最重要的一层关系永远是师生关系。如何在日常的教育教学中保持温和而坚定的正念管教？我觉得我们可以努力做到以下几点：①减少评判之声，传播理性讯息；②适当表达愤怒，理性表达情感；③减少控制命令，促进学生自主；④赞美遵循理性，连接真实感受；⑤逻辑结果替代惩罚，建立学生责任意识。

3．我所使用的课堂小妙招

日复一日的教学，我努力让自己做到以下几方面：（1）Pre-task 部分：①抛开不良情绪，愉悦自然走进教室；②望向全体学生，真心接纳每个个体；③明确课堂规则，建立温柔坚定课堂；④坚持常规训练，积累习惯潜移默化。（2）While-task 部分：①推进课堂有节奏，张弛有度；②教学分层有侧重，关注个体；③学生表现有力度，机会均等；④突破重点有方法，一课一得。（3）Post-task 部分：①联系生活实际，从课内走向课外；②注重归纳梳理，从输入走向输出；③反馈课堂评价，从提醒走向建议。

三、坚持教学教研同步

苏霍姆林斯基曾在《给教师的建议》里写道："如果你想让教师们的劳动能够给教师们带来乐趣，使天天上课不至于变成一种单调乏味的义务，那么你就应当引导每一位教师走上从事研究这条幸福的道路上来。"无论我们承认与否，教研和教学是一体的，只有这样，一个教师才能保持活力，拥有专业的生长点。我曾主持区级立项课题 3 个、市级课题 1 个，核心参与省级课题 2 个、国家级子课题 1 个。教研在过去的岁月中从未停步，每一次教研都是基于日常教学，而终归服务于学生和课堂。如何让自己保持教学教研同步的和谐状态？我有几点心得。

1．常规教与学中的问题意识

尝试将我们日常的教育教学问题化。例如我们可以常常问自己：在工作中感到最苦恼的三件事是什么？在教学中感到最难突破的三件事是什么？在师生关系中感到最难处理的三件事是什么……自己教学实践的问题、学生行为习惯和道德表现的问题、学校教育的问题，还有学校、班级、年级、科组等管理模式的问题，以上的这些都可以成为我们静下心来去寻求答案的问题，而这个寻求答案的过程就是做研究的过程。

2．常规教与学中的“印迹”意识

要有以终为始，逆向思维的成果意识。在从教十年之际，我就督促自己完成“十加N”的教育教学“印迹”梳理，主要内容如下：“十”含：教学类（教学设计1个、教学案例1篇、教学日志1篇、教学总结1篇、班级检测评价分析1篇、教学反思1篇）；教研类（论文1篇、阅读笔记1篇、教研课活动纪实1篇）；管理类［管理总结1篇（班级管理、备课组管理、科组管理、部门管理）］。“N”含：故事类（师生教育教学故事1个、师徒学习故事1个、个人成长故事1个……）。“印迹”意识除了有梳理已有的功能，更有反思分析指向未来发展的作用。

3．常规教与学中的反思意识

日常的反思，我们可以体现在以下方面，如教学设计、教学案例、教学日志、教学总结、班级检测评价分析、教学反思、论文、阅读笔记、教研课活动纪实、管理总结（班级管理、备课组管理、科组管理、部门管理）、故事类（师生教育教学故事、师徒学习故事、个人成长故事……）。一般来说，我有三种做反思的习惯：①长期坚持法；②阶段性总结法；③总结对比法。

四、坚信团队与个人共成长

在《中层领导力》一书中，对于团队中的领导力是这样解释的：“中层领导力分为三个层次：个人领导力、团队领导力和组织领导力。个人领导力是自己领导自己的能力，要想领导别人，首先必须领导自己，这需要用阳光心态来实现。一个人的内心是一团火，才能释放出光和热。自己牢牢站稳了，才会有魅力吸引其他人。具备情商和影响力，能够引领其他成员，就会形成团队，可以用‘从’来表示团队领导力。一个团队有动力、有愿景、有魅力，拥有共同的价值观，才能吸引更多的人，形成组织，可以用‘众’来描述组织领导力。”在团队中，如何寻求自身的定位和发展，我是这样做的：

1．多支持

认同团队愿景，支持团队工作。一群人只有认定同样的目标，并朝着这个目标走去，才能创造出美好的风景。很多老师会希望科组怎么样做、学校怎么样做、别人怎么样做。但是其实未来是怎么样、科组怎么样、学校怎么样，是靠每一个人的努力。我们科组从最初的3个人，到现在的21人，近10年荣获区域示范校科组、教研基地、好科组等荣誉，依靠的是每一位科组教师的共同努力。

2．多沟通

团队合作，方能共赢。团队的日常工作难免会有争吵和矛盾，但是只要我们秉承“对事不对人、先处理情绪再解决问题”的理念，便能形成一种和谐的合作氛围，在相互沟通中达到共赢的状态。

3．多尊重

理解对方，悦纳对方。尊重是万事万物的基础。科组内每一个人的脾性都不同，各有各的优点和缺点，如果能用一种欣赏的眼光看对方，便能悦纳彼此，理解彼此，从而让工作氛围更美好。

4．多贡献

不怕为他人做嫁衣。团队的发展需要每一位教师的发展，因而机会应该适当地给到每一位教师。在团队中我从不怕给他人做嫁衣，默默做背后的功臣。

五、坚定终生阅读素养

终生学习是每一位教师应该必备的素养，尤其是在现在日新月异的教育大环境下。短暂的停止更新自身便是退后一大截。过去十六年，阅读是我的习惯，我主要这样做：

1．制订阅读计划，让阅读成为习惯

我保持每天至少阅读 1 小时，年阅读量达到 60～75 本书。很多老师说找不到时间阅读，但是我总能在空暇时间捧起一本书，例如午间休息前、早上起床后、夜晚入睡前、周末、寒暑假……我的包里总是装着至少一本书，方便自己在任何时候能拿到。

2．选择适切的书单，生活工作皆有得

我的书单中主要包括教育教学类、心理学类和管理学类、英语原版书籍和当年畅销书。种类各异的书籍帮助我始终处在一种学有所得的状态中，感受到心智愈发成熟的魅力。

3．注意读后分享，从输入走向输出

我比较注重阅读后的梳理内化，一般我会用到下面的几种方式：①微信朋友圈：简单几句；②手机备忘录；③公众号；④手写小本子。

这些年里，我一直遇到许多非常优秀的领导和同事。正因为他们的欣赏和帮助，我才能有幸站在巨人的肩膀上保持一种优良的状态，始终热爱着这份职业。感谢黄锦堂校长、谢宽平老师、杨和光校长、阮瑜校长、郭建文校长、黎忠老师、黄锴老师、冯云开老师……是他们，让我看到为人师的光，并始终跟随光，努力成为光。

（二）区域名教研组组长发展路径

八年磨砺终成器，十载教研未停歇——教研组组长发展路径

冯云开

什么是教研组？教研组是学校内研究教学问题的组织，规模比教研室小。教研组

的全称是教学研究小组，是学校与教师的研发机构之一，不但是教师专业能力增进的重要舞台，还是教师形成专业归属感与学科崇拜的发源地。在学校里，教研组是教学处下属分支，主要职责就是推进并落实学校教学工作，同时对学科教学进行实践研究，最后服务于学科教育教学的发展、学生学业水平的发展以及教研组教师的专业成长。因此，作为教研组的组长，首先应具备较为深厚的专业素养，对学科教学有一定的态度、形成特色鲜明的个人教学风格；其次，应具备良好的沟通能力和管理艺术，虽说教研组人数一般不超过40人，但是在工作分工、联络沟通、组织活动中如何做好协调工作，也是需要一定的管理能力；最后，应具备扎实的教学研究能力，以教学研究为抓手，带领团队在学科教学中不断求新、坚持实践，为个人、为团队的发展助力，形成积极向上、和谐共处的良性科组生态文化。

回顾在海港小学担任科组长的八年，在历任校长杨和光校长和阮瑜校长两位充满智慧、又有教育情怀的学习榜样的带领下，在教研组组长这个岗位上实现了个人的专业成长，同时突破了自我；在教研组组长的平台上找到了自信心及认同感，成就了自我。同时，与教学处刁艺姗主任的并肩作战，打造“海港小学英语科组”的品牌，在区域产生了一定的影响力。八年走过，在教研组长这个岗位上的一点一滴尽是宝贵而又难忘的，正好借此机会，回顾过去作为教研组长的成长之路，在总结中提炼优秀经验，在反思中进一步明确未来的发展方向。

一、善于学习，自我成长

如果一个思想固化、停止学习的人，想要带领他人成长，那简直是天方夜谭。俗话说，要给学生一碗水，老师必须要有一桶水。作为教师、作为团队的领头人，都必须具备一定的专业素养，没有专业是根本无法立足的。作为教研组组长，我回顾个人的成长历程，其实并没有复杂的路径，更没有惊天动地的事迹，仅仅是三件事，让我一直渴望于学习，不断追求专业的成长，那就是“培训”“阅读”“反思”。

1. 培训之路：理念更新，内涵发展

新课标培训、新教材培训、心理教育培训、教学观摩培训等一系列的培训，或面授，或线上，如果把它们都看作是占用备课、改作业时间，那就会成为负担，对它们还会产生抵触情绪，更别说是学习成长。但是这一类培训对于我，就是教育教学的世界打开一扇门的机会，我可以通过这扇门看到超越于日常教学工作之外的更广阔、更有趣、更精彩的世界。专家的观点各有特色，在培训学习的过程中，始终把理论、把案例联系于教学实践之中，用“我的经验”验证专家的观点；有时会在专家的理论解析下突然顿悟，原来在实践中这样做背后有着强大的理论支撑，虽然我暂时没有那么高深的理论基础，但是我已经在做正确的事；还有些是我还未实践的，那就思考我能在教学中做哪些尝试。

印象特别深刻的一次讲座，是在北京师范大学辅仁校区聆听了程晓堂教授的讲座。关于英语教师的话语量的问题，一直特别困扰我，是因为有学校领导在听过多节的英语教研课后，对英语课堂提出如同数学学科的要求，要把话语权还给学生，因此，教师一节课40分钟的课堂话语的总时间要控制在20分钟以内，当时我就很苦恼，我只知道英语学科不应等同数学学科，英语课堂的教学效果不仅仅由教师说话时间的多少来进行评价。因此，当时的我无法通过理论及实证来阐述自己的观点。但是在聆听了程晓堂教授的讲座后，以及阅读了他的专著，才恍然大悟。是的，英语学科较之数学学科有不同的学科特点，相比同为语言范畴的语文学科也不能相提并论。由于英语学科作为外语，学生在生活中没有相应的语境，不能通过习得来掌握语言内容和发展语言技能，40分钟的英语课就是大部分学生接触英语的仅有的时间，怎么给学生大量的语言输入尤为重要。此外，英语课堂中的教师话语不仅仅承担着组织教学的作用，更重要的是让学生沉浸式地通过真实的语境达到学习理解的目标，如stand up、sit down的简单指令，学生刚开始可能并不能理解，但是通过教师的语言和动作进行引导，帮助学生理解，在教学中，不断地滚动复现，最后学生自然能掌握。关于英语教师课堂话语时间的思考和顿悟，让我发现闭门造车不可能有进步，只有走出去，打开视野，接纳新事物，善于学习，勤于思考，才能收获理论与实践的相互验证。在灵光一现、突然顿悟的那一刻，成就感拉满，那不是物质收获所能比拟的。

在成长之路上，培训学习带来了不一样的收获，刚刚毕业时，听讲座、听课都会跃跃欲试，专家和优秀教师能这样做，那我呢？是否也能在自己的课堂中去尝试？通过不断的实践以及验证，在教学上不断形成独属于自己的风格；在初任海港小学英语教研组组长的时候，参加培训学习，让我思考怎么带领教研组团队去不断更新观念，改善教研组整体教学面貌；在担任了教研组组长多年后的今天，我更会思考如何激发团队中每个成员的潜在优势，打造每个人都能发光发热的平台。

回顾过去培训之路，有特别值得好好再梳理学习的，其中就有由上海团队与当时的西乡街道教研中心联合举行的“西乡街道骨干教师提升工程”。此项目一共两期，我也有幸参加了两期培训。第一期以工作坊的方式完整地学习了上海前沿的“单元整体教学设计”，当时的师资十分雄厚，有特级教师朱浦老师、当时上海师资培训室的王珏老师，讲座专家和上课教师都是上海小学英语的顶流，也是在如此优秀的师资团队的带领下，我对“单元整体教学设计”从理论到实践，完成了一个完整的从输入到输出的过程。特别是王珏老师特有的“工作坊”培训方式，把学员分成6～8人一小组，每次培训都是小组成员集中一起学习、一起思考、一起讨论、一起分享。团队协作的方式，思维碰撞的结果，就是每个人都收获了他人的思想，同时也在分享过程中去表达各自的观点。尤为难忘的就是，王珏老师最爱提问，提问之后就有长时间的停顿，低着头的我们，有可能就会被点名回答问题，那种心跳的感觉至今难以忘怀。在第一期骨干教师培训后，在经历了教学目标、教学内容、单元主题、课时话题、教学活动设计、板书设计、作业设计等一系列的专项培训后，每个小组都需要展示一整个单元的单元说课及上课展示任务。在专家的指导下，在同伴的相互促进中，单元整体教学设计已经深深刻入心中。这次骨干教师培训对我之后的单元整体教学设计的备课起到十分关键的作用，也是为之后多次获得深圳市资源包征集比赛一等奖奠定了坚实的基础。第二期培训，以名师培养对象所参加的培训，同样是王珏老师带领进行工作坊培训，人数少，但是要求高。培训的重点在于提升学员的教学研究能力，要成为具有引领示范作用的校级名师、街道级名师，乃至区级、市级名师。在目标、教学、评价、板书等各个范畴，王珏老师都是以问题引导、激发思维的方式进行培训，不再是常规的讲座，更不是能混过去的培训。培训过程中，每位学员精神高度集中，必须一直保持思考。也就是这次名师培养工程，让我更加关注个人的教研能力的发展。

海港小学的英语科组从刚创校开始就在刁艺姗主任的带领下，开启了 Phonics 自然拼读的研究之路。当时的西乡街道教研员谢宽平老师促成了西乡街道教研中心下属的 12 所学校参加了与北京师范大学联合开展的“攀登英语阅读素养提升项目”，科组参加了第一期的项目研究，第一期主要开展自主阅读前的自然拼读以及高频词的学习，这样的研究轨道跟海港小学英语科组的教研方向不谋而合，而在北京师范大学专家的引领下，通过实验项目的系统开展，形成了研究的体系。如确定一至三年级的语音目标，丰富了自然拼读的资源，增加了对于音素意识所开展的专业评价等。这次培训中，我也有幸认识攀登项目负责人吕文倩老师，她对一线教师的资源支持让我钦佩，她知道我对持续默读、流利朗读感兴趣，就毫无保留地提供文献资料和相关资源，这都为我今后在校外讲座、在支教过程面对其他老师也用如此热心、慷慨的方式尽我所能、给予帮助。

最后，于 2019 年有幸参加宝安区“薪火计划”小学英语骨干教师素养提升项目，担任班级学习委员一职。在这次高端的培训中，专家的讲座、北京上海的优秀课例，对于接近 20 年教龄的我来说已经没有“惊艳”的感觉，但是会引发更深层次的思考。比如，在参观北京有名的史家小学时，教师的专业素养、学生的英语高水平、校园文化的高标准高内涵，无一不让人惊叹，这就是所名校！在得知史家小学也在做蓝思阅读项目和持续默读，我感觉找到了知音，也就是因为海港小学在蓝思阅读项目和持续默读的研究才刚刚起步，非常渴望能学习到同行的优秀经验，此时的我，已经跳出了个人的专业成长，走向思考教研组的专业建设和特色打造；也许，这就是从教师身份到教研组长身份的跨越。

另外，“薪火计划”项目的培训方式也让我获益良多，以首席专家全程专业引领，到北京上海的优秀团队课例展示，到高校专家的教学研究指导，全方位提升教学教研能力。特别是在教研指导上，有幸遇见了首都师范大学副教授康艳博士，从课题选题、行动研究、课题申报书、开题报告、论文撰写等一系列指导中，她都以朴实无华、兢兢业业的学者态度，指导我们课题研究一组的十位学员所提交的报告及论文，无一不细细批注，同时也专门召开反馈会议对每位学员进行一对一的专业指导。她特别能理解一线教师的短板，对学员们积极参与到教研中来一直表示鼓励和肯定。她那专业、耐心的学者风范一直影响着我，真的是越有文化、素质越高的人，反而越平易近人。在康艳博士一次又一次的指导下，终于学着做文献研究，试着写课题申报书，在多次的线上研讨交流后，康艳博士指导我的课题“基于 LICC 课堂观察范式的小学英语校本教研模式建构研究”成功通过深圳市级立项课题的申报。也就是在专家的引领下，以课题研究为切入点，我提高了教研能力，为今后带领科组教师进行课题研究和推进校本教研提供了保障。

2. 阅读之路：充实自我，持续发展

俗话说：“你读的书都藏在气质里。”阅读的力量无人不知，但是阅读习惯的培养却很难做到像刁艺姗老师那样一年有近 70 本的阅读量，这是难以模仿的。如果逼着自己学习并试图超越他人，那是不现实的。但是阅读可以在需要之中。即使没有养成持续的阅读习惯，但是基于任务驱动的阅读方式也是值得推崇的。回顾本人阅读的书籍，主要分为两类，一类是基于个人心灵成长的，另一类是基于教学教研需要的。

还记得在 2020 年新冠肺炎期间，因为防疫需要，我居家办公了三个月。在这三个月里，我除了外出购买生活必需品之外，基本没有外出，当时对个人的职业规划产生了疑惑，变得特别焦虑，对未来充满了担忧，就在这个茫然的时刻，细细品读了王珏老师推荐的《世界尽头的咖啡馆》，从渔夫与商人的对话中，感受到了对于人生目标及价值的不同导向，可以看到虽然每天可以多捕鱼，增加收入，但是必须以牺牲陪伴家人的时间作为代价，对于渔夫来说是得不偿失的。从这个故事中，我感悟到了人生价值的真谛，也许社会一直认同的价值观，不一定就是我想要的，要想活成自己想要的样子，必须清楚自我人生价值观。同样的可以慰藉心灵的书还有很多很多，特别是在心灵不平静的时候，从智者那里感受人生智慧，会有大彻大悟之收获。

另外，基于教学教研任务需要的阅读，也是最高效的学习方式。在开始研究自然拼读和英语阅读启蒙的时候，阅读了安妮鲜花的《不能错过的英语启蒙》、刘宝胤的《英语，爱“拼”才会赢》、王培珽的《培养孩子的英文耳朵》、彭懿的《图画书：阅读与经典》等专著，对自然拼读的知识与方法有了系统的了解，同时对于阅读启蒙更感兴趣，使用图画书开启学生的英语阅读之门，成为当时迫切想要做的研究；随着对阅读越来越感兴趣，《朗读手册》《阅读的力量》《如何阅读一本书》《说来听听——儿童、阅读与讨论》《美国学生阅读技能训练》等专著，都为之后开展持续默读以及整本书阅读研究奠定了基础。因此，这种基于任务需要的阅读，能迅速促进相关领域的理论学习，同时促进主题阅读，帮助教师进一步提升教研能力。

二、勇于探索，务实求新

教研组主要隶属于教学教研部门，需要根据学校的教学工作开展相关的学科教学教研工作，除了上传下达之外，自我专业成长仅仅具备作为教研组组长的必备条件之一——专业能力，但是要作为管理者的教研组长协调好团队的工作，仅仅有个人专业能力仍不足够。更多地需要把繁杂的工作形成体系，建立标准，便于管理。

1．明确目标，以终为始

对于教研组建设的目标，不能仅仅局限于完成学校教学工作的阶段，要从宏观来看，确定教研组建设目标，以目标为引领，开展课程建设、课堂教学研究、校本教研机制构建、教研组特色打造、学生培养目标提出、学业评价探索等一系列工作。以终为始，在具备明确的建设目标基础上，才能从工作的开展中以目标为导向，不断推进，最终实现目标。

在担任海港小学英语教研组组长期间，通过学校一系列的建设工程，我不仅仅提升了理论水平，还在理论落实于实践的过程中，实现了突破。为了把体现着教育理解、价值追求的学科共识，用简明的语言形式表述出来，经过学科组全体成员反复研讨、锤炼，提出了“学科宣言”，促使教师“带着理念进课堂”；为了将各阶段教材、课程标准、考试大纲以及涉及的相关知识统一整合而成的资源库，清晰地显示出各学科、各学段、各知识点、各能力要素点、各问题点之间的联系，整理了“学习地图”，为教师的教和学生的学提供精准的导航服务和内容支撑；基于课堂教学要以发展学生的核心素养为目标、以单元整体教学为导向、以英语学习活动观实施教学，海港小学结合学校培养目标，提出了基于核心素养理念的课堂教学理念——“基于思辨理念的大单元教学”。

海港小学英语学科“学科宣言”、“学习地图”、“基于思辨理念的大单元教学”、有为课堂教学理念的提出，都为教研组建设提出了明确的目标，要紧紧围绕学科育人目标、以培养学生核心素养为本、以英语学习活动观实施教学，给教研组的教学、教研工作指明了方向。

2．建设制度，规范管理

教研组工作包括哪些？各项工作如何落实？工作落实效果又如何？为了解决这三个问题，要先厘清教研组工作内容，其包括教学常规工作、外出培训学习工作、课题研究工作、校本教研工作、教师队伍建设工作等。

要明确各项工作如何落实，那就需要制定相应的规章制度，如教学常规工作又包括集体备课、课堂教学、作业批改等工作，就要针对各个方面制定相应的教学指引，如《集体备课制度》《教学常规指引》《作业公示制度》等；还根据其他工作制定《外出培训学习制度》《课题管理制度》《校本教研机制》《启航工程师徒结对制度》等。在制定各项工作制度的过程中，梳理了各项工作开展的方式方法，也为新进入海港小学的教师提供了具体的工作指引，较之口耳相传的方式，让他们能尽快适应海港小学英语学科教学常规。有一点值得特别提出的是，各项制度的制定与完善充分发挥了教研组教师的集体智慧，通过备课组集中讨论，制定出适合各年级学生、各位教师的行之有效的制度。

针对工作落实效果如何这一问题，就需要教学常规检查。每学期进行 3 次教学常规检查，项目包括教学小结、教案、课件、作业批改、听评课、集体备课资料、科组教研活动资料等，在检查中及时发现教学中的亮点，做好经验总结工作；同时及时发现存在的问题，精准反馈，在后续工作可以重点关注问题的产生，通过备课组集体研讨、教研组专题学习等方式，分析问题，解决问题。

从建设制度、规范管理的工作流程中，形成了系统的工作思维，在开展工作之前，先思考“What? Why? How?”等一系列问题，在弄清楚工作性质之后，再制定相应的标准，通过标准的确定，让工作开展更有序、更高效；同时对于工作开展的效果，也要通过标准来评价，最后实现促进改善的积极反馈。无论是工作项目、工作标准，还是工作反馈，都积极发挥教研组集体智慧，把自主权交还给教师。

3．热衷研究，专业引领

在担任教研组长的多年里，我一直在思考什么才能为教研组带来勃勃生机，让教研组成员能保持对专业成长的渴望，一直走在探索求新的路上。“研究”是我找到的最好的答案。对于课堂教学的研究永无止境，也能在研究的过程中，收获自我专业发展和学生核心素养的培养，这也是教育教学一直追求的目标。那么，做什么样的研究？如何做研究呢？

在海港小学创校之初，英语教研组已经开始研究 Phonics 自然拼读教学，在刁艺姗老师区级立项课题“Phonics 语音教学在一至三年级的有效实施”的引领下，完成了

Phonics 语音教学拓展课程的开发，现在一至三年级以“10+30”的课堂结构开展课前10 分钟语音教学，帮助学生逐步培养“见词能读”“听音能写”的能力，使用自然拼读绘本攀登英语《有趣的字母》《神奇字母组合》为学生的 Phonics 自然拼读学习带来了学习的乐趣以及阅读的启蒙。Sight words 视觉教学，在伍芷琪老师区级立项课题“小学英语低年段视觉教学模式探究”的引领下，把 220 个视觉词的学习形成了系统，利用早读、午读等短课的时间完成了视觉视频、小诗的学习，在不断的滚动复现中实现了视觉的整体认读，为流利朗读、流畅阅读打下了坚实的基础。Reading 阅读教学，在冯云开老师的深圳市好课程“攀登英语阅读课程”的带领下，使用攀登英语分级阅读，结合教材中的主题进行一至六年级的主题拓展阅读，在一、二年级由外教完成教学，三至六年级由英语老师完成教学，以精读的方式，让学生在阅读的奇妙世界中遨游，激发了阅读兴趣，养成了初步的阅读习惯。Reading 整本书阅读，在刁艺姗老师的区级立项课题“基于信息技术背景下推进跟踪式整本书阅读课程在一至六年级的实施”的引领下，以读前导读、读中推进、读后分享的微课的辅助下，由各课题组成员精选阅读书单，通过周末时间进行持续默读，完成 Reading log 阅读记录，并利用午读时间进行阅读分享。Reading 群文阅读，在陈偲老师区级立项课题“基于单元主题的群文阅读在小学英语四至六年级的实施”的引领下，通过选取基于教材单元主题的篇章阅读，对培养学生阅读策略及阅读技巧有极大的促进作用。也就是以上的课题研究、课程开发，为教研组教师带来了源源不断的教学灵感，也收获了海港小学具有标识性的拓展课程——“PSR 课程”。

与此同时，为了打造教研组特色，把富有童趣、激发学生学习兴趣的课本剧表演作为研究对象，在白雪老师区级立项课题“课本剧在小学英语教学的实践研究”的引领下，每个单元的小组课本剧表演、每个学期的班级课本剧表演、每个学年的“中西文化节”课本剧大赛的课本剧表演让学生在玩乐中实现语用输出，在表演中收获学习自信。

为了更好地建设校本教研机制，在冯云开老师市级立项课题“基于 LICC 课堂观察范式的小学英语校本教研模式建构”的引领下，引入 LICC 课堂观察范式，建构了备课组说课、课前团队研讨、课中观察、课后团队研讨、撰写观课报告及反思五个关键环节，使得教研课具有针对性、理论性、过程性、客观性、逻辑性的特点，更促进教师在教研中关注点与面相结合的研究。

也就是在课题研究、课程开发的引领下，教研组教师需要通过不断地学习理论、更新固有观念、勇于探索实践、学会反思总结，最后走向研究型教师的发展路径。

三、团队成长，文化打造

团队的管理中，诸如制度、常规等条条框框是硬性的规定，会让人产生抗拒心理；纷繁的教学工作、教研工作与行政事务工作，也足以让教师觉得疲惫不堪。因此，在团队管理中要始终以人为本，打造善于沟通、团结协作的团队文化。

1．勇担重任，引领示范

在团队工作中，教研组组长不仅仅是组织者，要把教研组工作中最困难、最辛苦的一部分由自己承担，也就是因为能做到勇担重任，乐于奉献，不计较个人得失，才能起到引领示范的作用；同时，在布置其他工作的过程中，团队成员才能做到心服口服。

2．创造机会，成就他人

仅仅能奉献自我，还不能成为一位优秀的管理者，更要处处为团队成员创造个人发展以及展示的平台。在带领教研组青年教师准备各级各类展示活动或者备赛过程中，组建智囊团，为教师以最好的状态展示做好充分的后勤支援工作。教师们所获得成绩也是基于团队的集体智慧，荣誉属于个人，更属于团队。同时，也根据教研组老师的各自特长，打造专属平台，让每个人都有机会发光发亮，如擅长课堂教学展示的教师创造区级教研活动展示平台、教学基本功突出的教师参加青功赛、教学质量提升有经验的教师登上“海港讲坛”分享……

也就是因为让每位教师在教研组团队里找到各自的定位，实现了不同领域的专业成长，得到了各自施展特长的平台，让教师们产生了强烈的归属感，才能让教研组的凝聚力更强。

3．善于沟通，温暖他人

沟通能力在团队管理中至关重要，它能使让工作推进得更高效、更有温度。在工作中，要及时了解教研组成员的思想动态、心理感受等，关心关爱他们的生活，打造良好的人际关系。以严谨的工作态度和真诚的处事态度，就事论事，不针对个人，做个有态度、有温度的人。

总之，在人与人的交往当中，注重沟通，为他人着想，才能打造良性的教研组文化。以常规标准化、管理精细化、团队合作化、沟通合理化的核心管理理念，打造一支有海港小学标识的英语教研组。最后，必须感谢八年一起奋斗的刁艺姗主任，一直支持并配合作为教研组组长的我开展工作的海港小学英语科组小伙伴们。

（三）区域骨干教师发展路径

逆风翻盘，向阳而生——区域骨干教师发展路径

白　雪[①]

在34岁的关口，接到了写这篇“骨干教师发展路径”的邀约。若不是它，近几年匆匆往前赶路，却没好好停下脚步低头看过自己。在以前七十古来稀的年代，35岁是人生的一个拐点，迈过就来到了人生的下坡路。即将35岁的我，虽没大富大贵，也没有权有势，但感觉开始了人生另外一个阶段——我变得更成熟了，可以做更深入的打算，身上的责任更重了，确实跟年轻人有所不同，但还远远未走到人生下坡路。细数过去9年，大致如下：

一、铁饭碗不常用常新就很容易生锈

九年前，每周往返深圳和中国香港、一边准备毕业一边准备教师资格考试的我，在走过5场校招跑了半个国家后终于上岸考进了深圳教育系统。看着录取名单里的自己，我感到非常的踏实及安心。手握铁饭碗，从此以后便能过上平稳的日子。

2014年9月，我正式步入教师队伍。担任2个二年级班级的英语教学，是其中一个班的班主任。当时的学校刚结束借址办学，开启新校舍的使用。说来也巧，我的小学、初中、大学和工作单位竟全是新校。因此对于创新这件事，我并不陌生。不由分说，新校的好处众多：新的理念、新的设施、新的伙伴，一切都欣欣然，充满憧憬与希望。

作为刚毕业的新人，我有使不完的劲儿想施展拳脚。班级管理上亲力亲为。长这么大第一次掌管五十几号人的“名簿”，让我感到十分新鲜。在结束一天的工作后，每天会编辑《班级晚安日报》向家长反馈在校发生的事，也相当于是对自己工作的小结，然后再准备第二天的课，几乎天天熬到深夜两点。课堂教学中大胆尝试。由于新校机会众多，在从教的第一学期，我参加了一些活动和比赛，比如“新课堂·新理念”的录像课比赛，在“深沪论坛之小学英语单元整体设计研究与实践”中进行说课展示等。这些活动让我对教师工作有了新的定义：原来除了上课、改作业、管理班级事务外，教师还有许多非教学类的工作。

若要说哪个活动印象最深刻？便是刚踏上讲台第2个月的一次公开课，那是教研

---

① 作者简介：白雪，现任海港小学英语科组长。第五届“粤港澳大湾区自然拼读与分级阅读教学观摩研讨会”展示课执教教师。2020年被评选为“宝安区中青年骨干教师”。其制作的教具“Never Stop骰子”获评广东省优秀教育资源。

员下校指导的“新教师见面课”。刚从香港毕业不久的我，所用的教案，是读书时使用的简易模板；所设计的课，是读书时常用的“任务型教学模式”（这里的任务型指环节与环节之间相对独立，独立完成各项目标任务，没有太多连贯性）。课后，科组老师及教研员聚在一起评课。我至今记得教研员拿着那份教案连问两次：“这就是你写出来的教案？刁艺姗这就是你徒弟写出来的……”当时的我还不知道“单元整体教学”是什么，只记得那次评课他们说的话若写成文字，一字一句都认得，但能理解的却不多。也是从那次后，我有了教学生涯中的第一次自我怀疑。班主任的工作中，我不理解为什么路队一定要整齐划一；不明白为什么起立回答问题时得先把椅子推进去同时手背后站立好再回答；不懂得集会时要身体坐直脚放平、双手搭在膝盖上的意义；教学中，我不明白为什么要学习“自然拼读”；不懂得什么叫“单元整体教学”；不理解为什么明明有教材却每个单元都要再构文本……这些去个性化、个体化的规则意识以及前沿的英语教学理念，让我深深地怀疑自己：是不是这些我观念中的传统教学理念不适合我？

在从教的第1年，这个问题我问了自己无数次。我和我的师父，也是从这一次公开课后，开始了频密的联系。现在回想起来，当时教研员说的话虽然不好听，但忠言逆耳，影响深长。学校会为每一位刚毕业的青年教师安排师父，进行师徒结对。我很幸运，开始便拥有两位师父。一位班主任师父，一位教学师父。可惜由于我的带班水平实在有限，在不到一年后就卸任了班主任的工作，班主任师父也随之取消，只剩一位教学师父，这位师父与我结队一结就是6年。当时的我从没想过，她会在我今后的人生中如一盏指路的明灯、温暖的烛火，不断给予我巨大能量。她教会我如何教学，如何站稳讲台，如何提升自己。在我工作和生活中遇到困境时鼓励我、引导我找寻新的出路，她是我工作和人生路上的启蒙导师。她就是本书的作者之一，刁艺姗老师。也是她让我明白，大学毕业证也有“保质期”，铁饭碗不常用常新就很容易生锈，作为教师依然要与时俱进、温故知新，进修和保养也是工作。

二、没有经历过人生，很多道理都不懂

“白雪，你妈妈住院了，刚才家里打电话过来，你赶紧回去一趟，这儿我帮你顶着。”这是2015年初的一节英语课，当时的搭班班主任蔡老师急急忙忙打断我，把我叫到教室外头说的话。赶回家后得知，医院怀疑妈妈罹患癌症，建议立刻住院手术。家人们辗转几个医院以后确认也接受了这个事实。随后不久便入院做了手术，接着化疗。从妈妈患病，不间断治疗到今天已经过去了七年零六个月，就像金鱼酱在《人间告白》中所说“患癌症的是病人，陪伴在一旁的家属又何尝不是病人？”这件事，完全颠覆了我们三口之家原本的状态，也就是在这场灾病的开始，我遇见了那棵愿意为我遮风挡雨的大树。很快，便结了婚。在那之前，参加朋友们梦幻的婚礼是我对结婚这件事的全部印象。如同童话故事的完美结局都是王子和公主幸福地生活在一起，没有经历过人生，很多道理都不懂。我又一次天真地以为迎来了人生的Happy Ending，从此以后，只有幸福。因此，对于工作我开始“躺平”，把生活的重心都放在了家庭身上。或许是在生活中迷失了自我，上天决定赏我一记响亮的耳光。于是在接下来的两年里，我一直在不断失去，其中包括六位挚爱至亲。印象中，两年间一直在搬家、住院、处理后事这三点一线中循环的我，流过了各种各样的泪水：遗憾惋惜的、崩溃失控的、难舍难分的、心如死灰的……除此之外，我还签下各种各样与众不同的协议和通知书，比如离婚协议和切断早产婴儿呼吸机的确认放弃告知书。唯一幸运的是，妈妈的病情得以控制。2015年面谈时对我说“你母亲三年存活率只有30%”的医生，改口说妈妈简直是个奇迹。

遗憾的是，从2016年初到2018年初的两年里，除了完成日常的教学工作，我并没有为自己积攒多少履历，甚至由于不断住院连上课也因此间断。很感谢那段时间在学校里不间断替我代课的伙伴们，她们当时的辛苦在几年后我替他人阶段性代课时才得以切实的感受。很感谢自己深陷绝望时义无反顾来到身边守着我的朋友，更要感谢我的爸爸妈妈，30岁的我不仅没让他们享好清福，还要一家人一起经历这么多磨难。幸好风雨过境时，我们携手并肩。这些可爱的人儿，何尝不是我生命中的贵人。

这是我第一次将自己那两年最不愿意提及的回忆写出。之所以写下来，不是为了顾影自怜，而是这两年看似有害无益的经历，在接下来的人生中起到至关重要的作用。如果说爱能让人学会付出，学会包容，学会无私。两年来多次直面死亡让我学会释怀，珍惜当下，加速成长。现在的我，能够面对自己不完美的角落，也比以往更有韧性，不再像以前那般依赖他人。我还认为，人与人之间的相处应以和为贵，因为我们真的不知道，那一天什么时候会到来，谁会比谁先离开。这样想，为人处事中便不会过于计较得失。

三、常怀感恩之心，总有光能照进黑暗的夹缝中

“有多少创伤卡在咽喉，有多少眼泪滴湿枕头，有多少你觉得不能够被懂的痛，只能沉默。”林俊杰的《裂缝中的阳光》很长一段时间是耳机里的单曲循环，那段时间里我喜欢主歌部分营造的悲怆和破碎感，是一剂催泪弹。后来，我更喜欢这首歌的副歌部分“等到黑夜翻面之后会是新的白昼，等到海啸退去之后只是潮起潮落……心脏没有那么脆弱，总还会有执着，人生不会只有收获，总难免有伤口。不要害怕生命中，不完美的角落，阳光在每个裂缝中散落。”我不敢抱有世界因为你曾遭遇过什么，就会对你格外仁慈的想法。有些苦难、有些磨砺都是自己的命数，休整过后的我决定不逃避、不埋怨，世界以痛吻我，我要报之以歌。

2018年是扎根的一年，当时主要的身份是一个五年级班级和两个三年级班级的英语老师，兼五年级备课组长。除日常教学外，得益于学校和科组的支持，我获得了许多参加培训、比赛、课题等活动的机会，异常忙碌。这是从教的第4年，多重的身份让我不得不每天加班加点工作，仿佛回到刚入职的第1年。当然，繁重的工作量也让我产生不少负面情绪，时常抱怨，甚至很不争气地边改作业边抹眼泪。如今想想，高强度工作也有它的好处，它逼着我学习如何高效地管理时间，提升了我的承受力，磨炼人的意志。当每天晚上独自一人在办公室加班时，常常回顾自己的来时路。环顾身边的伙伴，不少已经找准自己的定位，有的实现了人生的价值，有的实现作为一名教师的价值。我也希望自己能像她们一样。于是，我决定通过做课题来迈出第一步。

我申请了一个区级青年教师课题，是自己擅长的“课本剧教学”内容。课题从萌芽到完成开题报告筹备了半年时间。至今仍记得，当和团队的伙伴们完成开题报告展示，从汇报台上走回位置坐下的瞬间，师父悄悄传来她的笔记本，在本子的一角写着“Well done!”还画了一个笑脸表情包。当时表面平静的我内心翻江倒海，这个肯定，足足等了4年！作为徒弟的前4年，我上课水平一般、常常丢三落四毛毛躁躁、做事还经常迟到，没怎么让她省心。这一次，我像个为班级争夺到了荣誉的小学生，因为老师的肯定感到特别自豪。该课题在2018—2020学年间取得了不错的成绩，排演的三部剧目：*A noisy neighbour*、*A red flower*、*Say No to Bullying*，均在深圳市“演中学”课本剧展演中斩获佳绩；成员们也在日常教学中，探索并实践了课本剧各级各类的活动实践形式和评价方式。本应该在2020年末结束的课题，由于疫情的原因，推迟至2022年初得以成功结题。在这多出来的这一年半里，课题成员们梳理了3年来六个年级表演过的优秀剧目集，在结题汇报上获得专家的肯定并为课本剧教学提供了可借鉴的宝贵经验。

2019年，在学校举办的第一届教师现场教学比赛中，我执教的五年级课程Earth Hour获得了英语科组的教学特等奖和优秀教学设计。虽然这只是一个校级奖项，可能在高手如云的海港小学英语科组队伍里脱颖而出，给了对教学水平一直不自信的我一个很大鼓励。随后我还参加了学区的青年教师能力大赛，获得学区一等奖。同年10月，科组一行6人参加了“第四届粤港澳大湾区小学生阅读素养提升策略专题研讨会”。会议在广州举行，参会的老师大多来自粤港澳台，那是自2018年末北京后，第二次近距离接触前沿的英语教学理念。当时代表深圳进行课例展示的陈瑾瑜老师，对于课堂的设计和掌控让在场的教师们印象深刻。听身旁的伙伴说她与自己同届是一位90后，我由衷佩服。没想到一年后，我竟然也能站上同样的会场，和她一样在台上发光。扎根的种子，开始发芽。

2020年10月，在从教的第6年，非常荣幸地站上“第五届粤港澳大湾区小学英语自然拼读研讨”的舞台，代表宝安，代表深圳，呈现了一堂三年级自然拼读展示课。也是第一次，遭到了磨课的“毒打”，一堂40分钟的课整整磨了一个多月，在阮瑜校长、刁艺姗主任、冯云开老师和罗苑老师几位英语巨头的指导下，我们从无到有地搭建了一间“梦想小屋”，这间小屋也获得了观课者们的一致好评。在这间小屋里，除了有展示三年级学生见词能读、听音能写的自然拼读技能，还展示了在2020年初获得广东省优秀教育资源的一枚教具“Never Stop骰子”。能获得这份荣誉，要感谢提供创意的师父和美术科组，特别要感谢深圳市教研员郑民军老师。若不是他亲自电话联系我提出宝贵的修改意见，我一定不会推翻重做从而获奖。这次的经历对我有着跨越维度的突破。不仅是因为这次机会为我带来了漂亮的履历和荣誉，获评宝安区中青年骨干教师；更让我了解到教学设计时需要不断地自我追问，方能在课堂进行时更合理自然；懂得了该放手时需放手，相信学生并给予他们消化的时间和生成的机会；见识到一节经得起推敲的课，课件里每一帧动画，板书上每一个位置摆放，都需要经过反复斟酌。教师的每一句话语，每一个动作更需要经过不断地演练甚至变成肌肉记忆……非常感谢英语科组三位导师，像炼金术士一样冶炼我这一块资质普通的金属。也特别感谢在这过程中给予帮助的所有伙伴，他们是这次成功背后真正发光发热的人。回头看当时一个月中经历的种种，拓宽了我的精神和意志，更让我体会到生活的有趣在于实现梦想的可能性。

2020年末还有一件承上启下的事，那便是加入了刁艺姗老师的整本书阅读课题。该课题最重要的工作是选择各年级的分级读物并按照时间表制作为阅读提供支架的视频微课，以此来推进阅读。或许师父想培养我的阅读习惯，也或许是机缘巧合，分配给我负责的是六年级读物内容：“Who HQ系列丛书”。打从毕业以后，我就再没完整读过一本英文章节书。更别说不间断地读11本并制作微课。我读的第一本是《Who Is J.K. Rowling?》，磨蹭了两个月才读完，梳理人物传记制作微课又花了半个月，第一本总耗时两个半月。后面便越读越快，梳理也越来越得心应手。说这课题承上启下，是因为如果没有那些亲身阅读并梳理的经历，在下面这次机会来临时，或许我不能牢牢抓住。

2021年4月，又一次宝贵的机会降临。TIM（Teaching is Marketing）走进我们学校，为三个宝安区名师工作室联合带来“从阅读走向写作”的工作坊培训。我很荣幸担任工作坊的实操老师，分别承担三期工作坊的共9节实操展示课。如果说刁艺姗老师是我如师如父的启蒙导师，那来自TIM工作坊的培训师Caroline（也时常唤她：卡丝），一定是挖掘我的自我认知、提升思维能力、在细节上帮助我、让我知道如何更好走下去的人生导师。她们俩都是书霸，灵魂高度契合，是真正的 independent reader。

由于 TIM 的教学模式与传统教学模式在操作和理念上有较大出入，在每节实操展示之前，我须通过观看教学视频、阅读专业书籍同时与卡丝保持沟通来领悟 TIM 的教学理念，再结合实际学情内化为自己的东西。不得不说，这个过程非常痛苦。痛苦在于需要我在公立学校传统教学模式与培训机构类似 IB 的教学模式中不断切换、打磨、融合。其中的一段时间，两种模式此消彼长，我感觉自己上的课“四不像”，什么内容都有一点却又浮于表面。卡丝在未抵达深圳之时，我们会进行每周一次电话会议。由于疫情的不可抗力，本应该在半年内举行完的三期工作坊，时至今日也没能完成最后一期。因此，我便与卡丝陆续保持了一年多的联系，共同完成了 30 次电话会议和 2 期工作坊 6 次实操，我便成了最大的获益者。在这段沟通过程中，卡丝不但帮助我梳理备课过程中的知识点，还时常扮演心理师的身份，梳理我在工作中遇到的种种困境。她像一把钥匙，打开了我，开启了我的自我认知，开始体察自己的情绪，了解自己的优缺点，接纳自己的节奏，让我越发坚定，不人云亦云。

继 2019 年获得“校级教学特等奖”，2020 年，学校询问我是否参加“第五届粤港澳大湾区，自然拼读与分级阅读教学观摩研讨会”后，2021 年 9 月，我迎来了教学生涯中第三次震惊瞬间：，学校询问我是否愿意当英语科组长。以上三件事，被我暗自誉为教学生涯“三大震惊事件”，每一次都是同一个感受：我何德何能？！我何德何能担得起如此大的责任！在遵循了亲朋好友的意见又思来想去一番后，抱着“努力做好，实在能力有限做不到也就是丢个脸面”的想法，我决定试一试。

新身份的适应，比之前每一次完成跨越的过程都要艰难。以前无论是比赛还是活动，都具有短期时效性，过完就完了。而科组长肩膀上的责任和使命是持续性的。其中最艰难有四：第一，如何放下小我，从意识和角色上实现老师到教研组长的跨越；第二，如何权衡教学与非教学事务的时间；第三，如何写一份活动策划案；第四，如何与上下级沟通。相信有同样经历的伙伴能够体会，前者属于意识形态上的接纳和转变，但却最耗费心神。起初我经常被这样的问题困扰：“为什么他人可以按时下班我却有加不完的班？为什么他人可以拿着本子去开会、去参加活动，参加完就完事了，而我却要参与整个活动从策划到执行直至收尾的整个过程？”我觉得自己做得最多，还要听到抱怨甚至指责，既不甘心又很委屈。但我的第三位导师，冯云开老师这样说：“你是科组长，不先安排自己怎么敢安排别人？”云开老师是有着丰富教学和管理经验的英语科组长，她与 Caroline 一样，虽不是我官方认证的师父却胜似师父。在这段新身份的过渡期里，她不厌其烦地为我解答工作上遇到的各种难题。云开老师对人严格，对自己更是有很高的要求，也多亏了这份对待工作严格，一年过后的今天我才能基本完成学校交给的各项任务，同时兼顾好教学工作。现在的我，做事效率虽比不上时间管理高人，但也比以往提高许多；尽可能的折叠时间，完整的时间做重要的事，碎片的时间做琐碎的事。而通过写策划案，让我的层级逻辑清晰许多，写多了，讲话也变得更有条理。人与人的沟通虽然时不时还会困扰我，对于科组的事我不再计较个人得失，努力做到服务与成全。这些潜移默化的转变，除了自己的摸索与实践，几位师父以及身边的伙伴、家人、朋友都不同程度地给予了我无限的开解和支持。

我觉得自己很幸运，上天从我身边掳走了许多珍视之物，但也毫不吝啬地给予许多，让我身边充满温暖的人和良好的机遇。相比起许多专业优秀的教师，我着实算不上出色，需要沉淀的还有好多。能获评区域的骨干教师，或许是我有坚强的意志、抓住机会的勇气和感恩的心。这个世上也没有任何一份无缘无故的爱，所以当别人对自己付出爱和温暖时，我从不觉得这是应该和必须的，要学会感恩。学会感恩是一件像播种一样的事情，播下爱的种子，定会在将来的某一天开出温暖的花。

第七章

英语教研组科组管理文化建设

一、教研组常规管理的作用和意义

《义务教育英语课程标准（2022 年版）》指出，教师是确保英语课程有效实施的关键要素。教师的专业化水平是有效实施英语课程的关键。教师是提升学习教育教学质量和落实立德树人根本任务的保障。学校应凝聚智慧，建立教师学习和研究共同体，也就是学科教研组。学科教研组是教师从事教学研究的组织，是学校实施教学的基层组织，它不但是教师专业能力增进的重要舞台，还是教师形成专业归属感与学科崇拜的发源地。学科教研组不仅是各个学科课程的落地者、教学活动的组织者，更是开展教学研究的实施者，是教学创新的推进者。教研组建设对于提升学科教学质量，促进教师专业发展，形成学校生态文化具有重要的作用。

“新课标”还指出，学校应从时间、人员、内容、形式等方面统筹规划和实施校本教研，凝聚全组教师的教育智慧，建构实践导向的学习和研究共同体，合理应对课程改革不断向纵深发展所带来的挑战。创建民主、开放和具有建设性的团队氛围，引导教师在读书、学习、思考和研讨过程中，通过倾听与对话、分享与碰撞，激发研究热情，相互取长补短，围绕立德树人根本任务，立足课程，聚焦课堂，分析学生，研读教材，落实目标，优化教学方式和学习方式，突破重难点，以达到促进学生核心素养发展与教师专业素养提升的目的。因此，教研组管理文化主要通过以教师专业成长为出发点，以建构及完善教研组常规管理为抓手，形成以人为本、以教研为宗旨、积极上进的生态文化。

教研组是教学研究的常规机构，担负的职能是：以全面贯彻教育方针、大面积提高教育质量为宗旨，组织本组教师学习教育理论，开展教学研究，进行教改实验，发现、总结、推广先进经验，提高教师素质。抓好教研组常规管理是提升教师业务素质、提高教学质量的关键。教研组常规管理具有促进学科目标明确化、教学常规标准化、课题研究常态化、课程资源开发多样化、教师成长个性化等重要意义。

（一）促进学科目标明确化

教研组作为教学组织的基本单位，是学科建设的主要阵地，也承担着把握学科方向的重要任务。教研组需要带领全体成员进行新课标的学习，学生应通过英语课程，培养核心素养，即发展语言能力、培育文化意识、提升思维品质、提高学习能力。根据课程总目标、基于学生的特点、结合学校的学生培养目标，从而制定出学科培养目标，绘制学生的英语学习轨迹。通过明确学科培养目标，教育教学工作有方向、有路线。

（二）促进教学常规标准化

在教研组常规管理中，制定各项工作制度、形成各项常规标准具有现实意义。教学常规标准化，就是对备课、上课、作业布置与批改等一系列教学常规提出标准，并在教学常规实施过程中依据标准去落实。

1．教学常规标准化有助于形成统一的行动纲领

教学常规的标准不是学校层面单方面制定并颁布的，而是由教研组全体教师通过教学实践、集体讨论、反复验证最后确定，由此形成全体教师认可的统一的行动纲领。也就是因为教学常规标准来源于全体教师，是集体智慧的成果，在落实教学常规标准的过程中，教研组全体教师既能深刻认识并理解，更能发挥其最大的作用，以规范教学常规各项工作。

2．教学常规标准化有助于保证教育质量的均衡

源于标准的有效落实，教学效果就有保障；源于教学质量的提高，就能保证班级之间教学质量的均衡。

3．教学常规标准化有助于促进教师的专业成长

由于教学常规标准需要全体教师根据本校学生的特点，制定校本化标准，它具有特定性。校本化教学常规标准制定之前，需要教师对上级文件、新课标、学校培养目标等一系列文件和规定进行深层次的研读、学习，再以“因材施教”的教育教学理念，制定适合本校学生、本校教师的教学常规标准。教研组全体教师在制定教学常规标准的过程中，提升了理论水平，提高了教学实践能力，更培养了科研能力，为教师的专业成长助力。

4．教学常规标准化有助于培养学生核心素养

教学常规标准是基于新课程、新理念所制定的，是以培养学生核心素养的目标为出发点的，在备课、教学、评价的过程中关注发展学生的语言能力、培育学生的文化意识、提升学生的思维品质、提高学生的学习能力。

（三）促进课题研究常态化

《义务教育英语课程标准（2022年版）》提出，教学研究和教师培训活动要培养教师敏锐的洞察力，善于抓住关键问题，确立研究方向，依托理论指导，开展基于课堂真问题的小课题研究。课题研究对于教师的专业成长有着巨大的促进作用，通过基于证据的教学实验和研究，解决问题，突破瓶颈，创新发展，提升自身课程设计和实施的能力。教师也在课题研究的过程中，坚持反思，促进自身专业可持续发展。

1．课题研究促进教师更新教育教学理念

通过课题研究，在研究现状的文献查找和文献分析中，了解该领域最新的研究成果，提高了教师收集、分析、总结资料的研究素养；通过文献的研读，大大提高了教师的理论水平，学会借助教学理论阐释课堂中发生的各种教学现象，审视和反思自己的教学理念、教学组织和学生的学习效果。

2．课题研究促进教师关注真问题

教师作为教学一线的实践者，对教学中产生的各种问题具有敏锐的洞察力，课题研究使教师关注教学中出现的真问题，抓住关键问题，确定研究方向。从而依托课例实践并探索课程新理念和新要求所倡导的教与学的方式。通过发现问题、分析问题、解决问题，使问题转变为课题，使教师走上专业研究之路。

3．课题研究促进教师提升思维品质

课题研究需要教师具有批判性思维品质，对待教学中存在的问题，要学会质疑；更要用批判的眼光看待他人研究成果，不尽信，不盲从，要用证据说话。课题研究也需要教师具有创造性思维品质，如何在他人的研究基础上创造性地提出解决问题的方法？如何从不同的视角分析问题？这些都离不开创造性思维品质。

（四）促进课程资源开发多样化

新课标指出，课程资源的开发与利用应服务于课程改革，满足课程实施的需要，体现教育教学改革的理念。要在充分利用和有效开发课程资源的同时，突破教材的制约，合理开发教材以外的素材性资源。在开发与利用英语课程资源的过程中，要严把意识形态关。在开发素材性英语课程资源时，要注意选用具有正确育人导向的，真实、完整、多样的英语材料，如与教材单元主题情境相匹配的英语绘本、短剧、时文等学习材料。

1．开发课程资源，有利于促进教师解读教材

教师要开发基于教材主题的补充资源，需要对教材进行深刻的解读，解读教材编写的意图，挖掘教材内容背后所隐含的育人价值，有效整合教材各部分资源，提高教材使用的专业能力。

2．开发课程资源，有利于提升教师英语专业素养

教师在开发课程资源的过程中，需要对大量的国内外资源进行收集、筛选，需要判断国内外资源的是否具有正确的育人导向。在大量的英语歌曲、绘本、短句、时文的阅读中，大大提高了自身的英语专业素养。

3. 开发课程资源，有利于丰富学生学习资源

教材是英语课程的核心资源，但英语学习不仅限于教材的学习。突破教材的制约，合理开发教材以外的素材性资源非常必要。一些经典的绘本的阅读，不仅仅是单元学习主题下的拓展，也能通过经典阅读的熏陶，为学生成为独立阅读者、终身阅读者埋下了阅读的种子。

（五）促进教师成长个性化

教师是确保英语课程有效实施的关键要素，教师的专业水平直接决定着学科组的整体水平和学校教学质量。因此，教师的专业水平是有效实施英语课程的关键。在学科组常规管理中，对于教师成长的关注，应该作为工作重点，常抓不懈。

1. 关注教师专业成长，体现以人为本的管理理念

教师是提升学校教育教学质量和落实立德树人根本任务的保障。以教研、培训、比赛等为抓手，着力提高教师的理论水平、教学业务能力以及教学基本功，打造一支有理想信念、有道德情操、有扎实学识、有仁爱之心的四有好老师团队。

2. 关注教师专业成长，营造“全员参与、各展所长”的良好氛围

通过面向全体教师，规划教师专业成长路径，为不同教龄的教师描绘符合个人特色的专业成长蓝图。在学科培训、教学比赛、课例展示、讲座分享等各级各类活动中，为教研组教师找到各自的定位，发挥所长，各美其美，美美与共，从而营造了“全员参与、各展所长”的良好氛围。

3. 关注教师专业成长，为团队持续发展助力

一个学科组是否有长远、持续的发展，归根于教师团队的梯队发展程度。从学科组教师团队的年龄结构、个人特长出发，打造教师专业成长平台，为学科组团队的持续发展助力。

二、教研组常规管理的内容与类型

教研组是学校基层的管理实体，是教学研究的组织形式，在学校教学工作中起着重要的作用。

（一）教研组常规管理的基本职能

教研组常规管理中的基本职能包括管理教学功能、指导评价功能、组织服务功能、科研教研功能，如图 7-1 所示。

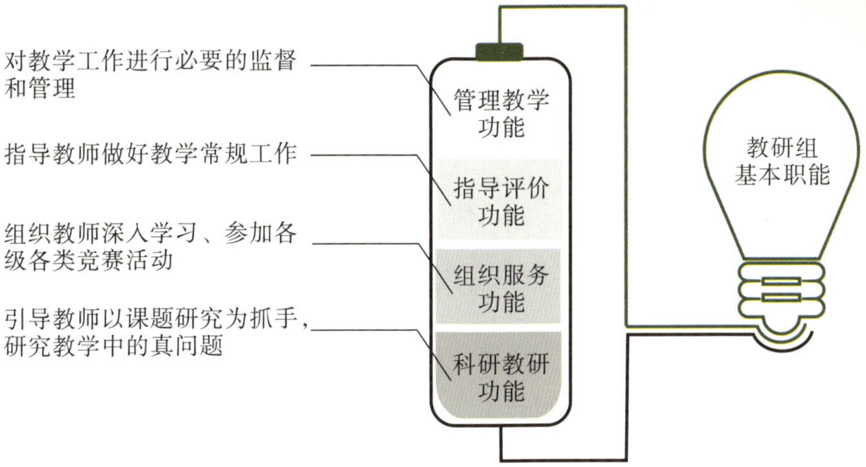

图 7-1　教研组基本职能

1．管理教学功能

教研组是学校管理的基本单位，协助教学处落实学校教学工作，对本科组教师进行必要的监督和管理，帮助教师提高认识、爱岗敬业、尽职尽责做好本职工作。

2．指导评价功能

教研组是教师学习和研究共同体，既要指导科组教师尤其是青年教师做好教学常规，如备课、上课、作业批改等，还要指导备课组集体备课工作，抓好教学常规工作的落实、把好教学质量关，对教学中出现的问题及时反馈、及时解决。

3．组织服务功能

教研组组织教师深入研读新课标课程理念，全面认识英语课程的育人价值和育人途径，把握其内容精髓，不断更新教育教学理念，还要组织教师参加各级各类培训、竞赛活动，帮助教师不断提高教育教学水平。

4．科研教研功能

教研组的工作重点是“教研”，即要充分调动教师参与教学研究的积极性，引导他们根据教育教学活动中所发现的真问题，开展指向问题解决的课例研究，以此引导教师通过关注教学现象，思考课程育人本质，以达到提升学生学习效益和教师科研能力的双重目的。

教研组的四个基本职能是相辅相成、互相促进的。管理教学功能的有效发挥，为指导、组织、研究功能提供了强有力的保障；指导评价功能和科研教研功能相互融合，在指导中提升研究能力，在研究促进中进一步强化指导功能；组织服务功能虽有别于管理功能，但更具有学科组专业性，比如专题教研活动、教学技能比赛。因此，充分发挥教研组的管理、指导、组织、研究功能，实现制度完善、精细化管理、执行力高效、专业性强，能提高教学质量的同时还能建设优秀团队，在各类比赛中突围而出。

（二）教研组常规管理的具体措施

基于教研组的四大基本职能，在教研组常规管理中，要从学科培养目标、教学常规制度建设、课题研究、课程开发、教师队伍培养等方面推进落实。

1. 提出学科培养目标

根据新课标中的课程总目标，要通过英语课程的学习，培养学生的核心素养。核心素养是课程育人价值的集中体现，是学生通过课程学习逐步形成的适应个人终身发展和社会发展需要的正确价值观。基于核心素养的培养目标，在校本化实施中应结合学生的实际特点，提出“教学宣言”、绘制“学习地图”，为学生的英语学习明确培养目标、探索有效路径。

（1）提出“教学宣言”。

“教学宣言”是教师专业信念的重要组成部分和集中体现，它高度概括了一个学科的功能定位、专业价值观、教学方式、育人目标以及这个学科的教师专业发展追求、发展方向和策略等，是一个学科的集体行动纲领，是教师专业发展的原动力。“教学宣言”的提出促进学科培养目标具体化。

（2）绘制“学习地图”。

根据学生在不同学段的学习内容，绘制“学习地图”，梳理了学生在国家课程校本化实施中所经历的学习轨迹，使学生达成学段目标，在感知与积累、习得与建构、表达与交流中发展语言能力；在比较与判断、调适与沟通、感悟与内化中培育文化意识；在观察与辨析、归纳与推断、判断与创新中提升思维品质；在乐学与善学、选择与调整、合作与探究中提高学习能力。“学习地图”的绘制，实现学生学习轨迹清晰化，清楚“从哪里来”“要到哪里去”这两个问题，为教师宏观把握教材内容、制定教学目标、实施教育教学提供了导航作用。从学科宣言到学习地图，再到教学实践，让教师从理念到实践，有明确的目标、有清晰的路线，才能有明确的方向。

2. 建设教学常规制度

教学常规制度包括教研组五年发展规划、教研组教学导引手册、教研组特色建设导引手册、教研组外出学习培训制度、教研组例会制度、备课组集备制度、教研组教学常规检查制度。

在制度建设上，通过制定教研组五年发展规划，为教研组在整体规划、工作重点、实施举措等提出了明确的发展方向。

（1）制定教研组教学导引手册。

经过反复讨论、实践验证、修正改善等方式，把学科组的教学工作细化，给出了明确的指引，形成手册。手册内容包括："如何制定教学计划、教学行事历？""如何规划好每周课时内容？""如何布置并批改作业？"学科组教学导引手册帮助刚进入英语教研组的教师能尽快了解学科教学的要求，避免了口头传达的不够完整、不够准确的问题。同时，规范了整个教研组的教学常规，做到统一标准，统一要求，即使更换任课教师，学生也能尽快适应教学常规要求。

（2）制定教研组特色建设导引手册。

特色建设是在国家课程的实施过程中，基于地区差异、学生特点而打造的，有利于促进学生核心素养的培养，发挥英语课程的育人价值，引导学生乐学善学，通过感知、模仿、观察、思考、交流和展示等活动，感受学习英语的乐趣，引导学生采用多种学习方式，发挥自己的优势和特长，发现自己的兴趣和潜能。特色建设为学生创造趣学、乐学的机会，增加了英语学习的乐趣；同时搭建展示的平台，让学生自信大方地站在舞台上展示所学所获。特色建设可以围绕学生感兴趣的课本剧表演、特色社团、自主作业、英语活动周 / 活动月、演讲比赛等，为学生的英语学习增添趣味性、创造性，使学生在学习中树立自信心，为持续有效学习打下坚实的基础。

（3）制定教研组外出学习培训制度。

为了营造良好的学习氛围，鼓励教师以"走出去"的方式，学习先进理念、观摩优秀课例。制定外出学习培训制度，有效规范了外出学习的选拔条件，尽量做到参与面广、影响力大；同时，培训返校后，需要撰写学习心得，并在科组或学校内进行讲座分享或课例展示。通过"走出去"，实现了理念的更新、教学方式方法的学习，但是仅仅停留在输入阶段，学习培训的效果受之甚少，让教师把所学内化后再输出，变为教学实践才是真正意义上的学习。

（4）制定教研组例会制度。

一直以来，科组例会存在缺乏主题、流于形式的问题，往往变成科组教师的"吐槽大会"，真正的专业研讨并未发生。针对此问题，提前制定教研组例会制度，做到有主题、有计划、有中心发言人、有固定流程、有记录等，做好学校教学工作的传达、落实学科组教研工作，切实提高科组教师执行力。

（5）制定教研组备课组集备制度。

备课组作为最小的研讨单位，却是最重要的。制定备课组集备制度，规范集备流程，做到有提前准备、有主题、有中心发言人、有记录等，鼓励备课组教师发挥团队的智慧，以积极沟通、共同探索为原则，实现备课组成员共同成长。

（6）制定教研组教学常规检查制度。

如果把教学导引比作计划的话，那么教学常规检查就是评价。为了反馈教学工作的落实情况，发现教学工作中的闪光点，适时推广；发现教学工作中存在的问题，及时反馈，并通过分析问题，查找原因，共同探讨，从而解决问题。教学常规检查结果，为学科组常规管理提供了有效的反馈，在科组建设中也应不断地进行调整、优化。

3．促进课题研究常态化

要把课题研究常态化，打造研究型的学科组，就要规范课题管理。首先，要引导教师把日常教学中发现的真问题，上升到课题研究的高度；通过研读相关文献，了解问题在国内外研究的现状，通过现状分析，把现有的研究成果实施于教学实践之中；在研究过程中不断反思、不断修正，积累课题研究过程性材料，形成课题成果。

由于科组教师长期在一线教学，理论性普遍不高，但有最好的实践环境，因此鼓励教师使用行动研究的方法，通过在实践中反思，在探索中前行，解决基于课堂教学实践的真问题。教研组要对课题的选题、申报书的撰写、开题报告的撰写、课题研究的开展、成果资料的收集、结题报告的撰写等有专业的指导和跟踪，保障课题研究的顺利推进。

4．促进课程资源开发

要实现国家课程校本化实施，要充分整合、开发课程资源，让学生的英语学习不仅仅局限于教材之中，而是通过适当选用或开发教材之外的优质教学资源，以补充教材的教学内容。多样化的课程资源让学生的英语学习视角更广阔、内容更丰富，也可以通过一些符合意识形态的时文，让学生了解不同的文化，比较文化异同，树立国际视野，涵养家国情怀，建立文化自信。但值得注意的是，要避免过度开发练习题、检测题、导学案等教辅类学习材料，不应单纯从考试需要的角度出发，增加学生的学业负担。

（1）开发课内教学资源，提高教学效果。

在教学中加入图片、歌曲、视频等资源，让学习方式变得多样化，增加趣味性。特别是歌曲资源的可选择性非常多，歌曲的主题也是跟教材单元主题相关的，如数字主题可以使用歌曲 Ten little Indians，农场动物主题课题使用歌曲 Old McDonald had a farm 等，为英语学习带来了欢快的歌声，增添不少乐趣；另外，一些抽象的概念，或者通过语言表达无法具体理解的，可以使用视频教学，给学生以最直观的方式去感知理解。如在展示小水滴的循环、一颗种子的生命循环，利用视频资源让其变得非常生动，这是图片所不能达到的效果。总之，在开发并使用教学资源时，应遵循主题相关、为教学目标服务的原则，适时而用，发挥其最大的效果。

（2）开发课外阅读资源，提高学生阅读素养。

“得阅读者得天下”，可想而知，阅读对于语言的习得和积累有着必不可少的作用。教材的编写中往往会有 story time 的部分，旨在通过故事的阅读逐步培养学生的阅读兴趣和阅读策略。但如果仅仅停留在教材语料的阅读上，学生的阅读量是远远不够的，增加主题式的课外阅读已经是现在较为热点的研究方向。国内各个出版社都有开发基于自然拼读的解码书，基于年龄特点的分级阅读读物，这些都为教师开发课外阅读资源带来了便利。但是，选择哪些阅读材料，应根据学生的现有水平，基于教材主题式的拓展阅读，既巩固了课内知识，也是为学有余力的学生提供进一步学习的机会。在主题式拓展阅读中，学生不仅增加了阅读量，还通过阅读开拓了眼界，逐步从 learn to read 过渡到 read to learn，也就是从低年级的学习“如何去阅读”逐步发展到“通过阅读来学习”的过程，这也为提高学生阅读兴趣及阅读策略有着极大的促进作用，为学生成为终身学习者和阅读者打下坚实的基础。

（3）开发思维发展工具，提升学生思维品质。

在新课标中，特别突出对于思维品质的提升，提出了“学生应通过本课程的学习，达到提升思维品质的目标”，能够在语言学习中发展思维，在思维发展中推进语言学习；初步从多角度观察和认识世界、看待事物，有理有据、有条理地表达观点；逐步发展逻辑思维、辩证思维和创新思维，使思维体现一定的敏捷性、灵活性、创造性、批判性和深刻性。因此，在教学中，可以使用思维可视图（Graphic Organizer）进行思维训练。

思维可视图是指以图示或图示组合的方式，把原本不可见的思维结构、思考路径呈现出来，使其清晰可见。图形图像、色彩、符号等更加鲜明的表现形式具有更加直观和易懂的表现魅力，可视化的思维更有利于理解和记忆，可以有效提高信息加工及信息传递的效能。思维可视图使用可视的符号来表达知识、概念与思想，其目的在于通过视觉的帮助促进学习与教学，或者培养学生比较、分类、排序、原因和结果等逻辑思维，也可以用于阅读和写作。

5．促进教师队伍培养

在教师队伍培养中，应该制定明确的培养目标，从专业发展、教师素养等方面提出要求，如提出 PSR 教师发展文化，分别是 professional（专业的姿态）、sincere（真诚的姿态）、readerly（读者的姿态）。professional，指的是教师应具备专业的学科知识，对于英语学科来说，要坚持语言的输入与训练，提高语言素养，在英语口语、听力、阅读等方面的能力应该不断提升。sincere，指的是教师对待学生、对待学科教学应秉承“真诚”的态度，只有以真诚对待学生，才能在根本上从学生的身心发展出发进行有效的教育教学，真正做到从核心素养培养出发；只有以真诚对待英语教学，才能做到潜心钻研、深入学习学科教学理念、教学方法、教学手段等，才能以专业技能提升教学专业素养。readerly，教师要时刻以读者的状态，避免“一群不读书的人拼命教学生读书”的窘境，教师要通过阅读了解学科教学前沿理论或教学模式，通过专业阅读提升学科教学向内涵式发展。

（1）基于培养目标，提出进阶性成长方案。

根据不同教龄制定不同阶段的培养目标：1 ~ 5 年成长为学校骨干教师，5 ~ 10 年成长为区级骨干教师，10 年以上成长为区级市级名师。同时也对教师成长进行了学校层面的肯定，通过教师申请、专家审核、颁发荣誉等程序，学校根据不同的教龄及教学上所取得的成果，设置启航教师、领航教师、导航教师、远航教师等荣誉，在学校层面进行表彰；成立校级名师工作室等。

（2）基于教师差异，提出个性化成长方案。

由于学科组教师各有所长，在教师培养上，应尊重个体差异，为学科组全体教师打造个性化发展方案，鼓励教师在各个领域发挥特长，实现专业成长，而学科组也会因为教师在各个领域所取得的成绩打造专属于团队的特色。

（3）基于团队力量，打造学习成长共同体。

学科组制定师徒结对方案，充分发挥资深教师的专业引领作用，指导青年教师在理论上、在实践中实现专业成长；同时，还建立“青年教师学习共同体”，以同伴互助的方式，通过对话与倾听、分享与碰撞，激发研究热情，相互取长补短。教师的专业成长也依托区教研基地、区名师工作室等平台实现。

总之，应从明确具体化培养目标、制定标准化教学常规、开展常态化课题研究、开发多样化课程资源、促进教师个性化发展等手段，推进全方位、多途径的教研组建设，打造常规标准化、管理精细化、沟通合理化、合作团队的良好教研组生态文化。

三、英语教研组常规管理

（一）教研组基本建构

1. 教研组管理架构

厘清管理架构，形成“事事有人做”“人人有事做”的良性管理生态，建构由上而下的管理方式，如图 7–2 所示。从管理学层面来说，管理架构与管理形式决定着团队工作开展的效率。作者所在学校增设了挂点行政这个岗位，一般是由本学科的中层干部担任，熟悉本学科的前沿动态，把握学科发展方向，能指导学科课程建设与学科特色建设等，是不可或缺的“掌舵人”；而科组长更大的作用是执行者，其负责教学宣言、学习地图、学科课程、学科特色、学科阅读、教学常规、教学检查、教研活动、外出培训等学科全部事务；在管理学上，基层管理者一个人管理不超过 15 人，因此，在科组管理中，加入了备课组长一职，每个年级为一个备课组，组长主要负责备课组教学常规、作业常规、评价常规等项目组织、讨论与制定，同时组织集体备课、参加常规检查等。

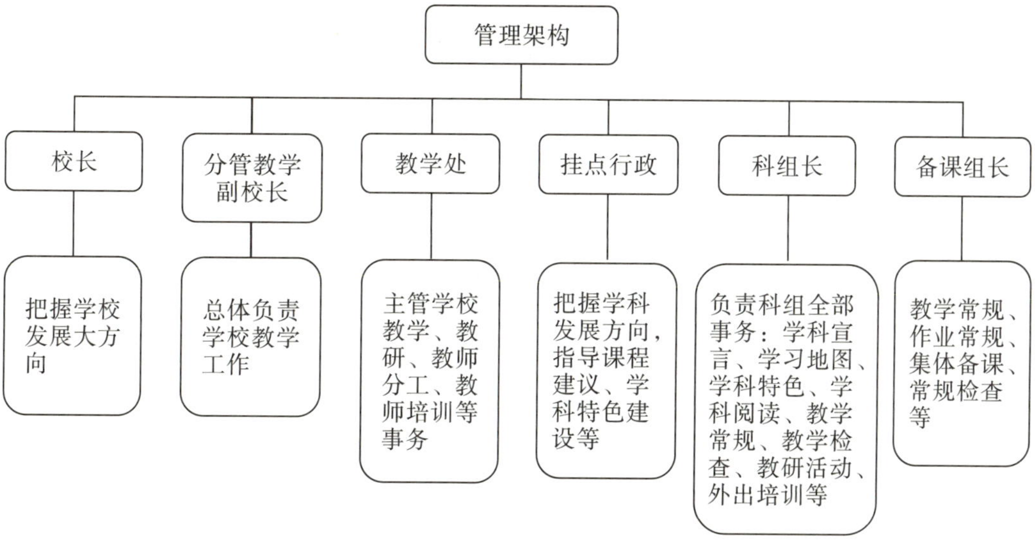

图 7-2　教研组管理架构

2．教研组管理形式

通过设立固定式小组（见图 7-3）和活动式小组，使得教学常规工作落到实处，同时形成了备课组学习共同体；活动式小组是因比赛、教研任务、社团等特殊要求所组成的临时性小组，更有助于推进除常规教学外其他任务的落实，保质保量。

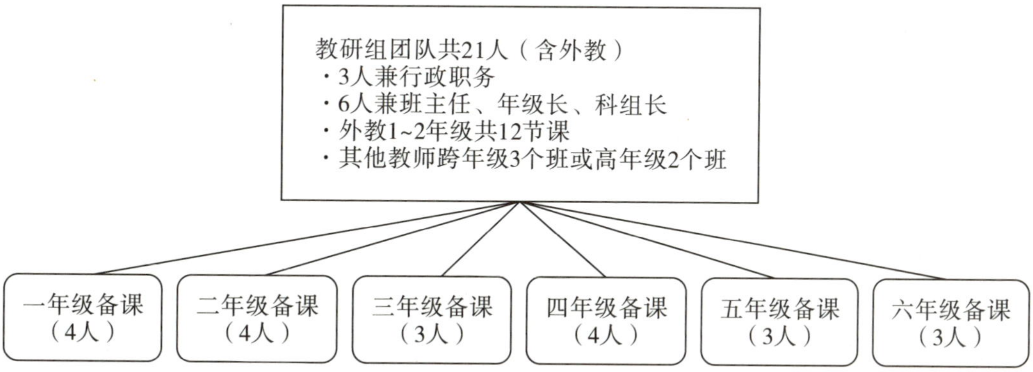

图 7-3　固定式小组管理形式

团队管理乃是运用成员专长，鼓励成员参与及相互合作，致力于组织发展，所以可说是合作式管理，亦是一种参与式管理。随着团队工作的复杂性日益增多，很多工作实难靠个人独立完成，必须有赖于团队合作才能发挥力量。因此，若能善用团队管理，对于激发成员潜能、协助问题解决、增进成员组织认同、提升组织效率与效能，具有一定的帮助。

为发挥团队管理的效果，每位成员须先了解团队目标与使命及个人角色和责任。同时，沟通在团队管理中扮演着相当重要的角色，只有在一个开放、沟通顺畅的环境下，才能发挥团队管理的功能。因此，团队管理想要取得成效，要有理论的引领，还要立下共同的目标，要做到目标明确、具体，具有较强的可操作性。

3．科组管理核心理念

为了体现科组管理的人性化、规范化、团队化、高效性，形成科组管理核心理念，以理念引领行动，提高科组管理的执行力。以“PSR 常规管理文化”为科组管理核心理念，即 proficient（有效率）、solvable（能解决）、regular（可常态）。

（1）proficient（有效率）。要做到有效率，首先要实现常规标准化。简单地说，就是把科组各项常规作为研究对象，不是由科组直接制定并执行的，而是充分调动科组教师的主动性和积极性，通过备课组集体讨论制定出各项常规的标准，如国家课程本土化实施方式、拓展课程内容融合、教学计划及教学行事历、大单元内各课时内容的教学安排、常规检查内容项目、作业设计、学业评价项目等。常规标准是由备课组老师经过学习上级文件、新课程标准，基于学生学情、学校培养方向及课程体系建设、课堂教学理念及建议等，形成具体化、个性化的常规标准。同时，教师在讨论中实现专业化学习、促进其专业素养的发展，也帮助教师在高度认识、充分理解的基础上，做到高效实施、及时反思并有效改进。

制定了各项教学常规工作的标准后，是否能有效落实常规标准，就要做到管理精细化，也就是关注各项常规工作落实的情况，并做出及时的反馈，提出调整意见。这是最关键的一个环节，有制度、有标准，但是如果不落实，纯属空谈。提高执行力，才能发挥各项工作制度、常规标准的最大作用。因此，不仅仅要关注工作的设想，或者是工作的结果，而要关注工作推进的过程，从关注过程为效果的达成提供强有力的保障。

（2）solvable（能解决）。在常规工作中，往往会出现各种各样教育教学问题，教师需要有分析问题、解决问题的能力。根据分析问题发生的原因，从心理学、教育学的角度出发，通过向专家请教、开展团队研讨等方式，把问题变成研讨的主题，使用课题研究的方式解决问题。在解决问题的过程中，团队的沟通合理化至关重要。沟通合理化，指的是在管理架构中，科组管理主要是由挂点行政把握学科发展方向，由科组长进行科组全面工作的统筹，由备课组长牵头引领，最后由各科任老师具体落实。在教学中出现的各种问题，也是经由备课组集体备课讨论后向科组长提出，涉及科组事务，主要由科组长负责解决，并向挂点行政汇报，如需学校出面解决的问题，则由挂点行政向学校层面提出。在科组管理中，注重合理有效的沟通，鼓励教师以钻研的态度、以“对事不对人”的原则实现有效沟通。

同时，借助团队的力量，通过团队合作化，最大限度地发挥团队成员的专长，为教育教学问题的解决建言献策。团队合作化，就是从科组建设的主体出发，以科组教师作为科组、备课组团队内的成员之一，充分认识到科组教师的个体差异，帮助教师在团队中找到各自的定位，发挥他们的特长，合力促进科组团队的建设。同时，科组也要为教师的个人专业发展制定个性化成长规划，以团队的力量搭建展示的平台，使其收获专业成长的成就感；对于青年教师的培养，构建“青蓝工程”师徒结对活动，发挥资深教师的专业优势，指导青年教师尽快适应成为称职教师，并逐步成长为骨干教师，为科组教师队伍建设提供了十足后劲。

（3）regular（可常态）。在教研组建设中，关于教学常规制度的建设、教学研究的有效推进都需要从可常态化实施中出发。也只有在反复实施、不断改进的过程中才能逐步形成具有标识性的学科组建设特色。从而才能切实提高教学常规管理的质量，并最大化地为教师的工作减负提效。可常态化，还体现在各项教学常规内容在不断完善中，形成一套体系，可供教研组全体教师进行有效的传承和个性化融合，如教学行事历的使用，各年级在前一年级的基础上进行个性化优化，既做好了教学工作的常态化推进，已有的基础又为教师提供了坚实的后盾，不需要从头开始设计教学行事历。

从关注制度、关注常规出发，让科组管理有依有据，逐步走向标准化；从关注过程、关注反思出发，让科组管理合理高效，逐步走向精细化；从关注团队、关注沟通出发，让科组管理温暖和谐，逐步走向人性化，最终实现建设具有 Proficient（有效率）、Solvable（能解决）、Regular（可常态）特质的教研组。

（二）教研组常规管理

基于教研组“PSR 核心理念”，发挥教研组的四项基本职能。在教研组常规管理中，分别从常规管理制度、日常教学管理、教研常规管理、教师成长管理出发，通过建设具有可操作性的常规管理制度，规范各项常规工作的开展方式与落实标准，对日常教学、教研、教师成长等各方面进行了完善的规划，有利于教研组全体教师根据教研组标准落实好常规工作，做到有依据可循、有表格可用、有资源可参考，实现了“心中有思想、手中有方法、脚下有道路”的教研组良好生态（见图 7–4）。

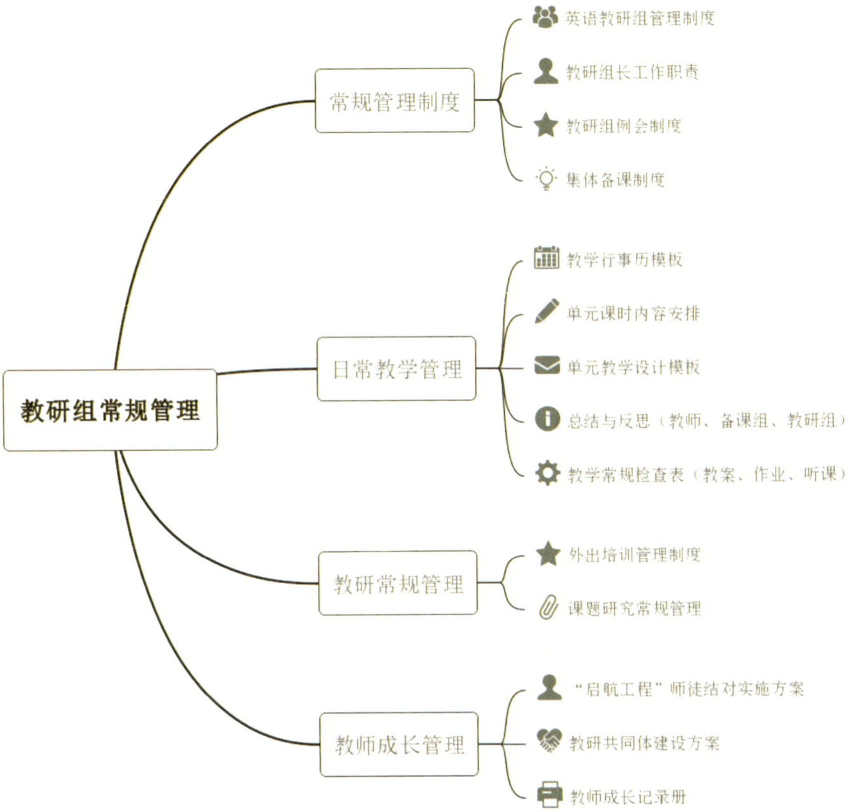

图 7–4　教研组常规管理

1. 建设常规管理制度

为了做到有依可循，制定了各项常规的工作制度。以科组教师为主体，通过备课组讨论、科组集体研讨、专家指导等方式，形成具有学校特色的本土化制度。

（1）英语教研组管理制度。学校英语科组教师围绕着学科课程体系一直默默耕耘，虽有仰望天空，但更多的是脚踏实地埋头落实。英语学科常规工作一切围绕更好地服务教育教学，删繁就简，扎实做好科组明确要落实的各项工作。经过多年的积累，常规制度越来越具体，越来越规范。通过英语教研组的管理制度对科组全盘工作进行统筹。

英语教研组的管理制度

一、英语教研组管理制度的要求

英语教研组管理制度主要以教学常规工作制度为主：备课制度、听课制度、教学常规检查制度、课堂教学质量评价制度、业务学习制度等。

（一）备课要求：教师要钻研新课程标准和教材，分析教材的结构、内容和编写意图以及基本要求，要结合任课年级的学生实际制定出切实可行的授课计划，安排好教学进度。从教学目标、教学内容等方面努力探索提高课堂教学效益的途径与方法；按规定进行教学活动，课前必须写好教案。

要确定每课时的教学目的、教学重点和难点，选择好教学活动方式优化教学过程，设计好课堂练习和课后作业。准备好教学用具，积极开发、合理利用校内外各种课程资源。坚持集体备课，集体备课的两位主备课教师提前一周准备主讲内容，主导集体备课。集体备课的要求如下。①集体备课要在个人认真备课基础上进行。备课活动要做到“三落实四统一”：落实内容、落实时间、落实主题发言人；统一教案、统一进度、统一习题和统一测试，努力提高整体备课组的教学水平和成绩。②为提高整体教师业务水平，新授课集体备课的中心发言人由教师轮流担任。中心发言人就教学内容、重点、难点、授课思路、问题设置、活动安排、学法指导等方面做全面阐述后，再进行集体讨论和备课组长点评。③集体备课由备课组长召集统一组织。

（二）上课要求：教师树立“以人为本”的教育理念，在教学过程中，要发挥教师的主导性作用，建立民主平等、和谐的师生关系。教师语言要规范，板书要工整，教态要自然。上课不迟到、不早退、不拖课，尊重学生的人格，尊重学生的意见，鼓励学生创新，引导学生关注社会生活。严禁体罚或变相体罚学生。课后要进行教学反思并写好反思小结，积累教学资料和经验，不断提高自身业务能力和教书育人的质量。

（三）布置作业要求：教师根据学生实际，布置适量的课外作业，减轻学生课业负担。作业要着眼学生发展，形式多样。作业分量和难度要适当有弹性，可分必做与选做，按学生实际分层次提出要求，杜绝把作业作为处罚学生的手段。要严格督促学生按时独立完成作业，书写规范，注意培养学生良好的学习习惯。

（四）批改作业要求：教师批改作业要认真及时、有等级评价或适当评语，有必要的要进行讲评，帮助学生养成自觉更正错误的习惯。

（五）辅导学生要求：重视个体差异，体现因材施教原则，主动、及时辅导学生。从学生需求出发，对学习有困难的学生应予以更多的关心与帮助，培养学生对英语的学习兴趣，要加强学习方法指导，帮助学生树立信心；对少数学有余力的学生要提出更新更高的要求，着重培养自学能力、创新意识和实践能力。

（六）教研要求：按时参加学校的科组教研活动、积极参加市区教研活动，参与课题研究和教学研究活动，要钻研教学业务，经常学习教参资料、专业杂志，了解国内外教研、教改动态。每学期要确定教学研究课题，进行公开课教学，互教互评，积极参加校内外的教研教改活动和经验交流。

（七）听课要求：每学期普通教师至少要听课 10 节，科组长 15 节，教龄三年以下的教师 20 节，并写好听课记录。听课记录要反映教学过程，分析评价结果，提出意见和建议，及时与授课教师交流。

（八）学生评价：出好平时的单元测试题和月考题，把握好题目的分量、难度和区分度，认真做好阅卷工作；建立多元的学生发展评价体系，评分要客观、公正，做好成绩统计与质量分析，总结经验，发现问题，不断调整教学，及时提出改进措施。

二、英语组的常规工作要求

（一）认真备好每一节课、认真上好每一节课、认真布置好每一次作业。

（二）课前 2～3 分钟口语训练，2～4 人次。

（三）每周一、周三、周五午读时间听写常用单词、短语，要求全批全改。

（四）定期组织听力训练，做好批改、评讲工作。

（五）把好背诵关，要求学生每周背诵当周所教内容（短文、对话、语法焦点），并由英语学习小组长负责背诵情况记录，组长之间互相背诵，教师每两周检查一次书本背诵情况，并公开背诵质量情况。

（六）每单元写一篇作文，要求全批全改，做好评注，课堂适当评讲。同时要求教师提供相应的优秀范文进行背诵，背诵情况由英语学习小组长负责。教师必须定期检查范文。

（七）英语教师周一、周三、周五午读，周二、周四早读到班，准时到位，强化早午读书质量。

（八）落实好集体备课。就近讨论、小组研讨结合。以单元为单位轮流执笔。

（2）教研组长工作职责。教研组长对于教研组建设、常规落实有着决定性的作用，制定并落实教研组长工作职责，为教研组长开展工作提供了明确的指引，也使得教学常规工作和教学研究工作更好地落实下去。

英语教研组长工作职责

教研组是学校落实教学工作，开展教学研究和提高教师业务水平的重要基地之一，是教导处所属的教学机构。

（1）服从教导处的领导，全面组织教研组工作，按时完成各种任务。

（2）实行教学质量教研组长负责制。教研组长负责教学常规管理工作，负责本组的教育教学质量，并和教导科签订教育教学质量目标。每月 28 日前上交各项教学常规检查情况记录，做到认真、及时。

（3）明确本年级和上下年级的教学任务及要求。组织教师学习本学科课程标准或教学大纲，落实本学科的教学常规，明确本学科的教学目的与任务，讨论并贯彻教学要求。组织教师制订学期教学计划、教研计划，安排好教学进度，明确组内研究专题。

（4）在个人备课的基础上，加强集体备课。备课定时间，定内容，定中心发言人。有计划地组织教师听课、评课、研讨等，及时总结、交流、推广经验。

（5）组织每周一次的教研活动，保证教研活动的质量，做好教研活动记录。教研活动要按照学习、交流、分析、研究四个环节进行（即①学习课程标准，学习先进的教学经验，钻研教育教学理论；②交流上周教学的体会与得失，交流辅导、外出听课的心得，评议随堂课；③分析上周教学中存在的问题，并拟定改进措施；④研究下周教学的课题和教法，对教材进行分析），并及时做好总结。督促检查教师参加区教学活动，自己认真参加教导处组织的每月一次组长学习。

（6）带领组内同志认真上好校级公开课并积极听课，做好听课记录。

（7）精选例题和练习。恰如其分把握作业量，经常分析学生的学习情况，研究改进教学方法。

（8）组织指导教师制订期中、期末复习计划，做好质量分析，提出改进教学的意见和弥补学生知识缺陷的措施。

（9）根据本组教师不同情况，通过老带新、先行课、示范教学等方式帮助青年教师尽快提高教学能力和业务水平。

（10）期末做好工作总结，并定期向学校行政领导和教师汇报工作。

（3）教研组例会制度。学校规定每周二下午为英语科组教研时间，专门规定的教研时间为更好地落实教研组各项工作、为切实推进集体备课制度提供了有力的保障。科组例会全体科组成员参加，由教研组长主持，主要是传达学校教学工作的精神，开展学习分享、教研课交流、教学常规检查等工作，对于各个备课组阶段性工作开展情况也要进行汇报，并组织教研组成员对教学工作中所遇到的共性问题进行讨论、分享。教研组例会做到有计划、有主题、有分工、有成效。

英语教研组例会议程

1. 主持人：教研组长

2. 会议流程

（1）外出教研学习新的分享、教研课评课交流。

（2）总结当月教研组常规检查情况。

（3）布置学校当月主题工作。

（4）各备课组长汇报当月奠基课程、拓展课程的教学进度，备课组各项活动开展情况；当月教研课评课。

（5）当月各项疑难问题解答。

（6）挂点行政总结。

（7）会议记录本、分享课件、照片等上传学校 FTP 备查。

（4）集体备课制度。传统的全教研组的研讨虽能收集到更多好的教育教学的点子和建议，但是由于人多事杂，往往消耗大量时间而无法达成一致共识，不利于青年教师真正的内化成长。集体备课的必要性不言而喻，学校的集体备课均以备课组为单位。每个备课组集体备课人数为 3 ~ 4 人，有严格的备课制度，有中心议题、中心发言人和记录等。具体要求如下：主备课教师提前一周完成备课，在备课群共享资源包（课件、教案、拓展资料等），同备课组教师提前查阅思考；集体备课时由主备课教师说课，同备课组教师提出意见和建议，备课组达成一致意见；落实备课组当周各项事情和备课组长总结。所有会议记录本、课件、照片等上传学校 FTP 备查。

英语教研组集体备课制度

备课时间：至少一小时。

备课地点：各备课组长所在的办公室。

备课组织者：备课组长。

主讲人：备课组成员（轮流）。

主讲内容：本次集体备课之日起两周内的授课内容，主要研究该部分内容的重点、难点、基本练习题及解题规律，讨论教法、学法，研究教学设计。

备课的具体要求如下。

（1）明确任务。明确任务即明确集体备课的课题、任务和目标；集体备课的基本要求与注意事项。一般安排在上次集体备课结束前进行。

（2）自主备课。每位教师，尤其是中心发言人，要根据备课课题和备课要求与格式，集中精力准备和思考，进行教学设计，形成自己的备课思路、结构或方案；列出自己在备课中所遇到的问题与困惑以及新的想法和发现。

（3）中心发言。教师们有备而来，中心发言人就自己备课的思路、结构或方案情况与大家进行全面交流；每位教师要注意倾听，对发言人的思路、结构或方案情况进行分析思考。

（4）集体研讨。每位教师各抒己见，相互启发，相互借鉴，可以争论和辩解；每位教师可就自己，尤其是青年教师，在备课中存在的问题或困惑，向大家请教或进行探讨；通过研讨集人之长，避己之短，求同存异，力求在重难点、规律或共性方面达成共识。主讲人要详细、认真地记录好其他教师的发言内容。

（5）完善个案。每位教师要在集体备课基础上，结合所教班级学生的实际，在教学活动、方法手段等方面完善个案，充分体现自己的教学风格，对集体备课进行有效调整，使之更加具有个性和创新，更加符合学生学习的实际需要。

集体备课过程中，不准闲谈其他内容，不得出现看书、做题、写教案、批改作业等与集体备课内容不相符的现象；要做到不迟到、不早退、中间不外出、不旷备。

2．抓好日常教学管理

教学常规管理是否做到标准化、精细化，直接决定了教学质量的高低，也是形成团队文化最关键的一点。在教学常规中，以备课组为单位集体讨论并制订教学计划、教学行事历、周课时规划、作业规范等常规，实现常规具体化、标准化。

（1）教学行事历模板。

制订教学计划是教师的日常教学工作之一，一般是学期初制订的，但是时常流于形式，为了上交而制作，未真正发挥教学计划的指引性作用。在日常教学工作中，也许并未能按照教学计划来推进。在教学计划的基础上加入“教学行事历”，以表格的形式展示一学期的教学计划（见表 7–1），以一年级上册、四年级上册、五年级上册教学行事历为例，第一栏是时间安排，按照校历来制定周次和日期；第二栏包括奠基课程的模块主题、单元话题、上课内容及阶段评价时间，第三栏是拓展课程中关于语音或视觉词学习的内容；第四栏是拓展课程中关于攀登阅读、解码书或整本书阅读的内容，奠基课程和拓展课程内容，都是根据主题或相关语言知识点进行有机融合，放在一起教学，实现“1+1 ＞ 2”的目标；第五栏是主备课教师，备课组教师根据教学行事历提前两周完成相应的单元备课、作业设计、教具学具的准备和教案课件的分享。

教学行事历于每个学期的预备周由备课组集体讨论制定，做到目标前置、计划先行。每学期的教学步骤按照行事历一步一步落实，不随意改动，有利于教师把握好进度。学校、科组、教师、学生人手一份教学行事历，贴于书本扉页，帮助学生提前知道教学内容，做好预习准备。在常规管理中，加入教学行事历，做到“人人清楚教学目标，人人抓准教学节奏，人人懂得教学内容”。

表 7–1　教学行事历模板

日期 / 周次	教学内容			主备课教师	备注
	奠基课程主题	拓展课程语言和视觉词	拓展课程阅读		

教学行事历实例见表 7–2、表 7–3、表 7–4。

表 7–2　低年级英语教学行事历（一年级上册）

日期	周次	话题	学习内容	自然拼读	《攀登英语阅读系列：分级阅读第一级》外教	主备课教师	备注
9 月 1 日—2 日	1	Getting to know you	Unit 1 Hello! Hi!	Gg- good Kk- Kitty	Nice to Meet You	教师 A	上课，9 月 3 日开学
9 月 5 日—9 日	2						上课，中秋放假 1 天
9 月 12 日—16 日	3		Unit 3 My face	Nn-nose Jj-Jack			上课
9 月 19 日—23 日	4	My family, friends and me	Unit 4 I can sing	Dd-dance Ss-sing			上课
9 月 26 日—30 日	5	Getting to know you	Unit 2 My classmates	Rr-read Bb-book Pp-pencil			上课，国庆放假 7 天
10 月 1 日—7 日	6						
10 月 8 日—9 日	7	模块一复习		复习以上字母＋字母故事 Bb	I Love My Sister	教师 B	上课
10 月 10 日—14 日	8	My family, friends and me	Unit 5 My family	Ff-father Mm-mother			上课
10 月 17 日—21 日	9		Unit 6 My friends	Tt- tall	Ten Cuttlefish		上课
10 月 24 日—28 日	10	期中复习		复习以上字母＋字母故事 Kk			上课
10 月 31 日—11 月 4 日	11	Places and activities	Unit 7 Let's count	Vv-five Xx-six		教师 C	上课
11 月 7 日—11 日	12		Unit 8 Apples, please	Pp-pear＋字母故事 Dd	My Camel		上课
11 月 14 日—18 日	13		Unit 9 May I have a pie?	Hhhamburger Cc-cake			上课
11 月 21 日—25 日	14	模块三复习		复习以上字母＋字母故事 Hh			上课

续上表

日期	周次	话题	学习内容	自然拼读	《攀登英语阅读系列：分级阅读第一级》外教	主备课教师	备注
11 月 28 日—12 月 2 日	15	The world around us	Unit 10 On the farm	Qq-quack Ww-what	I Have a Rainbow Car	教师 D	上课
12 月 5 日—9 日	16		Unit 11 In the zoo	Ll- lion Zz-zebra			上课
12 月 12 日—16 日	17		Unit 12 In the park	Yy-yellow			上课
12 月 19 日—23 日	18	模块四复习		复习以上字母 + 字母故事 Nn	期末评价	教师 D	上课
12 月 26 日—12 月 30 日	19	口语评价					上课，元旦放假 1 天
1 月 2 日—6 日	20	期末复习					上课

注：①提前两周把负责备课单元根据备课组集体意见上传到科组群，包括：课件、教案、音频、视频、图片、头饰、评价等资源。

②课前 10 分钟是语音学习：21 个辅音字母名、字母音、关联词。

③教案撰写请详细按《海港小学英语科组单元整体教学设计》。

表 7–3　中年级英语教学行事历（四年级上册）

日期	周次	话题	学习内容	语音内容	《攀登英语阅读系列：分级阅读第四级》	整本书阅读	主备课教师	备注
9 月 1 日—2 日	1	Getting to know you	Unit 1 Meeting new people	复习高频 / 字母组合	A Triangular Egg and Yellow Milk	I can read 系列（书目见整本书阅读目录表）	教师 A	上课
9 月 5 日—9 日	2			复习高频 / 字母组合				上课
9 月 12 日—16 日	3		Unit 2 Can you swim?	高频词 4A	Daddy Robot			中秋放假 1 天
9 月 19 日—23 日	4		Unit 3 Are you happy?	高频词 4A				上课

续上表

日期	周次	话题	学习内容	语音内容	《攀登英语阅读系列：分级阅读第四级》	整本书阅读	主备课教师	备注
9月26日—30日	5		模块一评价	高频词4A				上课
10月1日—7日	6		国庆放假	高频词4A				放假7天
10月8日—9日	7	My family, my friends and me	Unit 4 Do you have any cousins?	高频词4A	A Little Nail, a Big Deal		教师B	上课
10月10日—14日	8		Unit 5 My friends	高频词4A				上课
10月17日—21日	9		Unit 6 My parents	高频词4A				上课
10月24日—28日	10		模块二评价	高频词4A				上课
10月31日—11月4日	11	Places and activities	Unit 7 At school	高频词4A	Why Snails Move So Slowly		教师C	上课
11月7日—11日	12		Unit 8 At the shop	高频词4A				上课
11月14日—18日	13		Unit 9 At home	高频词4A				上课
11月21日—25日	14		模块三评价	高频词4A				上课
11月28日—12月2日	15	The world around us	Unit 10 Around my home	高频词4A	The Day Without the Morning Call		教师D	上课
12月5日—9日	16		Unit 11 Shapes	高频词4A				上课
12月12日—16日	17		Unit 12 Weather	高频词4A				上课
12月19日—23日	18		模块四评价	高频词4A				上课

续上表

日期	周次	话题	学习内容	语音内容	《攀登英语阅读系列：分级阅读第四级》	整本书阅读	主备课教师	备注
12 月 26 日—30 日	19	Revision	口语评价	高频词 4A	复习与期末评价		教师 A	学期复习
1 月 2 日—6 日	20		复习与期末评价	复习高频词				放假 1 天

注：①提前两周把负责备课单元根据备课组集体意见上传到科组群，包括：课件、教案、音频、视频、图片、头饰、评价等资源。

②教案撰写请详细按《海港小学英语科组单元整体教学设计》。

表 7–4　高年级英语教学行事历（五年级上册）

日期	周次	话题	学习内容	攀登英语阅读系列	主备课教师	备注
8 月 29 日—9 月 2 日	1	Getting to know you	Unit 1 My future	复习分级阅读 4 级后 6 本	教师 A	9 月 1 日上课
9 月 5 日—9 日	2		Unit 2 Going to school			上课
9 月 12 日—16 日	3		Unit 3 My birthday			中秋放假 1 天
9 月 19 日—23 日	4		模块一评价			上课
9 月 26 日—30 日	5	Relationships	Unit 4 Grandparents	Happy Tips	教师 B	上课
10 月 3 日—7 日	6					国庆放假
10 月 10 日—14 日	7		Unit 5 Friends			上课
10 月 17 日—21 日	8		Unit 6 Family life	The Biggest Hamburger and the Smallest Pizza		上课
10 月 24 日—28 日	9		期中评价			上课

续上表

日期	周次	话题	学习内容	攀登英语阅读系列	主备课教师	备注
10月31日—11月4日	10	Out and about	Unit 7 At the beach	Behind the Windows	教师C	上课
11月7日—11日	11		Unit 8 An outing			上课
11月14日—18日	12		Unit 9 Around the city	Body Language		上课
11月21日—25日	13		模块三评价			上课
11月28日—12月2日	14	The natural world	Unit 10 Wind	The Easy Job May Not Really Be Easy	教师A	上课
12月5日—9日	15		Unit 11 Water			上课
12月12日—16日	16		Unit 12 Fire	This is My Father		上课
12月19日—23日	17		模块四评价			上课
12月26日—30日	18	Revision	期末复习与评价	口语评价	各教师	上课
1月2日—6日	19		期末评价	评价报告书		放假1天

注：①提前两周把负责备课单元根据备课组集体意见上传到科组群，包括：课件、教案、音频、视频、图片、头饰、评价等资源。

②教案撰写请详细按《海港小学英语科组单元整体教学设计》。

（2）单元课时内容安排。

基于大单元整体教学，在每个单元下设计多个单课时，通过各个课时的推进，实现单元教学目标。从大处着手，教学行事历就是一个学期的教学计划，从小处着手，课时内容安排就是一个单元的教学计划。在单元整体教学备课中，需要厘清各个课时的教学目标及教学内容。以三年级课时内容安排为例，三年级一周共有4课时，根据教学行事历，一个单元的教学也正好在一周完成。由于三年级教材内容相对简单，增加一定的拓展内容，包括辅音字母组合、高频词、《攀登英语阅读系列：分级阅读第三级》。在课时安排上，设计了两个课时的新授课，一个课时的综合运用课，一个课时的拓展阅读课（见表 7–5）。

表 7–5　三年级上学期单元课时内容安排

课时	第 1 课时	第 2 课时	第 3 课时	第 4 课时	早午读	晚辅
课型功能	新授课	新授课	综合运用课	拓展阅读课	短课	辅导课
教学内容	辅音字母组合 + 教材内容	辅音字母组合 + 教材内容	活动手册 + 核心词句听写	解码书 + 攀登分级阅读第三级	高频词三级	分层辅导：整本书阅读或牛津核心词句过关

（3）单元教学设计模板。

为了把教学理念有效落实于教学实践中，以具有共识性及创新性的单元教学设计模板，引导教研组教师通过模板中的项目，深入地基于课程标准、解读教材、分析学情，从而设定单元整体教学目标，以单元活动设计推进教学目标的达成，以作业设计和评价设计反馈教学效果。在低年段以“基于核心素养的小学低段英语单元整体教学设计”为模板（见表 7–6），在高年级以“基于核心素养的小学高段英语大概念单元统整教学设计”为模板（见表 7–7）。具体实例见第四章。

表 7–6　基于核心素养的小学低段英语单元整体教学设计

项目	内容
一、单元整体教学设计思路	学情分析
	教材分析
	单元设计思路和依据
	单元教学安排
二、教学目标的设定	单元教学目标
	教学重难点
三、单课教学过程设计	单课教学目标
	单课教学内容
	单课教学过程
	单课作业设计
	单课板书设计
四、教学反思	

续上表

五、学习效果评价	课堂学习的评价
	学习过程的评价
	课时作业的评价
	单元学习的评价

表 7-7　基于核心素养的小学高段英语大概念单元统整教学设计

项目	内容
一、知识背景、指导思想和理论依据	
二、教学目标的设定	课程标准分析
	教材分析
	学情分析
	目标设定
三、大概念的提炼与获得	提炼路径
	提取内容
四、单元活动设计	单元总体设计
	单课具体设计
五、教学特色分析	
六、学习效果评价与作业设计	课堂学习的评价
	学习过程的评价
	课时作业的评价
	单元学习的评价

（4）总结与反思（教师、备课组、教研组）。

不定期的教学反思，能为教师成长带来意想不到的促进作用（见表 7-8 至表 7-10）。在教研组常规管理中，十分重视教师个人的总结与反思，通过对上一阶段的教育教学工作进行系统的回顾，总结教学目标、教学进度是否达成，反思教学亮点与教学不足，为下一阶段的教学工作做适当的调整；备课组工作也需要通过回顾上一阶段备课组的教学进度、集体备课情况、作业布置与批改情况等进行总结与反思；教研组同样需要对上一阶段教研组的教学、教研等工作进行回顾与下一阶段工作的展望。

表 7-8　教师个人教学总结与反思

<table>
<tr><td colspan="2">教师个人教学总结与反思
______学年　第______学期　第______次（______月份）
科目：__________　年级：__________　时间：__________　教师：__________</td></tr>
<tr><td>1. 本次常规检查，我的教学目标是什么？我是否达成目标？</td><td></td></tr>
<tr><td>2. 我的学生是否达成学习目标？具体达成目标情况如何？</td><td></td></tr>
<tr><td>3. 我的常规项目中是否有亮点？亮点是什么？</td><td></td></tr>
<tr><td>4. 我的常规工作中是否有不足？如何改进？</td><td></td></tr>
</table>

表 7-9　备课组长教学总结与反思

<table>
<tr><td colspan="2">备课组长教学总结与反思
______学年　第______学期　第______次（______月份）
科目：__________　年级：__________　时间：__________　教师：__________</td></tr>
<tr><td>1. 本次常规检查，备课组教学目标是否达成？（多少人达成目标、多少人未达成目标）</td><td></td></tr>
<tr><td>2. 本次常规检查中，备课组教案检查情况如何？作业批改检查情况如何？（总体情况、获各等级教师人数）</td><td></td></tr>
<tr><td>3. 本次常规检查，备课组常规项目中是否有亮点？亮点是什么？</td><td></td></tr>
<tr><td>4. 本次常规检查，备课组的常规工作中是否有不足？要如何改进？</td><td></td></tr>
</table>

表 7-10 教研组长教学总结与反思

<table>
<tr><td colspan="2">教研组长教学总结与反思
______学年　第______学期　第______次（______月份）
科目：__________　年级：__________　时间：__________　教师：__________</td></tr>
<tr><td>1. 本次常规检查，科组各年级教学目标是否达成？（多少人达成目标、多少人未达成目标）</td><td></td></tr>
<tr><td>2. 本次常规检查中，科组教案检查情况如何？作业批改检查情况如何？（总体情况、获各等级教师人数与占比）</td><td></td></tr>
<tr><td>3. 本次常规检查中，科组常规项目中是否有亮点？亮点是什么？（可列举具体教师、具体事项）</td><td></td></tr>
<tr><td>4. 本次常规检查中，科组的常规工作中是否有不足？下一步要如何改进？</td><td></td></tr>
</table>

（5）日常教学管理。

为了更好地总结及反馈阶段性工作，每学期共举行三次教学常规检查，主要对教学、作业、听课进行了检查。教学常规检查主要分为三个项目：教案课件、作业批改、听课本，根据检查情况进行量化反馈（见表 7-11 至表 7-17）。通过备课组互查教学常规落实情况，及时发现教学中存在的问题，有利于教师调整教学方法。这也是学校管理层面精准把握学校教学工作近况的有效措施。

表 7-11 教学常规检查项目

检查项目	具体内容
查教案课件	电子教案
	青年教师（1 ~ 5 年教龄）手写教案
查作业	基础作业：《知识与能力训练》、《活动手册》、抄写本、听写本、作文本
	自主作业：录音、配音、思维导图、手抄报、实践作业、阅读卡、单词卡、学具制作（依据年级需要选择类型布置）

续上表

检查项目	具体内容
查互听课情况	备课组互听课：每月备课组至少一节研讨课
	师徒互听课：每周至少一节互听互评课
	听课总数：每周至少一节，每学期完成 16 节

表 7-12　教案检查记录表（电子教案、手写教案）

教案检查记录表

______学年　第______学期　第______次（______月份）

科目：__________　年级：__________　时间：__________　检查教师：__________

序号	教师姓名	项目与评分标准						总评
		有教学内容、教学目的、教学重难点、教具准备	教学过程详细，教学环节合理，教学程序清晰，有反思与心得	板书设计精当，文字表述通畅，作业布置合理	自备教案	存在问题	是否有超前教案	
		□优　□良 □一般 □差	□优　□良 □一般 □差	□优　□良 □一般 □差	（　）单元		□是 □否	□优 □良 □中 □差
		□优　□良 □一般 □差	□优　□良 □一般 □差	□优　□良 □一般 □差	（　）单元		□是 □否	□优 □良 □中 □差
		□优　□良 □一般 □差	□优　□良 □一般 □差	□优　□良 □一般 □差	（　）单元		□是 □否	□优 □良 □中 □差
		□优　□良 □一般 □差	□优　□良 □一般 □差	□优　□良 □一般 □差	（　）单元		□是 □否	□优 □良 □中 □差
		□优　□良 □一般 □差	□优　□良 □一般 □差	□优　□良 □一般 □差	（　）单元		□是 □否	□优 □良 □中 □差
		□优　□良 □一般 □差	□优　□良 □一般 □差	□优　□良 □一般 □差	（　）单元		□是 □否	□优 □良 □中 □差
		□优　□良 □一般 □差	□优　□良 □一般 □差	□优　□良 □一般 □差	（　）单元		□是 □否	□优 □良 □中 □差

表 7–13　教案检查小结

本次常规教案检查共检查________份教案（________份电子教案和________份手写教案）。 获得________等级的有________位教师，占比________。 获得________等级的有________位教师，占比________。
教案检查总体情况如下：
电子教案比较好的老师如下：
手写教案比较好的老师如下：

表 7–14　作业检查记录表

<table>
<tr><td colspan="10">作业检查记录表
______学年　第______学期　第______次（______月份）
科目：__________　年级：__________　时间：__________　检查教师：__________</td></tr>
<tr><td rowspan="2">教师姓名</td><td colspan="8">项目与评分标准</td><td rowspan="2">整体评价</td></tr>
<tr><td>作业种类</td><td>作业批改质量</td><td>作业批改是否及时</td><td>作业是否跟上教学进度</td><td>学生是否订正</td><td>作业书写</td><td>应批次数</td><td>实批次数</td></tr>
<tr><td></td><td>□抄写</td><td>□优 □良
□中 □差</td><td>□是
□否</td><td>□是
□否</td><td>□全部
□大部分
□少部分
□没有</td><td>□工整
□一般
□不工整</td><td></td><td></td><td>□优 □良
□中 □差</td></tr>
<tr><td></td><td>□知能</td><td>□优 □良
□中 □差</td><td>□是
□否</td><td>□是
□否</td><td>□全部
□大部分
□少部分
□没有</td><td>□工整
□一般
□不工整</td><td></td><td></td><td>□优 □良
□中 □差</td></tr>
<tr><td></td><td>□素养练习</td><td>□优 □良
□中 □差</td><td>□是
□否</td><td>□是
□否</td><td>□全部
□大部分
□少部分
□没有</td><td>□工整
□一般
□不工整</td><td></td><td></td><td>□优 □良
□中 □差</td></tr>
</table>

续上表

教师姓名	项目与评分标准								整体评价
	作业种类	作业批改质量	作业批改是否及时	作业是否跟上教学进度	学生是否订正	作业书写	应批次数	实批次数	
	□作文	□优 □良 □中 □差	□是 □否	□是 □否	□全部 □大部分 □少部分 □没有	□工整 □一般 □不工整			□优 □良 □中 □差
	□思维导图	□优 □良 □中 □差	□是 □否	□是 □否	□全部 □大部分 □少部分 □没有	□工整 □一般 □不工整			□优 □良 □中 □差
存在问题及建议									

表 7–15　作业批改检查总结

本次常规作业批改检查共检查________位教师，共计________个班级的________类作业。 获得________等级的有________位教师，占比________。 获得________等级的有________位教师，占比________。
作业批改检查总体情况：
作业批改比较好的老师名单以及其作业的亮点：
作业批改检查发现待改进的地方：

表 7–16　听课检查记录表

<table>
<tr><td colspan="6">听课检查记录表
______学年　第______学期　第______次（______月份）
科目：__________　年级：__________　时间：__________　检查教师：__________</td></tr>
<tr><td>教师姓名</td><td>有听课的时间、科目、课题、授课者等</td><td>有听课过程记录</td><td>有点评分析</td><td>听课节数</td><td>总评</td></tr>
<tr><td></td><td>□完整
□较完整
□一般
□差</td><td>□完整
□较完整
□一般
□差</td><td>□详细
□较详细
□一般
□没有</td><td>（　）节</td><td>□优 □良
□中 □差</td></tr>
<tr><td></td><td>□完整
□较完整
□一般
□差</td><td>□完整
□较完整
□一般
□差</td><td>□详细
□较详细
□一般
□没有</td><td>（　）节</td><td>□优 □良
□中 □差</td></tr>
<tr><td></td><td>□完整
□较完整
□一般
□差</td><td>□完整
□较完整
□一般
□差</td><td>□详细
□较详细
□一般
□没有</td><td>（　）节</td><td>□优 □良
□中 □差</td></tr>
<tr><td></td><td>□完整
□较完整
□一般
□差</td><td>□完整
□较完整
□一般
□差</td><td>□详细
□较详细
□一般
□没有</td><td>（　）节</td><td>□优 □良
□中 □差</td></tr>
<tr><td>存在问题及建议</td><td colspan="5"></td></tr>
</table>

表 7-17　常规检查总体评价表

教学常规检查结果统计表

______学年　第______学期　第______次（______月份）

科目：__________　年级：__________　时间：__________　统计教师：__________

序号	学科	教师姓名	检查项目			总评
			教案	作业	听课记录	

备注：1. 等级说明：A 优，B 良，C 合格，D 不合格；
2. 送检两项（无作业）科目有一项未达 A 则总评不评为 A；其他计算方法详见表格；
3. 未送检默认等级为 D；
4. 送检项目中有一项评为 D，则总评为 D；
5. “听课记录”一项，语数英听课 2 次及以上才可评为 A，语数英听课 1 次最高可评为 B，语数英听课 0 次（其他学科 1 次）只可评为 D。

3. 抓实教研常规管理

教研，能促进教师研究自己及他人的教学策略和行为，反思内在映射的教育教学理念，是促进教师走向“研究型教师”的重要途径。教研活动的开展，对教师的成长、教师的教学方式的转变都具有非常重要的现实意义。教研常规包括外出学习培训、校本教研、课题研究等方面。

（1）外出培训管理制度。

首先，“让培训学习成为教师最好的福利”。《教师外出学习培训管理制度》对外出学习培训的基本原则、具体要求做出了明确的要求。其中，对组织培训的部门资质要求是政府部门或教育主管部门，具有权威性；对于选派参加的教师也有一定要求，尽量做到参与面广，优秀骨干教师及学科带头人有优先参训的机会，能最大化发挥培训后的辐射引领作用。

其次，培训后，要求参训教师进行学习分享，主要在科组例会、校级讲坛等平台上展示，可分为学习心得分享、课例研讨等。学习心得要求就以下三个问题进行分享：①本次培训的总体概况；②本次培训感受最深的一个方面；③如何把这个方面落实在教学实践中。课例研讨就是把所学落实于课堂中。无论哪种形式的分享，都需要参训教师对培训内容充分理解、深化，并最终落地于课堂教学实践之中。从学习到分享，以点带面，一人培训，集体受益。也只有在不断学习、不断更新教育教学理念的过程中，教师才能不断提高专业素养，跟上时代发展的步伐。

教师外出学习培训管理制度

为了规范中小学教师外出学习、培训、考察管理，完善教师培训学习管理制度，维护教师培养、培训的公正与公平，做到有序、有效培养教师，遵照教体局和纪委纪检组联席会议要求，现对我校教师外出学习、培训、考察做如下规定：

一、教师外出学习、培训、考察的原则

（一）区级以上政府部门或教育主管部门下发通知或指令参加学习、培训、考察的领导和教师，经学校或教体局同意方可参加。

（二）教育主管部门组织的培训或各类研讨会，涉及领导和学科教师，学校可根据实际情况按计划派出。

（三）因教育教学工作需要必须派出培训、参赛、参会或考察学习的领导和教师，由学校依据有关规定或经学校研究推荐、教体局批准后方可参加。

（四）对一些民间性质的学术团体组织的会议或活动，未经教体局批准，学校不得派教师参加；非学术性团体组织的活动，学校一律不得参加。

（五）同一名教师一年之内最多只能参加一次省外的培训、学习或考察，省内（市外）的培训学习每年最多不得超过两次。

二、外出培训、学习、考察的有关程序

（一）通知：由教体局负责培训学习的部门将有关文件下发学校，学校按照文件要求通知年级组、学科组推荐参加培训人选。

（二）推荐：参加培训学员推荐要本着公正公平的原则，保证让绝大多数教师有外出培训学习的机会，推荐学习人员不能徇私舞弊，要明确外出培训学习的目标和方向，要坚持为学校发展、为教师发展服务的原则。

（三）审批：对年级组、学科组推荐的外出培训、学习、考察人选，学校要召开校务会议研究确定，并进行公示，然后由学校上报教体局审批。校领导外出学习须由教体局推荐和审批。

（四）请假：外出学习、培训、考察的教师在教体局审核同意后，由学校调整课程，并妥善做好交接工作，并在学校填写请假条。校领导外出学习需到教体局和组织部履行请假手续。

（五）备案：学校对于外出参加各级培训学习的教师要进行登记，并上报教研室备案，做到教师外出培训有据可查，避免重复外出或多次外出。

三、外出培训、学习、考察返校后的有关工作

（一）销假：外出培训、学习、考察归来的教师要及时到学校或有关部门销假。

（二）学习反馈：凡外出学习、培训（学历培训除外）、考察归来的教师，回校后必须在一周内向教研组或学校上交学习报告，并进行讲座，几人同时参加同一活动，可推荐一人进行主讲。所有外出培训的教师回校后都要撰写3 000字左右的学习报告（心得体会或调研报告、专题报告、学习总结），学校要对教师的学习报告进行审阅并及时存档，同时将学习报告上报教研室备案。

（三）经费报销：外出学习、培训费用在完成学习报告和讲座后，才能按照财务规定予以报销。

四、外出人员注意事项

（一）外出学习人员代表学校，要注意个人形象，不能做有损于学校名誉的事。

（二）外出学习人员以提升专业素养为目标，必须严格遵守学习纪律和要求，不得中途或提前离开。

（三）外出学习时应认真做好学习笔记，多与外地教师交流，掌握最新信息，要积极参与交流活动，发表自己的见解，最大限度地提高学习效果。

（四）学习活动结束后要立即返校，不得延长时间，耽误工作。凡不按时返回，经核查，将按旷工处理。

（五）外出学习人员要重视人身安全和财物安全，确保旅途平安。

五、本规定自发布之日起实施，以前相关制度与本规定不一致的，以本规定为准。

（2）课题研究常规管理。

英语新课标指出，要聚焦课例，开展反映真问题的小课题研究。课堂教学是贯彻落实课程理念的关键环节。教师在真实的课堂教学情境中，会遇到各种影响学习发生和学习效果的现象。教师要用敏锐的洞察力，善于抓住关键问题，确立研究方向，依托理论指导，开展基于课堂真问题的小课题研究。课题研究，作为科组教师向研究型

教师发展的重要举措，也是一个学科教研组充满活力的必要手段。课题研究需要教师阅读大量的专业书籍、国内外文献，要以研究的态度面对教学中出现的各种问题，学会去发现问题；在研究过程中，研读文献、设计研究路径、实施课题研究、及时反思、积极调整研究策略，最后根据实践研究积累宝贵成果。因此，学科教研组要制定分阶段的教研目标，组织定期和不定期相结合的教研活动，开展指向问题解决的课例研究。教师开展课题研究主要以“行动研究”为主，例如，围绕某一个真问题，通过理论学习、课堂观察、数据收集与分析等，找到问题的成因；再通过集体研讨、研讨课实践等方式，寻求并实践解决问题的方法和路径，然后在开展新一轮的教学反思、深入研讨、修正研究方式方法，在不断的反思及修正中形成研究的闭环，将研究不断向前推进，直至问题有效解决。

在课题研究常规中，对课题的实施进行了规范管理。

①明确分工。做好课题研究的各项工作的分工，有利于课题组成员在主持人的带领下切实有效地开展课题研究，并为课题成果积累提供了有力的保障。

②融入教研。课题的选题要符合学校的育人目标、课程体系建构、课堂教学理念等，也就是说，选题要选在学校常规工作及教研工作中都需要开展的工作，把课题研究和教学常规工作、教研常规工作有机地结合起来，做到以教兴研，以研促教，相辅相成。如区级立项课题语音教学、视觉词教学、整本书阅读、群文阅读均是基于学校英语学科 PSR（phonics、sight words、reading）拓展课程建设所衍生出来的课题，而课本剧课题则是学校英语学科特色项目。

③关注过程。课题研究需要落到实处，教师要加强自身的研究素养，以研究者的视角，根据研究思路，设计研究路径，从而完成研究的过程构建。特别是行动研究，需要关注在研究过程中，不断对研究内容、研究方法、研究手段、研究措施进行反思及改进。

④注重成果。过程性材料的收集，有利于课题研究成果的积累与提炼，从课题研究的视角出发，最终达成课题研究的目标，形成论文、成果集、经验等成果。

在课题研究常规管理中，要鼓励研究、明确分工、融入教研、关注过程、注重成果，让教学中小问题变大研究，始终在研究中不断实践，不断改善教学，提升教学效率，为学生的终身学习打下坚实的基础。

4．教师成长管理

教师队伍建设，对于学科组的长远发展有着重要的影响，打造一支积极向上、团结互助、肯于钻研、乐于实践的高素质团队，需要通过专业培训、个性化职业发展规划等举措。

（1）PSR 教师培养目标。

学校有为课程体系的建构中，英语学科提出了 PSR（Phonics、Sight words、Reading）拓展课程的开发，为了突出 PSR 标识，提出了要培养 PSR 教师，也就是 Professional、Sincere、Readerly 的教师。PSR 教师拥有三个特质，首先是专业的英语语言素养。作为英语教师的专业素养，英语的语言素养要通过持续的听和读保持在一定的水平上，防止“教小学英语，最后英语就只有小学水平”的情况发生。同时，对于英语教学是专业的，能通过先进的教学理念，落实新课程标准的教学要求，实施以发展学生核心素养为指向的英语教学。其次，要对待学生和所从事的英语教学以真诚的态度，充满热情，因为热爱才能从学生的成长出发，才能让每一天的工作变得有意义，才能让每一节课都充满生机。最后，就是要成为一个热爱阅读、持续保持阅读状态的教师，要想学生成为终身学习者，那么教师也应该是终身学习者，阅读之于专业成长、个人心灵成长，都有不可忽视的影响力。在 PSR 拓展课程中，我们致力于培养独立的阅读者、终身的学习者，教师也要不断充实自我，以充满热情的教育情怀，走向专业发展之路，成名成师（见图 7–5）。

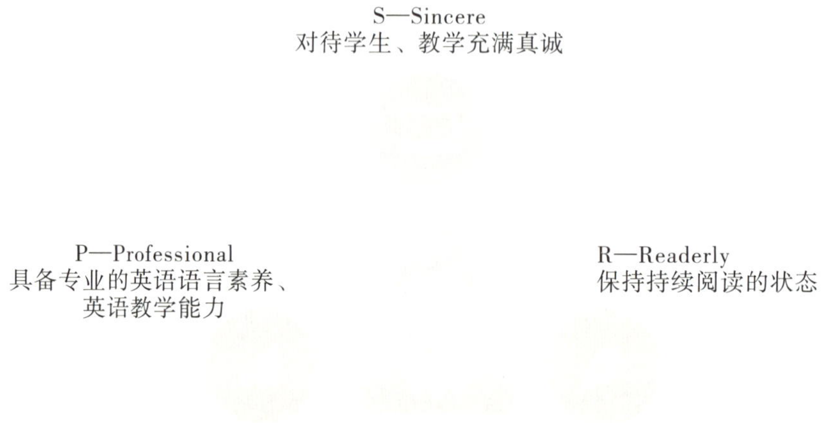

图 7–5　PSR 教师发展文化

（2）教师成长档案袋。

我校注重教师专业发展的过程性成果记录，制定了《教师成长档案袋》，不同教龄的教师对照教龄所要达到的教师专业发展目标，明确了发展目标，实现了发展过程性记录及评价。

教师成长档案袋内容设计

▲ 我的个人信息

1. 教师个人基本信息

2. 个人专业三年发展规划

3. 教师专业发展档案

4. 我的有关证书：最高学历文凭、教师资格证书、职称、普通话水平测试、计算机水平等级证书复印件

▲ 我的培训学习

1. 个人读书计划（要能体现三年的读书安排）

2. 我参加各种培训的情况记录（包括各级专业培训及个人学历进修）

3. 读书笔记（个人每年累计 10 000 字）

4. 教学心得（每学年至少 1 篇 2 000 字以上的教后感或者教育随笔）

5. 听课笔记（三年的笔记）

▲ 我的教育研究

1. 我参与研究的课题及活动的记录

2. 每学年公开课情况记录及教案（每学年上公开课的至少一篇教案）

3. 撰写论文的情况（奖状、论文）

4. 承担各级讲座、专题发言情况

5. 我最满意、最有激励性的学生评语或课堂教学评价语

6. 我的专业成长活动和典型事件记录（教育故事）

▲ 我的工作成果

1. 我的荣誉称号及获奖证明复印件

2. 我的班级管理情况

3. 我辅导学生获奖等情况

4. 我培养教师的情况及教师结对实施情况

5. 其他能展示我专业发展的相关材料

教师个人专业发展规划表

姓　名		性　别		出生年月	
籍　贯		民　族		党　派	
最高学历		职　称		职　务	
教　龄		班主任年限		任教年级	
自我剖析（明确优点、找出不足、明确目标）					

我的培训学习（培训、进修、考察、访问）情况

日期	活动名称	活动地点	主办单位

我的教育研究

◎参与研究的课题及活动的记录

我参与的课题名称				
日期	活动名称	活动地点	在何范围内参与活动	效果

◎发表或获奖论文、案例目录

日期	题　目	出版、登载、获奖情况	备注

附：相关获奖证明和获奖文章

◎承担各级讲座、专题发言情况

序号	讲座题目	级别	时间	页码

附：相关证明和讲座稿

我的工作成果

◎主要荣誉目录（××××年×月至××××年×月）

荣誉称号名称	授予年月	授予单位

注：可附上相关证书复印件。

◎我的班级（部门）管理情况（××××年×月至××××年×月）

日期	荣誉称号名称	级别	授予单位

注：可附上附相关获奖证明。

◎辅导学生获奖记录

序号	学生姓名	获奖内容	获奖级别	获奖时间

注：可附上相关获奖证书。

◎指导青年教师记录及教师结对实施情况

日期	姓名	指导内容及方式	效果

◎个性资料成果记录

日期	成果名称	获奖项目

（本栏目记载本人除了教育教学以外的特长项目成果，比如书法、乐器、篆刻、舞蹈等）

（3）教师成长管理。

为了使青年教师尽快站稳讲台，通过“启航工程”师徒结对的方式，发挥名师、骨干教师的专业引领作用，给予青年教师以学科专业、教育理念、教育风格上的全方位专业指导。通过师徒结对活动使青年教师“一年入门，两年合格，三年成骨干，五年挑大梁”。

“启航工程”师徒结对实施方案

为加快青年教师培养，优化师资结构，提高师资素质，特制定本实施方案。

一、工作目标

通过师徒结对活动使青年教师“一年入门，两年合格，三年成骨干，五年挑大梁”。

（一）参加工作一年的青年教师，需用较短的时间了解学校教育教学的基本情况，并能熟悉教材，做到备课认真，教学设计完整，注意课堂知识的准确性、科学性、合理性，恰当运用教学方法及信息手段，注意学生能力的培养，作业适中，批改及时。在指导教师的帮助下，能担任班主任，管理好班级。

（二）参加工作两年的青年教师，要在各方面基本成型，掌握基本的教学方法，能运用计算机等现代化手段辅助教学，新授课、复习课、讲评课、实验课全部达标。不但要备好教材，还要备好学生，能在课堂教学中注重培养学生的能力，教学目标明确、知识准确、步骤合理、效果良好，能独立担任班主任，管理好班级。

（三）参加工作满三年的青年教师，各方面要达到合格。课堂教学能够达到生动性、趣味性、针对性等较高要求，在课堂教学中形成自己的独特风格。能独立承担各年级教学任务，能胜任班主任工作并较好地做好班级管理工作。在全校有较好的教育教学成绩，达到校级教学能手或校骨干教师水平，具有较高的教科研能力，在学生中有较高威信。

（四）参加工作满五年的青年教师，各方面已经拥有较好的成绩与教学风格。教师能够独立承担各级部门各种场合的教学展示活动，展现科组以及学校风采。

二、工作安排

（一）导师人选

导师必须是思想作风正派、教学作风严谨、工作踏实负责，具有较强事业心、较丰富教学实践经验和热心教改的骨干教师。由个人申报，学校直接聘任，聘期 1 年 1 次。

（二）导师职责

1. 导思想。热情关心徒弟的思想进步，勉励他们热爱教育事业，热爱学校，热爱学生。导师应在思想作风、师德风范上做出表率。

2. 带业务。导师应主动热情无私地传授教育、教学经验，对课内外教育、教学活动的组织经常给予具体指导，对教学业务上的疑难问题积极与学徒开展讨论，并善于挖掘徒弟的长处，鼓励他们在工作中改革、创新。

3. 传作风。要言传身教。引导他们严于执教、勤于学习、勤于工作，做到工作实、作风实、教学效果实，逐步使学徒确立“严谨、扎实、灵活、创新”的教风。

三、具体方法

（一）宣传发动阶段

1. 组织教师认真学习开展“青蓝工程”活动的有关精神，明确开展“启航工程”的重要性、必要性和紧迫性。

2. 成立学校“启航工程”领导小组。

组长：校长

副组长：副校长

组员：各部门主任、副主任

3. 制定实施方案。

4. 确定指导教师和徒弟（附表）。

（二）专业组“启航工程”师徒职责

1. 师傅（蓝方）职责。

（1）指导徒弟认真学习“教学大纲”和“教学七认真规范”，对学科教学任务有较全面的认识。

（2）指导徒弟钻研教材，熟悉教材，做好备课工作，重要章节的教案要审核、提出修改意见。每月至少两次对徒弟进行单元教材分析，使徒弟能明确单元所必须掌握的知识点，尤其是如何抓住重点、化解难点，指导写出教案。

（3）指导徒弟掌握教学常规，尽可能安排徒弟听自己的课。同时，每周听课或上课不少于 1 节，并对每一节课都要有详细的评讲。

（4）指导徒弟认真做好学生课外作业的布置、批改和评讲工作。每月检查徒弟一项作业，督促徒弟按时完成教学进度，指导作业批改规范。

（5）指导徒弟编写好单元练习等，做好试卷的批改、评讲工作，期中、期末要做好教学总结。

（6）每学期至少指导徒弟上 4 节科组内或以上级别的公开课。指导徒弟积极参加教学科研活动，认真撰写好教学小结和小论文。

（7）对徒弟在师徒结对期间的表现做出书面鉴定。

（8）每学期应结合教学实际，指导徒弟研读一本教育教学理论书籍。

（9）指导徒弟结合教改实际，开展校本行动研究，一学期完成一篇高质量的教育教学论文。

（10）认真总结师徒活动，每学期上交师徒结对工作总结，包括开展的工作、取得的成绩、存在的问题及改进措施等方面。

2. 徒弟（青方）职责。

（1）主动自觉地向师傅虚心求教，努力学习师傅的敬业奉献精神和先进的教学方法。与师傅之间构建相互探讨与协作、共同提高与进步的融洽关系。

（2）认真完成教学基本功的训练，包括：粉笔字、简笔画、普通话的基本功，备课、上课、出卷、质量分析的基本功，信息技术基本功，课程开发与课程实施基本功，教学评价基本功，教学科研基本功。

（3）提前两周备课，备课案提交师傅审查。按师傅修改后的教案上课，课后进行有效反思。

（4）有计划地听师傅的示范课（每周听课不少于1节），并写好听课心得。

（5）主动邀请师傅审核自己的教案以及听自己的课。

（6）善于发现师傅专长，每个学期能学到一项专长。

（7）每次测验完毕，主动和师傅沟通，对学生掌握不足共性之处虚心向师傅请教，拟定整改方案和措施。

（8）每学期至少在校内上4次科组内或以上级别的汇报课。

（9）每学期研读1本教育教学理论书籍，撰写读书心得。结合自身教学实际，进行校本行动研究，一学期完成一篇质量较高的论文。

（10）每学期有全面的学习与工作小结，对重要的教学活动作剖析，反思过程、分析问题、总结得失，并提出今后的学习与工作设想。

（三）班主任组“启航工程”师徒职责

结对的徒弟要虚心向师傅学习，师傅要真诚地指导、帮助徒弟做好有关班主任工作。

1. 指导工作内容。

（1）指导徒弟做好各类计划与总结；

（2）规范的班级组织管理，对学生的思想教育、行为规范教育与训练；

（3）如何上好班队活动课；

（4）小干部培养与使用；

（5）组织班级开展各项活动；

（6）家访、与家长联系的形式、方法、说话艺术；

（7）如何积极创设健康的班级环境与良好的学习氛围；

（8）指导年青班主任如何协调好学校与班级、教师与教师、教师与学生、学生与学生等各方面之间关系，更好地服务班级教育教学工作；

（9）指导年青班主任每个月开1次年级组或以上级别的主题班队会。

2. 师徒工作具体要求。

（1）徒弟要积极主动地进行学习（既要向师傅学，又要向书本学），要善于动脑，勤于动口，细心观察，不断积累，每学期要写好结对工作总结、心得体会。

（2）师傅要热情地、毫无保留地指导徒弟开展工作。

（3）徒弟每月向师傅汇报1次工作情况（平时根据需要随时汇报），师傅要积极给徒弟出谋划策，努力提高班级管理水平，对每次汇报工作、开展活动情况要记录在案。

（4）徒弟每月至少要听师傅的主题班会课 2 节（见听课记录本）。每月结对的班主任关于班级工作的交流不少于 4 次（见听课记录本）。师傅要求撰写结对活动方案（交德育处存档），不断进行工作反思。

（5）徒弟每月在师傅的指导下开 1 次年级组或以上级别的主题班队会。

（6）新班主任要爱岗敬业，顾大体、识大局，从整体上维护年级、学校的荣誉，指导班主任要率先垂范，当好榜样。

（7）每学期结束，新班主任要写一份主题为“谈指导班主任对我的指导”的总结材料，指导班主任要写一份简要的指导小结，报德育室存档。

四、保障措施

（一）师傅提前一周向教学处上报上课地点、时间，届时教学处会检查跟踪。教学处每月末对相关资料（教案、照片、听课评课本、反思、听课上课登记表）进行检查反馈。

（二）对完成任务的指导教师，学校每学期发给适当奖励。考核合格的导师，每学期按带 1 个徒弟的师傅 300 元、带 2 个徒弟的师傅 400 元、带 3 个或以上（4 个最多）徒弟的师傅 500 元的标准发放。

（三）徒弟在师傅的指导下取得的奖励，师傅按照徒弟奖励费用的一定比例予以奖励。

（四）考核办法

1. 每学期考核一次，80 分以上视为合格。

2. 对指导青年教师成绩突出者，由校长室另行奖励。

3. 考核细则详见附表。

附表 “启航工程”师徒结对考核细则

序号	考核内容	得分事项	标准分	自查分	考评分
1	导师课堂向徒弟开放，每周师徒互相听课 / 班队会	徒弟每听两课得 1 分得 2 分，听满 15 ~ 20 节为满分	20分		
		导师每听课 1 节得 2 分，音体美听满 13 ~ 15 节为满分，其他科目听满 15 ~ 20 节为满分	10分		

续上表

序号	考核内容	得分事项	标准分	自查分	考评分
2	每两周师徒之间开展一次业务性研讨活动（含备课、评课、指导等）	以10次为满分，每次1分	10分		
3	导师每学期应指导徒弟制订教学计划，进行质量分析，撰写教学专题小结，充实校园网资料	教学计划、质量分析4分，论文或教学专题小结6分，现代教育技术学习和课件制作5分	15分		
4	导师每学期指导徒弟上好2节试验课，并做好听课、评课记录	每次5分，其中记录齐全3分，效果2分	10分		
5	根据学科特点，导师应对徒弟开展学生课余活动进行指导，每学期不少于两次	每次5分，其中活动方案2分，活动记载2分，导师点评1分	10分		
6	徒弟每学期在导师指导下至少要出一份有质量的考试试卷，并经导师、学科组长、分管主任审阅认可	试卷质量8分	8分		
7	每学期期末，师徒各自对活动开展情况做出专项总结（含徒弟的自我鉴定和师傅对徒弟的思想、工作的鉴定）	态度认真、总结翔实7分	7分		
8	师徒应对活动情况进行记载，每学期末交教导处检查	听课笔记、研讨活动记载、教学计划、质量分析、教学专题小结、学生课余活动方案、活动记载、效果点评、试卷、青蓝工程活动专项总结，每项1分	10分		
各项考核总得分：＿＿＿＿＿＿					
导师＿＿＿＿ 徒弟＿＿＿＿ 学科组长＿＿＿＿ 校考核人＿＿＿＿					

为了更好地推进启航工程，以教师基本功培训为出发点，制定了“启航工程——英语青年教师成长共同体”建设方案，通过对青年教师基本功大赛项目、教师能力大赛项目及教师语言才艺比赛项目进行系统的培训，从理论到实践，促进青年教师夯实基本功、提高教学能力、发挥语言才艺，切实提高专业素养。

“启航工程——英语青年教师成长共同体”建设方案

为实现英语教师师资队伍建设的可持续发展，进一步促进青年教师专业成长，建设海港小学英语科组“青年教师成长共同体”，搭建展示、磨炼、反思的平台。具体建设方案如下：

一、管理小组及共同体成员

（一）管理小组

组长：挂点行政

副组长：科组长

（二）青年教师成长共同体成员

低段组：教师 A（组长）、教师 B、教师 C、教师 D

高段组：教师 E（组长）、教师 F、教师 G、教师 H

二、研讨内容

（一）青年教师基本功大赛项目

教学设计、教学组织与表达、教学反思即兴演讲

（二）教师能力大赛项目

说课展示、教学展示

（三）教师语言才艺比赛项目

硬笔书法展示、英语儿歌演唱、英语故事讲演

三、具体实施（见附表）

附表　实施过程

时间	内容	负责人
第 7 周周二	说课展示：1A M2 U5 My family	教师 A
第 9 周周二	说课展示：2A M3 U7 In the playground	教师 A
第 10 周周二	教学展示：2A M3 U7 P1 In the playground 2A M3 U7 P2 In the playground	教师 A
第一本共同书目分享	《普通高中英语课程标准（2017 年版）解读》，梅德明、王蔷，高等教育出版社	教师 E

续上表

时间	内容	负责人
第 11 周周二	名师示范课	科组长
第 12 周周二	说课展示：3A M3 U8 At the fruit shop	教师 A
第 13 周周二	教学展示：3A M3 U8 P2 At the fruit shop	教师 A
第 14 周周二	教学设计比赛	科组长
第二本共同书目分享	《聚焦英语学科核心素养》，徐浩、屈凌云，外研社	教师 E
第 15 周周二	模拟上课比赛	科组长
第 16 周周二	硬笔书法讲座及现场展示	科组长
第 17 周周二	英语儿歌演唱比赛	科组长
第 18 周周二	英语故事讲演比赛	科组长
第三本共同书目分享	《小学英语分级阅读教学：意义、内涵与途径》，王蔷、敖娜仁图雅、罗少茜等，外研社	教师 E

另外，还依托学校“有为杯”课堂教学大赛及评课比赛、宝安区名师工作室、宝安区学科教研基地，以培训、比赛、小组研讨等各种方式促进科组全体教师的专业成长。

6．科组特色管理

源于对英语教学的追求，对英语教研的不断深入探索实践，经过十年的积累沉淀，逐步形成了极具海港小学标识的学科特色。科组特色主要从学生的主体出发，打造极具趣味性的英语学习氛围，为学生的核心素养的培养助力。

（1）中西文化节特色。

根据我校“四气八节”的学年主题式实践课程，定于每年的 12 月为“中西文化节”。其目的是让学生在中西文化节活动中了解不同文化，比较文化异同，汲取文化精华，逐步形成跨文化沟通与交流的意识和能力，学会客观、理性看待世界，树立国际视野，涵养家国情怀，坚定文化自信，形成正确的世界观、人生观、价值观，为学生的终身学习、适应未来社会发展奠定基础。

每一届的中西文化节都会在主题引领下举行系列活动，例如第七届中西文化节的主题是“国际视野　本土行动”，共举办两个活动：“I speak for Shenzhen 我与深圳共成长”英语演讲大赛和英语课本剧大赛。“我与深圳共成长”英语演讲大赛，旨在深圳特区成立40周年之际，以此打造平台，让学生述说深圳经济发展带来的变化，同时思考作为小学生，能为特区发展做出哪些力所能及的事，诉说各自对深圳特区的别样感受。

第八届中西文化节的主题是“有为学子，‘拼’出世界的未来”，在建党100周年之际，旨在展现英语学习的魅力，激发学习英语的兴趣，帮助学生提高英语单词拼写能力，扩充词汇量，营造学习英语的氛围，举办首届“一拼到底”英语拼词大赛。第八届中西文化节包括三项系列活动：“一拼到底”英语拼词大赛、班级课本剧比赛、班级主题演讲比赛。中西文化节历时一个月，系列活动分别安排在不同的周次，每项活动都做好详细的方案，明确活动内容、活动形式、具体分工等。

（2）课本剧表演特色。

自2013年9月学校建校以来，英语学科一直非常重视学生对“课本故事”的演绎。课本剧表演特色依托区级立项课题“课本剧在小学英语教学的实践研究”推进，班级课本剧课堂围绕“全员化、过程化、常态化”的原则，分为小组课本剧和全班大型课本剧，目是结合日常教学让学习趣味化，鼓励学生去体验、去参与，把课本内容搬上舞台，体现我校多元课程体系的有效融合。通过“分组—修改剧本—排练—准备服装、道具—正式演出”的课本剧准备过程，学生在演中学，在乐中学，极大增加了学生学习英语的兴趣（见图7-6、图7-7）。学校课本剧特色已经初具影响力，在各级各类比赛中屡获好成绩，其中，在深圳市小学英语课本剧比赛中，多次荣获深圳市课本剧剧本和录像一等奖，学校英语科组连续获得1—3年级和4—6年级“课本剧推广奖”荣誉称号。

图7-6　小组合作

图7-7　班级合作

（3）自主作业特色。

作业是反馈、调控教学过程的实践活动，也是在教师指导下，学生独立运用和亲自体验知识、技能的“二次学习”过程。作业主要有巩固操练、拓展延伸等功能。基于“双减”背景下，为了减轻学生的学业负担，作业的设计尤为重要，如何把作业设计得有趣、有意义、耗时短、效果好，都是需要重点关注的。

教师根据不同年级学生的心理特点及兴趣爱好，开发校本特色的自主作业，让学生动手完成单词卡、高频词小字典，在学习家庭成员名称之后制作指偶帮助介绍，这些手工作业都为学习带来了不少的乐趣，在课堂展示环节，学生还能学以致用，把手工作业与语用表达结合起来，实现真正的语言运用。在学习一个单元主题、模块主题或整册书之后，利用思维导图、手抄报对已学知识进行梳理，形成一定的知识体系，为了后续学习打下基础，也促进学生养成有效的学习策略。录音、趣配音等语音作业，帮助学生通过模仿纯正的英语语音语调，对培养一定的语感有促进作用。周末整本书阅读作业，为学生在学有余力的条件下增加阅读量，阅读分享也为学生搭建展示平台，进一步激发阅读兴趣，培养课外阅读习惯。

①语音、单词卡片。

图 7–8　语音、单词卡片范例

②视觉词串串本。

图 7–9　视觉词串串本范例

③语音视觉图。

图 7–10　语音视觉图范例

④阅读日志。

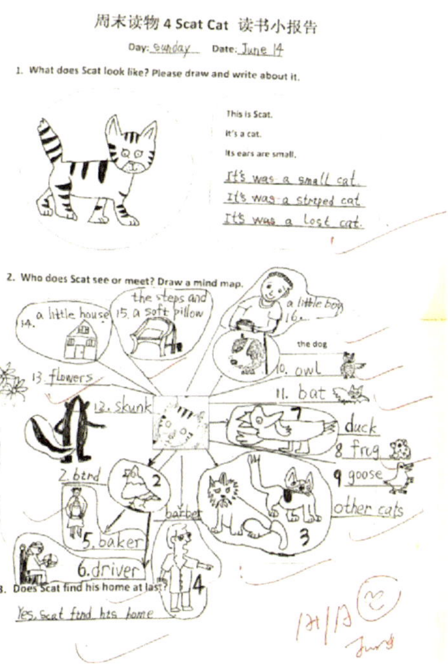

图 7-11 阅读日志范例 1

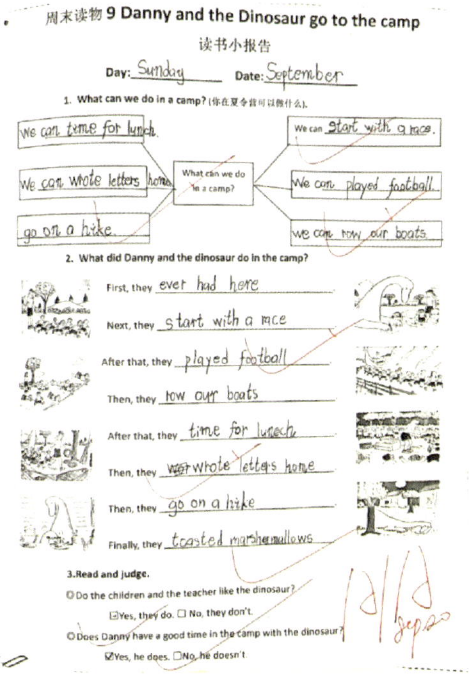

图 7-12 阅读日志范例 2

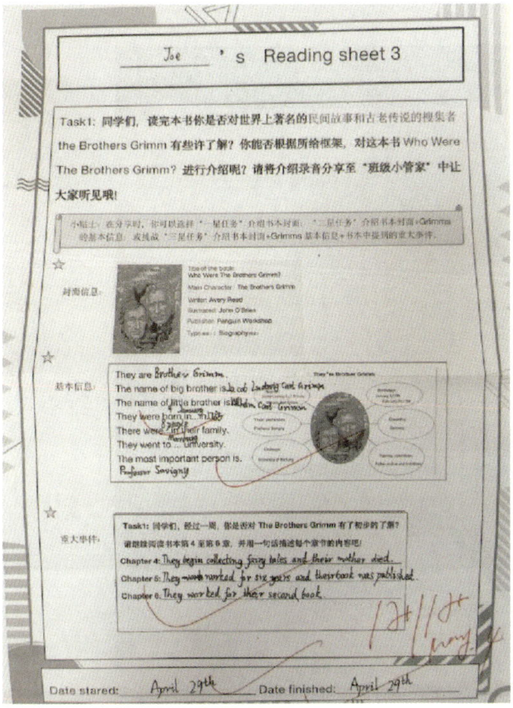

图 7-13 阅读日志范例 3

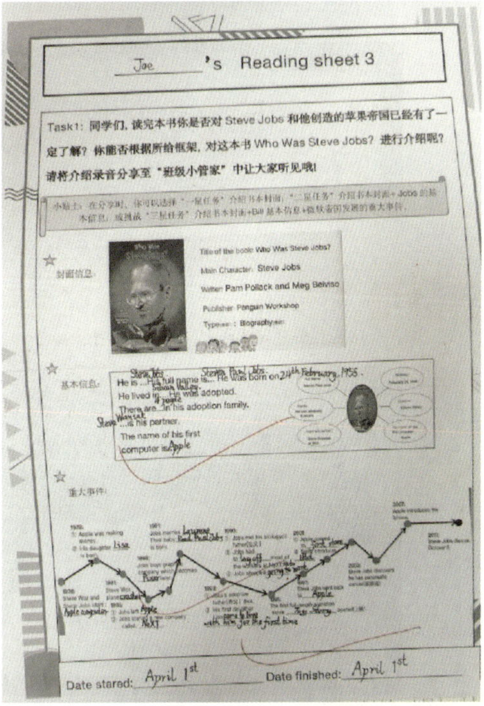

图 7-14 阅读日志范例 4

⑤手抄报。

图 7–15　手抄报范例 1

图 7–16　手抄报范例 2

⑥立体书。

图 7–17　立体书范例 1

图 7–18　立体书范例 2

⑦主题手工。

图 7-19　主题手工范例 1

图 7-20　主题手工范例 2

⑧写作视觉图。

Unit3 Our school in the future

Our school **will be** different in the future.

The school **will be** on the hills, under the sea or even in space. **There will be** many robots in our school. **There will be** no teachers in our school. We **will not** carry any books. **We will** read books and do their homework online. **We will** have a picnic every month.

I hope our school **will become** better and better.

图 7-21　写作视觉图范例 1

Unit 5 Crafts

- **Talk about one craft you want to make**

The craft I want to make

I want to make a penholder. It's for my little sister because her penholder is old. Before I make it, I need a plastic bottle, some paper, a pair of scissors and some tape. First, I cut the bottle with a pair of scissors. Next, I stick the paper on the bottle. Then, I draw two paper fish. Finally, I stick the fish on the bottle with some tape. It's beautiful and useful. My little sister can use it to keep pens.

图 7-22　写作视觉图范例 2

⑨剧本创作。

The five peas Part 3

…

Narrator: Five peas flew to different places. The first pea fell on a roof.

1st pea: Oh! ~~So~~ The roof is so hard. (painful) I need to get out from here. Wait a minute. What is that white shadow? It's coming! It has white wings. (afraid)

Bird: I'm so hungry! Hey, what's ~~the~~ that green little things? It must be delicious! (flew onto the roof)

1st pea: Hello! Who are you? Let's make friend!

Bird: OK. Friends must help each other. Can you help me?

1st pea: Yes, what's the matter?

Bird: I'm hungry! (ate 1st pea) Hmm… It's yummy. Thank you, my friend. Ha!

Narrator: The second pea fell into some water.

2nd pea: What? Where am I? It's so cold. I like it! (happy)

Narrator: A day later.

2nd pea: Nobody with me. I'm so lonely. Is there someone… Is the someone…

Narrator: The third and the fourth peas fell into a yard.

3rd pea: The ground is so soft. We'll live here happily!

4th pea: Don't be too happy. This place is ~~stink~~ dirty. (saw the chicken's footprints) What are they? Let's get out from this place.

3rd pea: No. We can live here. You are too timid.

Chicken 1: Today's lunch is bad. I'm hungry.

Chicken 2: Yes, bad lunch… (saw peas) There're two peas! They will be good afternoon tea! (run)

3rd&4th pea: (afraid) Two monsters! Help!

Chicken 1: Calm down. Would you like to be the ~~afternoon~~ afternoon tea?

3rd&4th pea: No!

Chicken 2: Hahaha! You have no choice! (ate peas) Tea time!

Narrator: The fifth pea hit a window and fell on the ground.

5th pea: I'm hurt! I can't move. ~~There will~~ some I will be the food of other animals. Oh, I can hide in the dirt.

Narrator: ~~A long time of~~ After a week.

5th pea: The sunlight is so warm. The rain is so cool. Look! There are green leaves on ~~me~~ my body. I'm green. I become a plant.

…

18/18

Excellent Job!

May. 30

图 7–23 剧本创作范例

四、英语教研组教师成长心声

且行且思，行稳致远

罗　苑

2014 年 9 月，在海港小学建校的第二年，我加入了这个温馨而友爱的大家庭。这九年来，我担任过科组长 3 年，年级长 3 年，也曾担任过班主任，干过党务工作，多个岗位的工作经验是宝贵的，收获更是满满的。在海港小学英语科组，更荣幸的是遇到一群既专业又敬业的伙伴。尤其对于我这样一个不善于表达自己的人而言，感恩有学校领导支持与信任，特别是刁艺姗主任和科组长冯云开老师的点拨与指导，她们就是我专业路上的一盏明灯，指引着我不断前行。回望来时路，累过、困惑过、也曾迷茫过，但更多的却是充实与收获。

一、紧跟时代新观念

面对世界科学技术日新月异的迅猛发展，教育教学的各种理念也在不断的更新中。作为一名英语教师，要与时俱进，自觉紧跟时代步伐，不断地更新知识，不断地实践探索，不断地学习，提高各方面的素质，以适应当代教育发展的需要。

二、在阅读中汲取营养

在被评为“广东省书香校园”的海港小学，有着浓浓的书香气息。在这里，我们开展“全员阅读，全学科阅读”，这对于一个原本不太爱看书的人来说，无疑是最好的鞭策。《公司船》《卓有成效的管理者》《包容的智慧》是我来到海港小学最早阅读的三本书。这些虽不是英语专业类的书籍，但对我学会如何更好地管理自己起着非常重要的作用。《英语课程标准》《不能错过的英语启蒙》《图画书应该这样读》《朗读手册》《英语分级阅读指南》等学科书籍则为我如何开展英语教学指明了方向。

三、在培训中提升能力

都说“培训是对教师最好的福利”，海港小学的三任校长都一直很重视对教师的培训。新教材培训、心理健康教育培训、教学观摩培训等，只要有学习的机会，学校都会大力支持我们参加。其中给我影响最大的莫过于“单元整体教学”培训以及“攀登英语阅读提升计划”的培训。

在 2022 年版新课标中，在教学实施建议这方面明确提出要加强单元教学的整体性。而早在海港小学建校之初，很荣幸我们就已经开始了单元整体教学的实践与探索。在西乡街道教研中心与上海团队联合举行的“西乡街道骨干教师提升工程”中，以

“工作坊”的方式与兄弟学校的老师们一起学习了上海走在前沿的“单元教学设计”理念。在上海市特级教师朱浦老师、负责上海教师培训的王珏老师的带领下，从教学目标、教学内容、单元主题、课时话题、教学活动设计、板书设计、作业设计等各环节一步步了解并实践，慢慢地摸出了些门道。

而2015年至2017年间，在街道与北师大合作的“攀登英语阅读提升计划”中，对我的影响更是深远的。我们学校一直有在用北师大出版的“攀登英语”系列书籍进行语音和阅读的教学。因为有了这个攀登实验的项目，我们得到了更多专家的指导。当时任低段科组长的我正好也负责这一项目的开展，经过两赴北京学习、街道集体教研和专家下校指导等系列活动，我对一至三年级的语音教学目标及如何开展语音及绘本故事教学有了比较清晰的认识，这对指导我今后的教学教研都有非常大的帮助。

四、带着理念进课堂

带着理念进课堂是时代对教师提出的要求，是教育未来发展的大势所趋！带着理念进课堂是着眼于脚下，一步一个脚印的奋然前行！

由于这些年来，我绝大部分的时间都是在中低段教学，在让科组PSR特色课程落地生根的过程中，对于中低段的英语课堂教学，我也有了一些自己的思考。

五、单元整体设计原则不放松

正如前文所说，2022年版新课标在教学实施建议这部分明确提出要加强单元教学的整体性。我们必须坚持以“单元整体教学”的理念进行教学设计，基于单元主题，整体思考和安排所有的教学内容，将本单元出现的语言知识进行重新整合，创设情境，并融合旧知，使文本呈现为有意义的系统形式，并根据学生认知发展的特点来设置单课课时。在教学过程中，通过语篇文本形式呈现每单元的知识点和内容，最终引导学生进行语用任务的输出。

六、课堂中认真落实“3P”教学

小学低段的学生生性活泼好动，有着极强的求知欲和表现欲，喜欢直观形象思维，对游戏、竞赛、画画等特别感兴趣，因此在设计课堂教学活动时要采用灵活多样的教学方法吸引学生的注意力，在提高他们学习兴趣的基础上达成我们的教学目标，实现学生综合能力的提升。在平时的课堂中我会比较注重扎实“3P”教学。在这里的“3P”是指Phonics自然拼读、Picture book图画书和Play戏剧。

Phonics自然拼读的核心是建立字母（letter）与语音（sound）之间的对应关系，最终的归宿是学生“见词能读，听音能写”。通过多年来的教学实践，我对phonics自然拼读在1—3年级各年级的教学目标、教学内容、课堂教学模式及课后评价方式都比较熟悉了。平时必定认真落实科组“10 + 30”（10分钟语音教学+30分钟牛津莫基课程）课堂教学模式，扎实开展phonics教学，通过拍掌和数手指等方式，培养学生的音节音素意识。同时在教授新词时，让学生根据发音自行试着书写单词，检验其语音掌握程度。

Picture book图画书直观形象，以图文并茂的方式描绘故事情节，深受低段学生的青睐。每次讲绘本故事时，教室都会特别安静，学生专注的眼神深深地打动着我。攀登英语系列图画书图画精美，故事生动有趣，语言结构符合相对应学生的生活经验和实际能力，学生都特别喜欢。每一节绘本阅读课我都会通过图片环游、思维导图、故事改编等方式带着学生一起去领略其中的美妙。

Play是戏剧，是表演、扮演。角色扮演在小学英语教学中有着十分深远的教育意义，一方面能够有效增强学生在英语学习中的参与度，发挥学生的主观能动性；另一方面能够锻炼学生的语言感知和表达能力，提升学生英语学习和表达的自信心。低段的学生表演欲更强，教材课文也大多以对话性文本为主，非常适合场景的角色扮演，故事性文本则更多的以小组的形式进行表演。然而，“爱演”不代表“会演”。很多时候的角色扮演或故事表演会演变成课文的分角色朗读，动作表情几乎没有。基于此，我经常会先进行示范，有时甚至会夸张化表演。学生观看时都会特别认真，也经常会说，“老师，你演得好像哦！”有了示范，接下来学生的表演就会更加精彩。每学期末的英语课本剧表演更是他们的最爱，在教室走廊时常可以看到学生在排练课本剧，有些学生还会约着周末继续排练和做道具。看着学生沉浸在英语学习中的感觉真好！

七、关注学生思辨能力培养

《中国学生发展核心素养》中提到要培养学生“理性思维，批判质疑”的能力。英语课程标准也提出，我们要培养学生的英语核心素养，包括语言能力、思维品质、文化意识和学习能力。这两年来，在阮瑜校长极具前瞻性的教育引领下，我们开启了“基于思辨能力的大单元整体教学”的探索之旅。思辨能力就是思考、辨析能力，是一种抽象思维能力。开始接触时感到非常迷茫，经过一段时间的教研，我发现它极具魅力。每次设计课时都会思考有哪些点可以通过怎么样的形式激发学生的思辨，每次讲到这些思辨点的时候，学生的学习热情也是最高涨的，课堂是最活跃的。

八、教研比赛促成长

教中研，研中教。海港小学的教研氛围浓厚，每学期的教研都有固定的主题，教研形式多样。从开始的个人单课教研以及同备课组的同课异构，到个人的单元整体授课，再到同备课组“基于思辨理念的大单元整体教学”，从单一的听评课，到三维度的精准听评课，再到基于LICC课堂观察范式校本教研，海港小学英语科组从未停下扎实教研的脚步，我也从科组伙伴们身上学习到很多课堂教学和评课的方法。

除参与各级各类教研外，参加比赛亦能促进一个教师更快速地成长。因为有比赛的压力，致使我们会逼着自己更深地去钻研。在两次与刁艺姗主任和冯云开老师并肩完成六年级两个单元的“深圳市小学英语优秀单元设计资源包及录像课”征集与评选后，我对如何进行单元整体设计有了更进一步的理解；多次参与的“深圳市小学英语课本剧剧本及录像”评比则让我对课本剧有了更全面的认识；参加“宝安区小学英语教师基本功大赛”的经验更是宝贵，晚上加班加点地修改课件，精确到对每一句话语的反复推敲，感恩同事们的鼎力相助！

九、反思总结再出发

如果一名英语教师能具有广博的知识、丰富的阅历、扎实的功底，他/她的课就能妙趣横生、引人入胜，在英语教学中就能游刃有余，教育教学质量就会大大提高。反观自身，仍存在很多的问题与不足。首先是个人基本功还不够扎实，学科理论知识不足，今后需多加强学科类书籍的阅读。其次对如何培优辅差及提高高段教学的质量经验不足，要多向科组有经验的伙伴们取经。

时代的车轮滚滚向前，未来的变化日新月异。教育工作是一项常做常新，永无止境的工作，行稳才能致远。我将不忘初心，牢记使命，一如既往地踏实做好本职工作，且行且思！

五年耕耘结硕果，不忘初心再启程

陈　萍

2017年3月我有幸加入海港小学这个大家庭，时光荏苒，转眼已过五个春秋。回眸来时路，有幸结识了一群优秀的小伙伴，尤其是我们英语科组的各位精英们，她们时时给我鞭策与鼓励，让我在已近不惑之年，仍然还在想着该如何提升自己，带好一届又一届的学生，希望能对得起人民教师的称号。盘点这五年，我的收获有以下四点。

一、积极探索“基于思辨理念的单元整体教学”的有为课堂

加入海港小学前，我不懂得什么是单元整体教学，在备课组成员的帮助下，我迅速理解并能在课堂上实施单元整体教学。经过学校、区、市的不断培训，我也能独立完成单元整体教学的设计，参加学区、区里的比赛，也能取得不错的成绩；在备课组刁艺姗和冯云开两位老师的帮助下，我的公开课经过不断地打磨，也能得到科组老师、区教研员的认可与赞扬。

2020年，我们学校率先提出并实施了“基于思辨理念的单元整体教学”这一教学主张，乍看之下，不太理解“思辨”二字，百度一下，原来思辨能力是一个源于西方的术语，也有学者将其翻译成“批判性思维”。思辨能力对于英语学习非常重要，语言是交际工具、文化知识的载体，同时也是思维的工具，思维能力的发展能促进语言能力的发展，反之亦然。从布卢姆认知领域目标分类理论的视角来看，思辨能力属于高阶思维能力，即分析、评价和创造。

平时在备课设定教学目标时，我会注意将思辨元素显性化；在上课时，我会设定一些教学任务，引导学生在完成任务的过程中，运用思辨技能去分析、推理；最后，我会利用思辨标准，对学生的活动结果进行检验、评价，同时鼓励学生之间对照思辨标准进行互评，引导学生取长补短、反思不足，激发学习欲望。当然，对于“基于思辨理念的单元整体教学”课堂模式，我还处于摸索阶段，我会不断学习思辨课堂理念、积极实践，让自己的思辨英语课堂更成熟、更有个性化。

二、扎实落实 PSR 拓展课程

PSR 拓展课程指的是：Phonics、sight words 和 Reading，每一个课程对于学生的英语学习都有很大的帮助。我非常喜欢我校与 Phonics 相匹配的攀登绘本《有趣的字母》和《神奇字母组合》，学生在有趣的英语绘本故事中学习语音，让语音学习变得更扎实、学习兴趣更浓厚。Sight words 的小韵文朗朗上口，节奏感强，对于培养学生的语感、良好的语音语调，也有很大的帮助。Phonics 和 Sight words 我一般都是课前 10 分钟教，布置学生晚上、周末回家听读。日积月累，学生的词汇量和语音也是越来越好。最后说说 Reading，目前学生的阅读主要有两种：攀登分级绘本阅读和周末的整本书阅读。攀登分级阅读我会利用课前几分钟，先让学生带着问题去读，运用图片环游的方式帮助学生理解故事意思，课堂跟读录音，回家跟读、朗读的形式，较为详细地带着学生阅读。周末的整本书阅读，主要是发资料给学生阅读，然后让学生完成 Reading log。从学生的完成度来看，大部分学生还是很喜欢整本书阅读，Reading log 完成得也挺不错的。从学生的英语阅读能力来看，学生的阅读速度越来越快，单元课堂提升练习的阅读题正确率也越来越高，英语阅读一定要好好坚持。

三、认真完成每一个课题，取得意想不到的收获

这五年间，我加入了三个课题：已结题的“课本剧在小学英语教学的实践研究”和正在进行中的“基于信息技术背景下推进跟踪式整本书阅读课程在一至六年级的实施”以及“基于 LICC 课堂观察范式的小学英语校本教研模式建构”。在做英语课本剧表演课题，我在每学期期末时，严格按照流程，让学生自由组队、写剧本、画海报、排练；表演时，根据评分标准打分，给学生录制视频、拍照等。我发现，当老师认真对待这件事情的时候，学生会比老师更认真、更在乎，他们的故事剧本形式多样，海报设计绚丽无比，表演道具出其不意，正式演出时个个都是戏精附体，逗得同学们哈哈大笑，也许每个学期的课本剧表演是学生最欢乐的时光吧。

不得不提的是加入整本书阅读课题组，非常感谢刁主任给我这个机会，让我在实践中，知道了该如何做整本书阅读的微课，该如何指导学生进行整本书阅读。我做的是五年级的整本书阅读 Magic tree house 的微课，这套书故事内容很精彩，对于五年级的学生来说，有一定的难度，坚持读的话，还是会有不小的收获。五年级的整本书阅读，我一共做了 20 本书的 60 个微课，平生第一次录这么多微课，对于原本是录微课小白的我来说，的确是有蛮大的进步。

现在进行的 LICC 课堂观察课题，让我学会了用不同的视角、不同的观察点去听一节课，带着问题和任务去听课，用事实和数据说话，评课会更有针对性，更有说服力，同时也是对自己课堂的一种反哺。

四、加入名师工作室，不断提高专业素养

非常荣幸，在刁艺姗老师的推荐下，我加入了宝安区谢宽平老师的名师工作室。谢老师是一位英语专业素养极高、前瞻性强、教研扎实严谨、为人和蔼可亲的领路人。在她的带领下，我们参加了两场 TIM 的培训，听了几位优秀同伴的示范课。今年暑假期间，我们修改了一个单元的单元整体教学设计，开学初，各组的组长和谢老师又对我们的教学设计进行了专业、中肯的点评，给出了很多有建设性的修改意见。在谢老师的名师工作室，我感觉自己成长了很多。谢老师要求我们多读书，她也为我们买了很多书，让我们阅读后写读书心得，跟大家一起分享。在谢老师的名师工作室，我们学习的教学理念都是最先进、最前沿的，我们也身体力行地把这些理念运用到教学实践中。

回首五年以来，我在工作方面虽然取得了点滴成绩，但在教学工作中，还存在着一些问题。新课程改革的实施，要求我不断地学习，不断提高自身的专业素质，才能更好地为教书育人打好坚实的基础。

展望未来，任重道远。我会继续钻研新的教育教学理论，并积极运用到自己的课堂中，形成较为成熟的个人教学风格。在班级管理中，我也会积极学习探索、运用灵活的方法，真正实现学生的自主管理。我将一如既往地开拓进取，再接再厉，成为学生喜爱的英语老师，成为更优秀的自己！

踏实向前，初心不变

汪宝妍

岁月不居，时节如流，这是我进入海港小学的第四个年头，回想起过去的这三年，让我再一次见证了海港人的奋发向上，让我深切感受到了海港小学科组团队的无穷力量，让我再一次明白“德高为师，身正为范”的内涵！

一、道阻且长，行则将至

凡是过去，皆为序章，重新开始！来到海港小学的第一年，担任班主任，万事开头难，毫无经验的我，到处碰壁，特别是在和家长沟通这一方面，缺乏专业的技巧和方法。面对这样的困境，只能迎难而上，首先寻找到学生以前的班主任，对该学生的生活以及学习情况进行了解，对孩子的父母也加之熟悉，并将其特点记录下来；其次，再通过与同年级有经验的班主任一起探讨研究，寻找最佳解决方法；最后，将事情的起因、经过、结果和反思记录下来，避免再犯错误。感谢“犯错”的经历，一直激励着我，陪着孩子，砥砺前行。依稀记得一年一次的运动会是我不知所措的头等大事，每一次运动会前，积极地号召孩子们参赛，各司其职，并从各个项目中选取最佳人选。但是，结果还是不尽如人意。孩子们一个个失望的表情，我看在眼里，疼在心里。我们的个人赛的确是短板，超越他人的可能性不大，但是团体赛，我们可以悄悄努力，突破自己！再次迈向二年级的运动会之时，为了让孩子们感受到成功的喜悦，为了让孩子们知道“从哪里跌倒，就从哪里站起来！”，为了班集体至高无上的荣誉感，孩子们每天坚持打卡跳绳，每天进步一点点，坚持训练。作为班主任的我，也成了集训的一员，跟着孩子们一起参加拔河比赛，一起请教体育老师，一起寻找最佳的拔河比赛的技巧，一起学习如何更好地巧用力量，一起做更好的自己！最后，在家长们的亲手助力下，和全班同学的齐声呐喊之下，特别是参赛选手们一步一步往前，又一不小心往后倒退，又在再一次的加油呐喊下，竭尽全力地往前，继续往前，直到哨声停止的那一刻，不到最后一刻，永不放弃！这一刻，我们欢呼雀跃，我们第一次真正地感受到了成功的体验！

二、乘风破浪，扬帆起航

作为一名英语教师，保持终身学习是最基本的要求之一。最让我受益匪浅的是参与刁主任主持的区级“基于信息技术背景下推进跟踪式整本书阅读课程在一至六年级的实施”课题研究，通过这两年半的对课题的实践，也深刻地认知到了整本书阅读的推进的重要性，对于提高小学生英语核心素养有着促进作用。以此实现学科育人，立德树人，成为基础教育阶段的首要目标。

如何开启整本书阅读呢？选材是开展整本书阅读的关键环节，结合低年段孩子们的性格特点，需要选择趣味性较强，具有连贯性的故事，才能更加吸引学生。在整本书阅读选材方面，作为教师要考虑到书籍的育人价值。并且，文本的语言难易程度，也是影响学生阅读的兴趣。因此，选择书籍还要结合学生的认知水平，以及文本的类型。回想起一开始的选材，牛津阅读树分级阅读，都是结合了以上的几个要素，对于一年级的孩子们刚开始有点艰难，但是在阅读前微课和课后微课的强大助力下，孩子们的兴趣逐渐增加，每一次的阅读分享，可以感受到孩子们快乐的源泉。由一开始的否定，到现在的肯定，由一开始的不喜欢，到现在的渐渐喜欢，看着孩子们一本本写满英语的读书笔记，相信，孩子们内心深处是喜悦的，作为老师是欣慰的！特别是期末“Oxford Reading Tree”分享的时候，看着孩子们跃跃欲试的小手，看着孩子们认真阅读的样子，发自内心地为孩子们点赞，最后，我问孩子们你们是否喜欢阅读这一系列的绘本，从孩子们高高举起的小手，我想，答案已经告诉我了。有付出，就有收获！除了参加课题之外，我还很荣幸地参加了深圳市托底课程 2B U1 Good morning 的微课录制，回想起这一段旅程，让我更加明白“台上一分钟，台下十年功”的不易！我备课的内容是第五课时，由于二年级的文本内容简单，只能整合教材内容，基于大单元的理念，经过无数次对分课时话题的探讨，从一开始的“Greetings”，到“Different countries，Different greetings”，再到“Different greetings，Different people”，直到“Different greetings in a day”的最后敲定，才开始准备构思文本内容，结合第一至四课时的语境，通过“在不同的时刻，表达不同问候；在面对新旧朋友时，表达不同问候”自然过渡到“不同国家，也因为文化差异有不同的问候方式”。由浅到深，层层递进，实现目标的达成。

从一开始的毫无头绪，在备课过程中的各种绞尽脑汁和各种思维碰撞，承受心理压力，逐渐转为一股慢慢前行的力量，推动着你，激励着你。在每一次的集体备课中，特别感谢我们的引领者——云开姐和罗苑姐，将自己的方法和想法，毫无保留地分享与我，让我成长得更快！最让人铭记于心的是录制微课，每每安静之时，出现杂音；每每结尾之时，出现单词发音错误；每一次的删除键，就是为了等待完美的到来！直到最后一刻，经过大家多次的复批，直到发送市里的审批。最后，暑假期间的审批结果，让我再一次将小问题处理，重新录制，不断打磨，直到最后一刻的发送键！这个回味无穷的夏天，已在我的内心深处种下一颗坚定的种子——越努力，越幸运！

三、坚定信念，未来可期

不管怎样，过去三年，没有丰功伟绩，但毫无遗憾，脚踏实地走好每一步，充实每一天！但请记住：为人师表，储备专业，修炼师德，心平气和，坚定信念，爱你所爱，行你所思，未来可期！

海阔凭鱼跃，天高任鸟飞

陈 偲

来海港小学虽只有两年，时间不长，却也感触良多，幸得海港小学这片沃土，使我得以在教育教学的道路上不断摸索和成长，也让我有更多挑战自我的机会和可能。

两年来，在海港小学有为课程体系的引领下，在优秀的同事们的帮助和支持下，我在课堂、教研以及个人专业素质方面都得到了不小的收获，我的教学生涯也因此得到了拓展和丰富。

一、课程

在入职海港小学之前，我就已经在网上看到过海港小学的英语PSR课程体系的相关介绍，当时特别兴奋，因为这与我之前熟悉的IB课程的英语教学有很多相似之处，但对其具体的实施，是在我正式工作后才有了更深入的了解。Phonics-Sight words-Reading三位一体的课程体系，让学生能从自然拼读中开始英语启蒙之路，再从高频词的学习中巩固和丰富音—形—义的学习，而这些都是在为英语阅读做好铺垫。这个课程已经在海港小学实施多年，但精益求精的同事们还是会在这个较为成熟的体系的基础上，加以修改和完善，不断探索出更适合我们学情的方法和路径。我有幸也加入了相关的阅读培训，得以和校内外优秀的同行一起探索和讨论英语的教学，获益匪浅。

我们英语学科除此以外，还有许多丰富的活动课程，比如中西文化节、英语模拟联合国项目等。在来到海港小学的两年里，我也很荣幸能够和各怀才艺的同事们一起参与这些大型活动的策划和组织，举办了I speak for Shenzhen的英语演讲大赛、“一拼到底”英语拼词大赛，还有课本剧大赛等，这些比赛形式多样，内容有趣，深受学生们的喜爱，也让我作为老师，感到成就感满满，同时为学生的精彩表现感到欣慰和骄傲。值得一提的是，以上的比赛都是全校性全员性的，每一位学生都参与其中，虽然工作量不小，但却给了每一个孩子更多挑战的机会，我也就乐而为之。

校内比赛如此丰富，校外活动我们也积极让学生有更多机会参加。作为校精英社团“模拟联合国”的负责人之一，我也带领着优秀的孩子们，在同事们的支持下，参加了区里的模联展示比赛，获得了不错的成绩。凡此种种，都让我不断地突破自我设限，也在时限的约束下迅速学会了很多平时较少接触的技能，比如训练中英文主持人、写专业性较高的英文演讲稿、策划抢答比赛、制作抢答课件等，个人的综合能力得到了意想不到的提升。

二、课堂

我亦从课堂常规中学到很多细致的做法，比如在上课前五分钟到达教室，与学生进行提前的沟通和热身，同时也要关注班级的卫生情况、学生的精神面貌等，以做到班课一体化，这实际上是将育人落在实处，也体现了海港小学对育人这一核心任务的重视。除此之外，我们英语学科亦有我们自己的特色，包括了课前诵读，课堂中需落实的 PSR 课程，还有单元整体的教学实施等，这些细致全面的课堂规范，让教学更有章可循，也让课堂更高效有序，这无疑是大班制的环境下一种有效的管理方式。同时，我也在优秀的同僚身上看到了很多可以学习和改进的方面，因而时刻鞭策着自己要不断进步。

三、教研

我得到师傅、科组长以及科组其他同事们的很多帮助，从一节节公开课到参加各种比赛，她们都毫无保留地给了我许多宝贵的建议，常常让我醍醐灌顶，思路大开。在来海港小学之前，我对听课评课没有系统的认识和体验，但在工作了一段时间后，我已经熟悉了听评课的常规，也能从中找到自我学习和反思的方法，因此每次听评课都更有目的性，也因此收获更多，尤其是对于大单元整体教学的说课和评课，我都有了更加清晰的理解。在上学期，我更是加入了冯云开老师的市课题组，接触到了更科学和更具体系化的评课教研模式，也在冯老师的指引下，迅速从理论书籍中提炼精华，并根据我们的校情进行调整和修改，渐渐形成了更符合深圳小学英语的教研模式，这也是令我们感到骄傲的一项小成就，但革命尚未成功，我们还需努力。对教学的研究，最终也是为了更好地教学，我也会将这些教研中的所思所获，回馈给教育教学。

总而言之，在海港小学，我们每位老师都被赋予了极大的希望，使命感和责任感促使我们不断前进，也非常感恩海港小学提供的广阔天地，让我们能够积蓄能量，展翅翱翔。

参考文献

[1] 陈世滨. 校本教研制度建设的问题与建议 [J]. 教学与管理，2007 (8)：31–33.

[2] 操太圣. 作为专业社群之教研组的内涵、影响因素及策略分析 [J]. 江苏教育，2019 (54)：7–11.

[3] 陈妹娟. 浅谈小学英语科组管理 [J]. 学周刊，2014 (14) 4-5.

[4] 陈如平，刘宪华. 学校课程新样态 [M]. 北京：开明出版社，2016.

[5] 崔岚，黄丽萍. 如何当好教研组长：幼儿园教研组长最新工作手册 [M]. 上海：华东师范大学出版社，2011.

[6] 程晓堂. 义务教育课程标准（2022 年版）课例式解读：小学英语 [M]. 北京：教育科学出版社，2022.

[7] 程晓堂. 核心素养下的英语教学理念与实践 [M]. 南宁：广西教育出版社，2021.

[8] 程晓堂. 英语教师课堂话语分析 [M]. 上海：上海外语教育出版社，2009.

[9] 谢弗，等. 发展心理学：儿童与青少年：第 9 版 [M]. 邹泓，等译. 北京：中国轻工业出版社，2016.

[10] 纽南. 任务型语言教学 [M]. 北京：外语教学与研究出版社，2011.

[11] 刁艺姗，杨和光. 教具、学具可以这样“做”和“用”[M]. 广州：广东高等教育出版社，2020.

[12] 韦伯. 怎样评价学生才有效：促进学习的多元化评价策略 [M]. 陶志琼，译. 北京：中国轻工业出版社，2016.

[13] 牟映雪. 教研组协作文化构建与教师专业发展 [J]. 课程·教材·教法，2006 (9)：83–86.

[14] 逄明波. 校本教研中教师同伴互助问题研究：以长春市 T 中学为个案 [D]. 长春：东北师范大学，2009.

[15] 方臻，夏雪梅. 作业设计：基于学生心理机制的学习反馈 [M]. 北京：教育科学出版社，2014.

[16] 威金斯，麦克泰格. 追求理解的教学设计：第二版 [M]. 上海：华东师范大学出版社，2017.
[17] 顾燕萍. 教研组文化创建的七大策略 [J]. 中小学管理，2007 (6)：12-15.
[18] 郭成英. 新课程背景下教研组长的角色定位 [J]. 当代教育科学，2007 (1)：33-36.
[19] 盖兆泉. 做孩子最好的英语学习规划师：中国儿童英语习得全路线图 [M]. 北京：外语教学与研究出版社，2015.
[20] 贾冠杰. 英语教学基础理论 [M]. 上海：上海外语教育出版社，2010.
[21] 和学新，乌焕焕. 校本教研制度建设的意义与价值审视 [J]. 教育科学论坛，2010 (1)：30-32.
[22] 黄光雄，蔡清田. 核心素养：课程发展与设计新论 [M]. 上海：华东师范大学出版社，2017.
[23] 韩刚. 英语教师学科教学知识的建构 [M]. 上海：上海外语教育出版社，2011.
[24] 韩立福. 核心素养下的大单元整体学习方案设计和实施策略 [J]. 教学与管理，2023 (10)：25-29.
[25] 塞拉瓦洛. 美国学生写作技能训练 [M]. 冯羽，蔡芸菲，译. 北京：北京科学技术出版社，2019.
[26] 查普伊斯，斯蒂金斯，查普伊斯，等. 促进学习的课堂评价：做得对 用得好：第二版 [M]. 赵士果，译. 上海：华东师范大学出版社，2021.
[27] 李宝庆，肖庆顺. 校本教研制度建设：问题与对策 [J]. 天津市教科院学报，2012 (3)：71-79.
[28] 李慧芳. 核心素养背景下的英语教学与教师专业发展 [M]. 北京：首都师范大学出版社，2021.
[29] 李政涛. 什么是“教研组文化”？——“教研组文化”系列之一 [J]. 上海教育科研，2006 (7)：4-5.
[30] 李政涛. 用文化的力量打造教研组品牌 [J]. 中小学管理，2007 (6)：1.
[31] 林相标. 重建教研制度的理性思考 [J]. 上海教育科研，2008 (4)：49-51.
[32] 伯克. 伯克毕生发展心理学：第 7 版 [M]. 陈会昌，译. 北京：中国人民大学出版社，2022.
[33] 刘徽. 大概念教学：素养导向的单元整体设计 [M]. 北京：教育科学出版社，2022.

［34］罗少茜．任务型语言教学：任务、任务研究、任务型教学与评价及教师培训［M］．北京：高等教育出版社，2011．
［35］卢臻．教—学—评一体化教学：策略与实践［M］．郑州：河南科学技术出版社，2017．
［36］格尔森．如何在课堂中使用布卢姆教育目标分类法［M］．汪然，译．北京：中国青年出版社，2019．
［37］梅德明，王蔷．义务教育英语课程标准（2022 年版）解读［M］．北京：北京师范大学出版社，2022．
［38］马燕婷，胡靓瑛．核心素养导向的作业设计［M］．上海：华东师范大学出版社，2019．
［39］齐建军．探寻教学评一体化的小学英语课堂评价策略［J］．小学教学设计（英语），2022（15）：14–16．
［40］邵朝友．大观念导向的单元教学设计：模式与技术［M］．上海：华东师范大学出版社，2022．
［41］邵建军．提升教研组效能的策略与模式［J］．新课程评论，2016（6）：73–79．
［42］文秋芳，韩少杰．英语教学研究方法与案例分析［M］．上海：上海外语教育出版社，2011．
［43］王蔷、胡亚琳．陈则航等．基于学生核心素养的英语学科能力研究［M］．北京：北京师范大学出版社，2018．
［44］王洁．当前校本教研制度建设的现状与问题的反思［J］．上海教育科研，2007（1）：44–46．
［45］王广转．一位体育教研组长的行与思［M］．上海：华东师范大学出版社，2022．
［46］王月芬．重构作业：课程视域下的单元作业［M］．北京：教育科学出版社，2021．
［47］阮瑜．由“分”到“合”的嬗变：基于国家课程的学科整体育人路径探索［J］．未来教育家，2021（11）：61–63．
［48］徐洁．基于大概念的教学设计优化［M］．上海：华东师范大学出版社，2021．
［49］解慧明．大概念大单元教学［M］．北京：中国人民大学出版社，2022．
［50］杨和光，刁艺姗．Phonics 和 Sight Words 可以这样教［M］．广州：广东高等教育出版社，2017．
［51］杨向谊．如何当好教研组长：中小学教研组长专业素养与行动［M］．北京：中

国轻工业出版社，2016.
[52] 雍娟. 建设积极向上的英语备课组文化 [J]. 考试与评价，2018 (2)：7.
[53] 中华人民共和国教育部. 义务教育英语课程标准：2022 年版 [M]. 北京：北京师范大学出版社，2022.
[54] 朱晓燕. 英语课堂教学策略：如何有效选择和运用 [M]. 上海：上海外语教育出版社，2011.
[55] 张静怡. 重塑教师评价语言，打造成长英语课堂：基于成长型思维的小学英语高年级课堂教学用语探究 [J]. 华夏教师，2022 (18)：46–48.
[56] 周凤菊. 核心素养视角下小学英语课堂教学评价策略 [J]. 天津教育，2022 (19)：47–48.

ABC 后记

知全守份，敬事以待

——教研组建设十年有感

难以相信，我们竟然真的把过去十年在教研组建设上的点滴经验形成了十几万的文字。与其说这是过去一年的细心梳理，不如说这是十年如一日的坚持记录。感谢学校先后三任校长，是他们支持教研组的每一项工作，并鼓励我们坚持记录，保持留痕思想，感谢教研组每一位教师的努力和用心，让这十年并没有付诸流水空空如也，而是犹如竹笋拔节般留下了一段又一段的痕迹。

《小学英语教研组可以这样建设——给小学英语教学与管理人员的教研组建设指南》的产生并不容易，近十年的教研组建设资料繁多，其中文档、视频、音频、课件、照片、教具、学具、论文集等，需要一一归类、整理、提炼，并最终形成这拙劣的文字。但是，这个整理的过程也如同是打开了尘封多年的宝盒一般，每发现一处曾经的建设痕迹，便如同发现一个宝物般雀跃不已。这是一个重新梳理的过程，也是一个反思汲取能量以备再出发的过程。这个过程长达一年，弥足珍贵。

这十年，在这个名为“英语学科教研组”的集体里，有无数的故事发生过：日常坚守的教学点滴细节、教学展示活动背后的熬夜讨论、团体备战的全力以赴和各司其职、迎接督导检查的紧张与兴奋、获得荣誉时的骄傲与感动、因角度不同而引发争吵的面红耳赤、共同外出学习时的思考与共鸣……这些片断如今都如同汇成一首交响乐的音符，尽管已经过去了，却仍闪耀着金色的光芒。人生的每一个十年都是站台，教研组也是一样的。有幸能和教研组的老师们携手走过十年，《小学英语教研组可以这样建设——给小学英语教学与管理人员的教研组建设指南》便是这一站最显眼的站牌。而下一站，则更精彩，更值得期待。

如今我们把这部作品捧在手心，再细细翻阅，却感到无比羞愧。不知道这么实实在在、具体而琐细的点滴做法是否值得印刷出版，是否值得让大家看见，是否能得到大家的认可……这些问题让我们产生了疑虑。这是一种不自信的表现，也是一种深知不足仍需要进步的潜思。是的，我们的做法很平凡，也许显得生疏、不成熟，有许多值得斟酌或有待完善的地方。但是，我们秉着一种“齐分享、同交流、共进步”的思想，怀揣巨大的勇气，把我们心底最宝贝的东西捧出来，形成了这文字印刷品，诚心渴望得到各级专家、领导、同仁们的批评、指正。

作为教师的我们，职业生涯长达四十年，即需要在一个教研组里学习和成长四十载。如今十年已过，这是我们“十年磨一剑”的第一回，虽青涩却诚意满满。犹记得中国教育科学研究院副院长陈如平博士用“草根文化”形容我们学校的做法。展望未来，我们愿用这种基于一线平凡教师的“草根”实际行动，坚守服务学生的“草根”精神，把英语教育教学做得更好！

刁艺姗、冯云开

2024 年 5 月